清华大学公共管理学院
Tsinghua University School of Public Policy and Management
社会创新与乡村振兴研究中心
Research Center for Social Innovation and Rural Revitalization

乡村振兴研究
第 2 辑
RURAL REVITALIZATION RESEARCH No.2

社会组织
与乡村振兴

SOCIAL ORGANIZATION AND RURAL REVITALIZATION

主　　编　邓国胜

执行主编　李　健

经济管理出版社
ECONOMY & MANAGEMENT PUBLISHING HOUSE

经管出版

传播管理理念　创造经济价值

集 刊 名: 乡村振兴研究

主 编: 邓国胜

执行主编: 李 健

主办单位: 清华大学公共管理学院社会创新与乡村振兴研究中心

RURAL REVITALIZATION RESEARCH NO.2

图书在版编目（CIP）数据

乡村振兴研究.第2辑,社会组织与乡村振兴/邓国胜主编.—北京:经济管理出版社,2022.6

ISBN 978-7-5096-8522-8

Ⅰ.①乡⋯　Ⅱ.①邓⋯　Ⅲ.①农村—社会主义建设—中国—文集　Ⅳ.①F320.3-53

中国版本图书馆 CIP 数据核字（2022）第 099606 号

组稿编辑：高　娅
责任编辑：高　娅
责任印制：黄章平
责任校对：张晓燕

出版发行：经济管理出版社
　　　　　（北京市海淀区北蜂窝 8 号中雅大厦 A 座 11 层　100038）
网　　址：www.E-mp.com.cn
电　　话：（010）51915602
印　　刷：唐山玺诚印务有限公司
经　　销：新华书店
开　　本：720mm×1000mm/16
印　　张：15
字　　数：255 千字
版　　次：2022 年 7 月第 1 版　　2022 年 7 月第 1 次印刷
书　　号：ISBN 978-7-5096-8522-8
定　　价：98.00 元

主编寄语

民族要复兴，乡村必振兴。实施乡村振兴战略是解决城乡发展不平衡不充分问题、缩小城乡区域发展差距、实现人的全面发展和全体人民共同富裕的必由之路，而更加广泛多元化的社会参与则是实现乡村振兴的重要途径。社会力量的广泛参与体现了我国的治理优势，也是新时期巩固脱贫攻坚成果与乡村振兴有效衔接的制度保障。2022 年中央一号文件再次强调"广泛动员社会力量参与乡村振兴"。近日，民政部、国家乡村振兴局共同印发《关于动员引导社会组织参与乡村振兴工作的通知》，倡导社会组织响应中央号召，扛起使命担当，投身乡村振兴战略的伟大实践。在党和政府的坚强领导下，包括企业、社会组织和志愿者群体在内的各种社会力量正积极行动起来，回应产业振兴、生态振兴、文化振兴、组织振兴、人才振兴的需求。

毫无疑问，社会力量是助力乡村经济社会发展、推动乡村生态文明和精神文明建设、促进全体人民共同富裕的行动主体之一，然而，如何在纷繁复杂的环境中把握社会力量的行动规律？如何动员更广泛的社会力量参与乡村振兴？如何提升社会力量参与乡村振兴的效率，发挥社会力量的作用？秉着"何以可能与何以可为"的问题意识，我们还想理解并突破的核心问题包括"社会力量参与乡村振兴的理论逻辑是什么""社会力量参与乡村振兴的制度瓶颈与优化方案有哪些""社会力量参与乡村振兴的机制与路径有哪些"……很显然，对这些相关议题专门的、有启发性的科学探索和理论回答，将为精准有效、有序引导社会力量促进乡村振兴提供新知识和新策略。鉴于此，《乡村振兴研究》本期刊发以"社会组织与乡村振兴"为主题的专辑，作者们尝试从社会组织参与乡村振兴的行动机制、内在逻辑、介入空间等方面回应更为基础性的理论议题，在实践推动层面，通过社会组织参与乡村振兴的案例分析以及总结国际乡村振兴经验来探索社会力量促进我国乡村振兴的客观途径。总而言之，我们希望这一专辑能够从理论、方法及经验模式上为社会组织等社会力量在乡村振兴进程中发挥建设性作用提供有限智识支撑，为政府部门和各类社会力量主体提供可供参考的经验教训和行动策略贡献绵薄之力。当然，卷海无涯，专辑只能在有限的范畴内抛砖引玉，更为细致深刻的研究需要学界通力揭示。

费孝通先生曾在《乡土中国》中写道："从基层看去，中国社会是乡土性的。"时至今日，尽管困扰着我们的城乡二元分割和贫富差距拉大等结构性问题依然在客观上存续，但生活在城镇中的大多数人的乡土情怀并未枯萎。乡土为根、富民为始的想法推动着我们一如既往地关注、关切进而投身乡村的建设与发展，很多有志于乡村振兴的有为组织和创业青年依然坚定选择扎根乡村，为共同富裕的理想目标持续奋斗。而作为社会力量中的一员，研究者在自己的"菜地"里，应最大可能地以思想或行动回到"乡野现场"，将我们对乡村振兴的新鲜看法与思考源源不断地种植与传播，通过学术交融促进理论与实践的创新。这大抵也是"躬耕于野"的另一种实现方式。

C目录
CONTENTS

他山之石

书评

专稿　社会组织与乡村振兴

社会组织参与乡村振兴效果的影响因素及推进路径研究

——基于扎根理论的探索 *

吴 磊 冷 玉 **

摘 要 近年来，乡村发展战略逐渐实现了从全面脱贫向乡村振兴的转化，在此过程中社会组织成为其不可或缺的建设性力量，社会组织的地位和作用在政策和实践层面得到普遍肯定。本文运用扎根理论的研究方法，以上海市四个社会组织参与乡村振兴的案例为基础，通过对制度场域和行动者角色的深描，力图分析影响社会组织参与乡村振兴效果的因素，为社会组织参与乡村振兴的长效发展提供新的解释框架。研究发现，社会组织参与乡村振兴的效果受到制度环境、主体行为、合作关系以及评估机制等因素的共同影响，未来需要进一步引导和激活社会力量，完善社会组织参与乡村振兴的制度保障，构建多元主体参与乡村振兴的信息共享平台，同时完善评估考核与责任机制。

关键词 社会组织 乡村振兴 长效机制

一、问题的提出与文献回顾

中国社会是典型的乡土社会，中国文化的本质就是乡土文化，因而，乡村发展一直是中国共产党百年发展中不断探索的主题。党的十九大报告提出，坚持农业农村优先发展，实施乡村振兴战略。党的十九届五中全会

---

* 本文为国家社会科学基金一般项目"新时代党领导基层社会组织的制度创新及实现路径研究"（项目编号：20BZZ010）的阶段性成果。

** 吴磊，上海工程技术大学管理学院教授，上海交通大学中国公益研究院兼职研究员，硕士生导师；冷玉，上海工程技术大学管理学院硕士研究生。

提出，坚持把解决好"三农"问题作为全党重中之重，走中国特色社会主义乡村振兴道路。2021 年，在全面实现脱贫攻坚后，国务院发布《关于全面推进乡村振兴加快农业农村现代化的意见》，将党和政府的工作重心历史性地从脱贫攻坚转移到"全面推进乡村振兴"。乡村振兴的发展状况在很大程度上影响国家整体发展的均衡性以及城乡统筹发展的可持续性。2022 年 2 月，民政部和国家乡村振兴局联合下发《关于动员引导社会组织参与乡村振兴工作的通知》，提出要通过强化党建引领，加强组织领导，推进部门协同，优化政策保障等方式，推动社会组织积极参与乡村振兴。

随着乡村振兴的全面推进，已脱贫地区也面临着如何衔接和巩固脱贫攻坚成果，构建脱贫地区长效发展机制的问题。社会组织作为乡村振兴的重要参与主体，在激活乡村活力、提供公共服务、培育社会资本等方面发挥着不可替代的作用。诸多学者对社会组织参与乡村振兴的背景和经验进行了阐述。研究成果主要聚焦于以下两个方面：一是基于宏观视角，对社会组织参与乡村振兴的理论基础、主体地位以及发展策略等方面进行论述。基于理论基础的维度，有学者以新经济理论中的农村理论为背景，认为农村地区的文化特色和社会经济特征为社会组织的发展提供了潜在空间。[1] 基于主体地位的维度，有研究认为社会组织能在乡村产业发展中起到不可替代的作用，社会组织通过提供专业服务、缓解资金不足、助力产业发展等方式不断聚焦农民需求，为其提供多样化的服务。[2] 除此之外，社会组织能够通过参与和干预农村管理并提供公共产品来有效地弥补地方和国家当局的不足。[3] 基于发展策略的维度，有研究认为在乡村振兴背景下社会组织可以融入国家政策体系、地方行政体系和乡村社会体系，不断吸收外部资源并协调各主体间的关系来培育农民的自主性，最终实现以农民为主体的内源式发展。[4] 二是基于微观视角，众学者扎根于实践，以大量社会组织参与乡村发展的实践作为案例，用于考量社会组织在乡村振兴

---

① G. Vaceková and Škarabelová S., "The Role of Third Sector Organizations in Rural Development", *XVI Mezinárodní Kolokvium O Regionálních Vědách*, No. 6, 2013.

② 王东、王木森：《新时代乡村振兴战略实施的共享理路》，《西北农林科技大学学报》（社会科学版）2019 年第 3 期。

③ V. Eszter, "Non-profit Organizations in Hungarian Rural Development-A Leader Example in the Southern Transdanubian Region", *European Countryside*1, No. 2, 2009.

④ 叶林、雷俊华：《社会力量助推乡村振兴的内源性发展路径研究——基于"振兴村"试点的分析》，《理论与改革》2022 年第 1 期。

领域的治理模式，包括"一元多核"与"三治并进"治理模式①、党引民治模式②、协同治理模式③、村民自治模式④等。

但是社会组织参与乡村振兴仍存在诸多困境，集中表现为制度环境不佳，社会组织内部管理混乱⑤、社会组织合法性身份获得困难⑥、社会组织积极性不足，组织能力欠缺导致参与乡村振兴的质量不高⑦、权责关系模糊⑧、合作伙伴稳定性不足以及地方关系复杂影响社会组织项目落地⑨等。综而观之，既有文献展现了社会组织参与乡村振兴丰富的知识图景，为我们理解社会组织参与乡村振兴的多重面向提供了借鉴。但是鲜有研究对影响社会组织参与乡村振兴效果的机理进行深度挖掘，即究竟有哪些因素影响了社会组织参与乡村振兴的效果，以及如何构建社会组织参与乡村振兴可持续发展的长效机制。换言之，社会组织参与乡村振兴不仅要获得合法地位以及明确角色定位，而且最关键的一环在于对乡村地区的发展产生效果并且实现该地的可持续发展。既往研究反映出学者们对宏观环境与微观实践方面的关注，但是忽视了社会组织自身在参与乡村振兴过程中的行动逻辑与履行偏差。鉴于此，本文借鉴和应用扎根理论，识别不同社会组织参与乡村振兴效果差异的影响因素，在厘清效果影响因素的基础上提出社会组织参与乡村振兴的长效推进机制，以期为丰富中国特色的乡村发展战略提供学理价值与实践依据。

---

① 萧子扬：《社会组织参与乡村振兴的现状、经验及路径研究——以一个西部留守型村庄为例》，《四川轻化工大学学报》（社会科学版）2020年第1期。

② 郑永君、吴春来：《基层党建统合与乡村治理创新——都江堰市"党引民治"实践案例分析》，《南京农业大学学报》（社会科学版）2020年第5期。

③ 曲甜、黄蔓雯：《数字时代乡村产业振兴的多主体协同机制研究——以B市P区"互联网+大桃"项目为例》，《电子政务》2022年第1期。

④ 孙玉娟、孙浩然：《构建乡村治理共同体的时代契机、掣肘因素与行动逻辑》，《行政论坛》2021年第5期。

⑤ 李智永：《乡村振兴与长效扶贫机制衔接的路径探析》，《领导科学》2019年第22期。

⑥ 刘蕾、董欣静、蓝煜昕：《社会组织参与乡村社会治理的合法性获取策略研究》，《河海大学学报》（哲学社会科学版）2020年第3期。

⑦ 于健慧：《社会组织参与乡村治理：功能、挑战、路径》，《上海师范大学学报》（哲学社会科学版）2020年第6期。

⑧ 颜杨、刘永红：《乡村治理中多元主体的博弈关系与法治破解路径》，《领导科学》2021年第20期。

⑨ 郑观蕾、蓝煜昕：《渐进式嵌入：不确定性视角下社会组织介入乡村振兴的策略选择——以S基金会为例》，《公共管理学报》2021年第1期。

二、基于扎根理论的研究设计

（一）研究方法与思路

扎根理论作为系统的质性方法，能针对现存状况进行综合分析，采用归纳的方法得出概念框架，通过将不同的概念进行区分和构建理论，从而解释社会现象。[①] 本文采用扎根理论方法，对四个社会组织参与乡村振兴的案例进行分析，探寻影响社会组织参与乡村振兴效果的因素，从而构建社会组织参与乡村振兴的长效机制。

由于研究所涉及的资料较多，因此本文运用 NVivo11.0 软件对数据进行编码分析。首先将访谈资料以节点的形式打散重组，再通过编码的功能探求数据之间的关系，发掘和厘清数据中的模式，从而节省时间、提升效率以及数据的准确性。[②] 通过建立自由节点和树状节点的方式进行编码。其中，自由节点指与其他节点暂无清晰逻辑联系的独立节点；树状节点指按照层次结构建立的节点。[③]

（二）数据来源

本文的一手研究材料来源于对四个社会组织（XS、XL、ZAMX、BX-YG）参与乡村振兴的社会组织负责人进行深度访谈，每次访谈历时 1~2 小时，当天访谈完后需要及时整理访谈资料，以避免重要访谈信息的遗漏，整合资料约 4 万字。访谈主题包含三个维度：第一个维度旨在了解社会组织参与乡村振兴的基本情况，如参与动因、参与规模等；第二个维度针对社会组织参与乡村振兴达成的效果进行探讨以及明确其他主体的角色定位；第三个维度是针对社会组织在乡村振兴中的预期目标与实际情况的差距，找到影响社会组织发挥作用效果的肇因。二手资料的来源主要包括以下两类：一是电视、广播、网络、研讨会等公众媒体上关于四个社会组织参与乡村振兴的相关报道与宣传，将音频照片等转化为文本信息；二是

---

① B. Glaser and L. Strauss, *The Discovery of Grounded Theory: Strategies for Qualitative Research*, Chicago: Aldine, 1967.

② 李赛强、路丽丽：《高校班主任胜任力模型的构建——基于 NVivo 软件质性方法的案例研究》，《教育学术月刊》2014 年第 5 期。

③ 冯琳、刘舒畅：《企业员工有效学习的影响因素探析——基于 NVivo 软件质性分析的案例研究》，《中国职业技术教育》2020 年第 21 期。

社会组织内部报告等，共整合资料约 10 万字。将所有访谈资料分别编码为 A1~A16，形成 16 份文字材料，由此形成了基于扎根理论研究社会组织参与乡村振兴效果影响因素的原始数据。在整个数据收集过程中，本文也建立了较为完善的资料数据库，并严格贯彻三角验证法则，对一、二手资料进行严格审核和处理，确保资料的真实性和研究的可信度。

（三）案例选取的合理性阐述

为了更好地契合研究问题，实现理论建构的目标，本文所筛选的四个社会组织皆位于上海市。一方面，社会组织参与乡村振兴应具有代表性和适配性，是指具备一定社会影响力或者得到社会认同。近年来，上海市社会组织的总体发展较为成熟，在参与乡村振兴方面取得了诸多成效。另一方面，选取的四个案例代表着社会组织参与乡村振兴的不同模式，即产业培育模式、公益创投模式、参与发展模式和教育互助发展模式，因而社会组织在制度特征和治理主体间存在较大差异，能为案例间的复制和拓展提供支撑，也能在一定程度上提升研究的外部效度，实现在饱和经验研究上的边际增长贡献。

三、研究过程

（一）开放式编码

开放式编码作为扎根理论编码的第一步，需要全面地整合信息，保持随意、开放的态度。[1] 本研究采取对访谈资料与相关视频广播等按句子、段落进行编码的方法，并且尽可能将资料中原始词句引入概念，避免编码中受主观因素影响。表 1 是笔者进行开放式编码的基本方式，显示了对原始访谈资料进行逐句定义和引入概念的过程。

根据社会组织参与乡村振兴的实践，尽量采用被访谈者的原话尤其是具备特别含义的词句，作为社会组织参与乡村振兴的真实感知与反馈，并从中不断挖掘和确定初始概念。根据 16 份访谈资料进行了开放式编码，最后引入了 47 个初始概念：人员短缺、平台搭建、服务能力、政府帮扶、环境制约等。节选 2~3 条原始语句来对应初始概念（见表 1）。

---

[1]　G. B. Glaser, *Basic of Grounded Theory*, Mill Valley, CA：The Sociology Press, 1992.

表 1　开放式编码的基本方式

范畴	原始语句
B1 社会组织服务水平	A01 我们参与乡村治理时经常存在人手不足的情况，有时需要加班加点地完成工作（人员短缺）； A03 其实乡村治理中最困难的就是改变思想，对于受家庭教育影响较深的孩子能不能对其进行阻断性教育或者培训，我们缺少这个能力去跟进（服务能力不足）； A04 我们虽然做很多项目，但是只有五个人，虽然人比较少，但是要求高，基本都是公益背景出身（专业能力要求高）
B2 制度规范	A13 这些年政府管理收紧，包括加强党建等，但是很多社会组织的培育发展政策却没有及时跟进，包括一些税收政策、政府购买政策等，我们感觉到新增加的这种政策比较少或者是没有按照我们现在立法的要求及时地去做一些制度的创新（缺乏制度创新）； A14 在新冠肺炎疫情常态化的背景下，社会组织存在进入门槛收紧的趋势，借助社会力量提供可持续的专业化服务会很困难（门槛收紧）； A14 在追责、问责的强烈背景下，社会组织具有两面性，如果政府审计登记把关部门不认真尽责则会埋下隐患。在"怕责"的心理状态下，确实存在一些分管主管的部门会注意影响，所以就会出现能拖则拖、能挡则挡、能否则否，致使一些热心成立社会组织的人士感到无奈（政府逃避心理）
B3 监管情况	A09 关于社会组织有多少资金进入到乡村振兴项目中是很难计算的（评估困难）； A14 很多的社会组织，尤其是基金会需要管理各项资金，如果没有金融监管，仅靠民政部门很难达到有效监管（监管不足）
B4 农村环境	A03 当地的县和乡镇级的政府会给予我们支持，我们的助农项目和它们的发展目标之间存在一致性（政府帮扶）； A10 农村很多人常年在外地打工，甚至一些孩子也是早早辍学去外地挣钱（农村人口流失严重）； A16 很多乡村的发展依赖于本身得天独厚的优势，其他地方是否能复制其发展模式值得我们探索（环境制约）
B5 农民意愿	A04 那么怎么能让农民接受可持续发展的方式，在这方面他们不理解，他们还是觉得原来那种你给我钱，然后我给你东西比较简单一点，尤其是钱已经到了合作社的账上了，为什么还不能分掉（农民信任度不高）； A08 农民对于项目参与的积极性不高，他们对社会组织的作用不够了解，还是需要我们进一步宣传（农民发展意识不足）
B6 沟通交流	A03 单靠一个单位的力量是远远不够的，我们以慈善基金会为平台，为公益助学开展系列活动，目的是想以点带面、辐射全局（平台搭建）； A09 政府在高位推动，包括我们组织的几次大型活动，我们几家单位主要领导都出席这些活动，领导对于这些工作也非常重视（领导重视）

范畴	原始语句
B7 合作能力	A02 我们一般较少与当地的企业和社会组织合作，因为担心失去对项目的掌控力度，还是希望项目朝着我们预设的方向进行（合作动力不足）； A7 基金会与乡政府两者之间的工作流程如何进行配合，基金会能否跟上节奏是我们接下来遇到的一点问题（政社配合欠缺）
B8 组织战略	A16 社会组织参与乡村治理是长期过程，没有耐心花费 3~5 年时间陪伴这个村庄成长是我们非常大的困境（组织陪伴困难）； A04 我们的项目还是不够聚焦，关注的领域太多反而导致我们的特点不清（战略目标不明）
B9 考核机制	A16 乡村留守儿童项目我们需要考虑加强内部评估，因为像这类综合性项目的产出或者效益很难测量，我们需要有足够的数据来证明我们通过开展项目产生了效果（建立评价指标）
B10 退出机制	A03 我们社会组织在做教育扶贫的时候，会有一个很强的情感替代，孩子们通常会把这批社工也好，志愿者也好，视为自己情感投射的对象，项目结束了，然后贸然去退出，带来的问题就是对他的又一次情感伤害（项目周期短）； A14 很多的社会组织参与乡村振兴项目就存在这个问题，人在的时候就有效果，这个团队走了，项目的费用用完了就没有后续的效果了，或者是说不能够形成自发的，或者说是自然的一种可持续的运作机制（持续性弱）

资料来源：笔者自制。

（二）轴心编码

轴心编码即进一步对开放式编码进行总结与检验，将类似概念提炼为范畴，进一步发掘更高层次的概念并且进行归纳。需要说明的是，尽管基于不同模式划分了开放性译码过程，但是并不意味着译码分析结果是截然分开、互不相关的。事实上，它们是往复比对、不断迭代和统筹融合的。本文共归纳出四个主范畴，如表 2 所示。

表 2　范畴释义

序号	主范畴	对应范畴	范畴内涵
1	制度环境	B2 制度规范 B3 监管情况 B4 农村环境	制度是否规范、监管是否清晰以及农村基础环境共同形塑了社会组织参与乡村振兴的制度环境
2	主体行为	B1 社会组织服务水平 B5 农民意愿 B8 组织战略	社会组织服务水平的高低、农民意愿的积极性以及组织内部战略规划共同构成了社会组织参与乡村振兴的主体行为

续表

序号	主范畴	对应范畴	范畴内涵
3	合作关系	B6 沟通交流 B7 合作能力	沟通交流和各主体间的合作行为共同塑造了社会组织参与乡村振兴的合作关系
4	评估机制	B9 考核机制 B10 退出机制	考核机制和退出机制共同构成了社会组织参与乡村振兴能否实现长效的重要特征

资料来源：笔者自制。

（三）选择性编码

选择性编码又称核心编码或三级编码，选择性编码的过程即将各个类别联系起来，构建核心类属，并且探究各个类属与所研究问题间的运作机理，从而能够成功地搭建框架和获得理论。基于扎根理论的选择性编码方法，我们将"社会组织参与乡村振兴"这一核心范畴大致概括为"制度环境因素""主体行为因素""合作关系因素""评估机制因素"（见表3）。其中，主体行为是影响效果的驱动因素，制度环境、合作关系和评估机制也在不断影响着主体行为与效果之间的关系。

表 3　主要范畴及其包含的范畴

核心类属	关系结构的内涵
制度环境	制度环境是影响社会组织参与乡村振兴效果的客观因素
主体行为	主体行为是影响社会组织参与乡村振兴效果的驱动因素
合作关系	合作关系是影响社会组织参与乡村振兴效果的主观因素
评估机制	评估机制是影响社会组织参与乡村振兴效果的主观因素

资料来源：笔者自制。

四、社会组织参与乡村振兴效果的影响因素分析

（一）制度环境因素

有学者提出制度维护和运行的难易程度与"后入场者"的信念偏好及其理解框架息息相关。[①] 因此，在当前社会组织参与乡村振兴的场域中，

---

① 陈桂生、文杰：《基于"制度—关系—行为"框架的社会扶贫模式研究——以山西省 L 县"1+3"扶贫模式为例》，《新疆社会科学》2020 年第 1 期。

政府作为制度的供给者承担着联合社会组织与农民的功能。社会组织参与乡村振兴作为一种制度供给，需要从制度背景层面挖掘农村发展背后的制度逻辑。目前社会组织参与乡村振兴的制度环境存在三方面不足：一是相关法律细则的缺失。现有法律政策主要从宏观层面对社会组织进行规定，很难从"开发范围、责任追究、解决方案"等方面具体对社会组织参与乡村振兴做出指引。一些社会组织因为无法达到制度层面的要求导致合法性身份缺失，甚至逐渐沦为非法的存在。例如，有专家所提出的："在疫情期间，社会组织发展有一个很大的问题暴露出来，就是我们不能获得和企业这种服务类的组织同等的政策待遇。我们很多社会组织想申请其中的政策，他们说你社会组织获得政府的支持，但是你们不能申请这个政策优惠。目前的困境是我们社会服务机构如何与相关的业务主管部门构建一种新的机制去摆脱这样一个状态。"（IN201203）二是监管的有效性不足。除了社会组织本身之外，其他主体很难了解社会组织的财务运作情况。受访者 A15 认为："其实金融机构里面有很多资源，想进入公益里面，由于我们没有好的通道、没有好的监管机制，很难真正实现我们基金会质的提升。"（IN201203）三是农村基础环境对社会组织参与乡村振兴效果的影响。受访者 A16 表示："像很多参与落后的乡村地区，受到地理条件的限制，社会组织必须因地制宜地进行参与，这种地方的效果可能就没有那么快能显现出来。"（IN211129）

（二）主体行为因素

主体行为因素是影响社会组织参与乡村振兴效果最直接的因素。人才是社会组织运行的重要引擎，社会组织中的专业人才是保证乡村工作高效运转的基本保障。首先，通过调研访谈发现，社会组织的专业化水平、服务能力与乡村振兴的效果呈现正相关。由于社会组织参与乡村振兴涉及多个项目，譬如教育扶助项目、留守儿童帮扶项目等，这些项目的运作和实施皆离不开专业人才进行引导。BXYG 的工作人员提到："我们目前存在专业人才缺失的情况，因为参与乡村的发展本身就是一个大工程，建立销售平台后需要专业人才进行引流维护，科技助农增产征收需要有专门的农业人才进行指导。"（IN201027）其次，社会组织参与乡村振兴的主要目的是推动乡村发展，增加农民的福祉，因此农民有义务也有权利积极地参与乡村项目内容的确定和落实。正如学者提出如果组织内部成员共同讨论事务，那么他们解决问题的可能性比管理者或专家更高，而以利益相关者的共识为基础的决策更容易推行下去。① 社会组织参与乡村振兴的过程中，仍有相当一部分农村对社会组织持有怀疑态度，由于农民对社会组织的作用认识不到位，在进行产业项目发展时农民的可持续发展意识不足，长久以来农民的能力得不到提升，一旦遇到突发状况，很有可能会出现因病返贫、因教返贫的现象，从而阻碍社会组织参与乡村振兴的长效发展。XS基金会负责人提到："我们前期走访的时候，很多人都对我们不信任，需要不断与孩子们进行交流沟通，这才逐渐建立了信任关系。"（IN190906）最后，组织战略能为社会组织提供统筹规划，组织战略的适切性关乎社会组织能否适应制度环境，能否为乡村地区提供高质量的服务，以及能否最大限度地保持乡村振兴的效果。社会组织的战略不明确会导致社会组织成员参与项目时的方向混乱，推行项目时无据可依。

（三）合作关系因素

对于社会组织参与乡村振兴的制度策略而言，核心环节便是明确制度决定的是人们之间的互动关系，即相对贫困治理中多元治理主体之间的相互关系。② 各个主体之间的合作关系也影响着社会组织参与乡村振兴的效果。一方面，社会组织与其他组织之间的沟通渠道不畅。例如，受访者A1 表示："在参与乡村工作时很少与其他社会组织展开合作，好像没有发现能进行信息沟通的平台，但是会主动与爱心企业和爱心人士展开合作。"（IN201027）另一方面，社会组织和政府不同职能部门在面临共同的乡村问题时缺乏相互交流的平台，同时缺乏积极的沟通与及时的协调，容易形成"各自为政""政出多门"的乡村治理格局，官员调动过快导致项目的具体成效难以显现。例如，XL基金会负责人提到："国家出于考量将有能力的校长调动到更需要他的地方，但是问题在于流动性太快，不仅仅是校长，还包括局长等领导，因为一任干部领导会有一任的想法，所以也会对这个项目有些影响。所以我们要让项目至少保持五年，我们觉得你做不到五年，根本就没有效果。至少要做到第三年，你才能缓慢地看到农村地区的一些变化。"（IN201213）

---

① 李金龙、董宴廷：《目标群体参与精准扶贫政策执行的现实困境与治理策略》，《西北农林科技大学学报》（社会科学版）2019 年第 6 期。

② 梁宵、张润峰：《从攻坚式到制度性：后脱贫时代相对贫困治理的范式转换》，《理论月刊》2021 年第 4 期。

（四）评估机制因素

社会组织参与乡村振兴必然会有评估机制，针对已有资料，本文发现当前社会组织参与乡村振兴的结果有些并不尽如人意。社会组织参与乡村振兴能否见效，关键在于考核。考核有助于提升社会组织参与乡村振兴的质量。考核指标和考核结果的真实性是衡量考核规范的关键。考核指标模糊不清会影响社会组织参与乡村治理的效果，社会组织必须深入农村调研以保障乡村振兴工作的持续性与彻底性。例如，受访者 A16 提到："社会组织的项目设计必须对农村需求进行精准调研以及客观的评估，只有这样，项目落地才会有针对性。"（IN210624）除此之外，在基层实践中，乡村建设的"暂时性"与能力建设的"长效性"之间常常遭遇张力。具体表现为一些乡村开发项目，譬如在当地陪伴留守儿童、激活妇女群体内生动力等项目在运作前期可能产生一定效果，但是在项目运作后期呈现出乏力状态，尤其是在项目的维护方面缺少后续资金以及人力的支持。这种治理行为的短期化，不能有效巩固乡村稳定发展的目标，并可能会对扶贫对象造成情感伤害，呈现出返贫现象严重等新的复杂特征。正如有专家在访谈中提到："社会组织介入留守儿童是有风险的。因为成长是有生命周期的，从儿童到青少年再到青年，他的整个生命周期长达十几年。那我们这个项目往往只注重一年，作为公益人士来说，需要想到：如果我不能编织成一个生态网，那需要有一个安全退出的机制，我们被服务的对象可能并不是一个可以用来实验的小白鼠。那方法是否正确？退出也要让所有小朋友不受到这种情感伤害。"（IN191114）

五、结论与启示

研究表明，影响社会组织参与乡村振兴效果的因素包括制度环境因素、主体行为因素、合作关系因素以及评估机制因素。其中，主体行为因素对影响社会组织参与乡村振兴的效果起到重要推动作用。本文希望构建社会组织参与乡村振兴的长效机制，以确保乡村持续稳定运行并发挥相应的功能。

（一）完善社会组织参与乡村振兴的制度保障

一方面，从我国社会组织的整体发展情况来看，社会组织参与乡村振兴存在诸多桎梏，究其根源是因为社会组织的法律地位仍需进一步明确，这种现实困境不仅阻碍社会组织的可持续发展，还容易对社会组织产生体制障碍，因而需要通过制度创新提升社会组织发展状态，为社会组织参与乡村振兴提供良好的环境氛围。除此之外，还应在社会层面积极向社会组织赋权，不断细化社会组织参与乡村治理的规则，规范和指引社会组织有序长效地参与乡村振兴。另一方面，积极落实社会组织参与乡村振兴的税费减免、银行贷款支持等方面的相关政策。通过公益创投、购买服务等方式积极培育和发展专业社会服务机构。此外，还要加强社会组织统一认证的信息互联平台建设，创新社会组织双重管理体制，鼓励社会组织进行资格认定，让社会组织少跑路，鼓励支持规模大、协调资源能力强的基金会、行业协会等社会组织为乡村提供资源。

（二）进一步引导和激活社会力量

一方面，拓展资金渠道以强化社会组织参与乡村振兴的资金保障。社会组织发展和服务的重要资金来源之一是政府。浙江省民政厅下发《关于进一步规范提升社会组织参与社会治理工作的实施意见》，将社会组织参与社会治理纳入政府工作日常，并且动员有条件的市县组建社会组织发展基金会。因此，可以在各级政府层面设立社会组织发展专项资金，资金的额度与当地财政增长挂钩，同时向急需资金扶持的农村合作社或农村社会组织倾斜，并且创新项目资金形式，大力资助农村社会组织开展乡村基础设施建设服务。① 另一方面，加大社会组织参与乡村振兴人才培养的力度，尝试建立乡村振兴的人才储备库。推动社会组织专业人员、社会团体会员管理员以及劝募员职业体系建设，建立社会组织负责人培训制度。通过加强培训教育的方式对社会组织从业人员进行资质考核。重视农村社会组织在人才队伍建设方面的作用，畅通农村专业人才在津贴补助、职称申报、户籍引入等方面的渠道，鼓励社会组织人才扎根农村。

（三）构建多元主体参与乡村振兴的信息共享平台

通过信息平台了解农民的具体需求，打破多主体间信息不对称的壁垒，实现组织间信息的精准沟通，提高社会组织参与乡村振兴供需对接成功率，以期提升乡村治理的有效性。培育和发展相互配合、衔接紧密的农

---

① 龚志伟：《乡村振兴视阈下社会组织参与公共服务研究》，《广西社会科学》2020 年第 4 期。

村枢纽型社会组织，在此基础上，政府和社会组织根据调研掌握相关农村人口数据等信息，在相应的信息平台上传数据，提供各个社会组织的乡村振兴信息，便于更好地将各类资源投入乡村振兴工作中。同时，可以通过互联网技术渠道实现社会组织、第三方评估机构与金融机构、税务局、公安等相关部门数据共享，促进社会组织与基层政府、企业、农民群体等形成合力，打造多元主体参与乡村振兴的信息共享平台。

（四）完善评估考核与责任机制

科学的政策评估考核和问责机制能帮助组织成员的目标与集团目标趋同，同时避免组织因为过度倡导理性工具而导致的"指标主义"悖论。[1]一方面，要提升社会组织参与乡村振兴考核体系的客观性、可靠性与规范性，必须借助群众的智慧，群策群力，确保考核指标体系与组织的目标高度关联，从而保证社会组织参与乡村振兴的针对性和实效性。此外，也应将农民作为评价的重要主体，农民作为乡村治理效果的直接受益方，对社会组织参与乡村振兴有着更深的体会和感知。农户对社会组织参与乡村振兴效果的评价，不仅包括组织内部成员的态度、项目内容、项目结果满意度等要素，还包含社会组织在乡村振兴战略执行过程的评价。[2] 另一方面，从制度层面不断调整指标体系的构建，通过自上而下的运行轨迹给予被考核者即社会组织足够的信任与尊重。坚持从社会组织参与乡村振兴的战略目标出发，以效果为指引设计并优化考核制度，进一步细化评估内容来创新乡村振兴考核责任机制，将长效发展规划和项目可持续性纳入评估考核范畴，推进形成社会组织参与乡村振兴的长效治理机制。

---

[1] 孙德超、周媛媛、胡灿美：《70 年"中国式减贫"的基本经验、面临挑战及前景展望——基于"主体—内容—方式"的三维视角》，《社会科学》2019 年第 9 期。

[2] 何植民、蓝玉娇：《精准脱贫的可持续性：一个概念性分析框架》，《行政论坛》2021 年第 1 期。

慈善组织助力乡村治理效能提升研究

——上海联劝公益基金会案例考察

陈少艾　徐锡雨*

摘　要　实施乡村振兴战略是党和国家重大的决策部署，有着重要的历史逻辑和实践逻辑。慈善组织作为重要的参与主体，在乡村振兴、实现共同富裕等方面发挥着重要的推动作用。本文借鉴上海联劝公益基金会参与乡村振兴的实际案例，并应用结构化理论，构建"资源—能力—效能"的分析框架。研究发现，慈善组织通过联动与配置，撬动资源进入乡村；通过培育与赋能，提高乡村治理能力。实现慈善组织推动乡村治理效能的提升，未来需要构建全面的筹资体系；创新乡村振兴内容，从"输血式"变为"造血式"；打通乡村振兴渠道，激发多元主体融合，进而打造共建共治共享的乡村振兴治理格局。

关键词　慈善组织　结构化理论　乡村振兴

一、问题的提出

2017 年 10 月，党的十九大报告总结脱贫攻坚的实战经验，提出动员社会力量参与乡村振兴的观点。2022 年 2 月，民政部、国家乡村振兴局印发《关于动员引导社会组织参与乡村振兴工作的通知》，进一步指出要落实社会组织在巩固脱贫攻坚成果、助力乡村振兴专项行动、平台对接、项目库建设等方面的责任。从"脱贫攻坚"到"乡村振兴"，政府已经不再可能单独地发挥作用，其与市场和社会的合作越来越紧密，社会各界纷纷参与进来。慈善组织由于其自身的公益属性，能够在一定程度上增强乡村

---

*　陈少艾，上海工程技术大学管理学院；徐锡雨，上海工程技术大学管理学院。

地区的社会救助和社会保障功能①，慈善力量以现代慈善理念为引领，在助力乡村治理时更具行动力。尤其是当前农村社会组织发展相对滞后且资源有限，更加需要外部的社会慈善资源作为有力补充。② 因此，乡村振兴需要多元主体的共同参与，从而实现治理效能的提高。

慈善组织在乡村治理中作为一种组织形式将长期存在，作为学术研究和理论探讨的问题导向，在实现乡村振兴战略目标中，慈善组织如何克服自身能力的不足，动员政府、捐赠者、新闻媒体等多方力量与资源，有效参与乡村振兴？慈善组织如何发挥自身的优势将乡村群众自发组织起来？如何通过慈善组织自身能力的提升转化为乡村的治理效能的提升？上述问题在以往研究中尚未得到有效解答。鉴于此，本文以上海联劝公益基金会为研究个案，探讨在资源依赖视角下慈善组织如何通过自身能力的提高回应乡村的问题，提升乡村治理效能，并提炼出慈善组织提升乡村治理效能的经验，为推进乡村治理体系和能力现代化提供借鉴和思考。

二、文献回顾

（一）慈善组织参与乡村振兴的文献梳理

随着乡村振兴战略的提出，国内乡村振兴的相关研究日益丰富。学界关于慈善组织参与乡村振兴的研究集中于模式探究、路径研究与影响因素分析。第一，从模式探究看，大多数慈善组织仅通过公开募捐、项目运作、政府购买服务等参与乡村治理已不能满足当前乡村工作的需要。③ 在新时代，慈善组织助力乡村振兴需要具备创新思维，与农户进行高效的需求对接，突出项目的实用性。通过引入社会资本，加强政府与社会在农村公共产品方面的深度合作。PPP 模式下的慈善组织参与乡村治理可以更好地处理公平与效率之间的平衡，激发双方优势，有利于缓解政府的压力，扩展慈善组织的创新空间。④ 慈善组织助力乡村治理不仅需要具有创新思维，而且对有效治理提出更高的要求，构建带有中国特色的多中心农村治

---

① 陆亮：《慈善组织参与新农村建设的意义及路径》，《学会》2014 年第 8 期。
② 李月娥：《发展我国农村慈善事业的思考与对策》，《农村经济与科技》2009 年第 8 期。
③ 邹新艳、徐家良：《基于整体性治理视域的社会组织集成攻坚扶贫模式研究》，《行政论坛》2018 年第 5 期。
④ 张博：《PPP 模式下社会组织参与精准扶贫的路径探究》，《人民论坛·学术前沿》2018 年第 21 期。

理体系有助于盘活乡村资源，增加乡村活力。① 第二，从路径研究看，从古至今，乡村居民相似度极高的生活模式构建了不同于城市社群的"共同体"结构，对于乡村治理来说，重塑乡村权威，提高乡村居民的认同感极为重要。② 而重拾农业自信是乡村振兴的关键之举，小农户与大产业的结合有助于创造新的供给，发挥出农业的多功能性，实现农业增值。③ 但对于与民族文化息息相关的西部乡村而言，乡村振兴还需注重软环境的构建和民族文化的传承。④ 第三，从影响因素看，环境是影响组织发展的一个重要因素，环境不确定性与社会组织绩效之间存在内在关联机制。⑤ 除此之外，人才队伍、效能评估、组织管理也是影响社会组织参与乡村振兴的重要因素。

综上所述，现有的研究从模式、治理路径、困境和影响因素等方面对慈善组织参与乡村振兴进行了研究，但现有研究依然存在可挖掘的空间，这体现在：一是理论性研究居多，缺乏运用案例分析法的实证研究；二是在乡村振兴战略时代背景下，现有的关于慈善组织助力乡村治理效能的解释力有待加强。因此，本文将以结构化理论为支撑，基于上海联劝公益基金会参与乡村振兴的实践，提出慈善组织应该整合社会资源，提高自身能力，从而提升乡村治理效能的分析框架。

（二）慈善组织参与乡村振兴的分析框架

1. 资源依赖

资源依赖关注于组织自身的局限性，组织为保证其可持续的生存和运营，会对外部环境产生依赖。总体而言，我国慈善组织的运行面临着资金来源途径少、组织规模小、工作人员专业化程度低等困境，对外部环境资源依赖性较强。不同的慈善组织在独立性与自主性两个维度的强弱关系大相径庭，但总体上慈善组织与基层政府是不平等的双向依赖关系，呈现出

---

① 李晚莲、高光涵、黄建红：《乡村振兴战略背景下多中心农村贫困治理模式研究——基于粤北 L 村的考察》，《广西社会科学》2020 年第 10 期。

② 刘祖云、张诚：《重构乡村共同体：乡村振兴的现实路径》，《甘肃社会科学》2018 年第 4 期。

③ 周立、李彦岩、王彩虹、方平：《乡村振兴战略中的产业融合和六次产业发展》，《新疆师范大学学报》（哲学社会科学版）2018 年第 3 期。

④ 吴碧波、黄少安：《乡村振兴战略背景下西部地区农村就地城镇化的模式选择》，《广西民族研究》2018 年第 2 期。

⑤ 郑观蕾、蓝煜昕：《渐进式嵌入：不确定性视角下社会组织介入乡村振兴的策略选择——以 S 基金会为例》，《公共管理学报》2021 年第 1 期。

"依附式自主"特征。① 慈善组织对资源的依赖，主要体现在对政府资源的依赖上。随着服务型政府的出现，慈善组织在一定程度上承接了官方机构的公共服务的压力，弥合了农村公共产品不足的困境。② 但行政逻辑下行的乡村振兴项目存在短视效应，与乡村振兴的最终目标背道而驰。因此，在乡村振兴的过程中，慈善组织能够在行政牵制下发挥出主观能动性就显得尤为重要。慈善组织本身的嵌入结构与资源动员结果对项目执行效果也有不可替代的作用③，尤其是民办官助型慈善组织以及自我生存型慈善组织对自身资源的挖掘提出了更高的要求，以实现自身效益的最大化。④ 除此之外，乡村精英权威的资源供给和动员能力也是慈善组织参与乡村振兴的关键。⑤ 总而言之，慈善组织参与乡村振兴应当兼顾效率与公平，提高资源配置效率。

2. 治理能力

在乡村振兴的过程中，慈善组织作为提供公共服务的主体之一，是参与乡村治理的重要力量。面对当前复杂多样的乡村社会系统，慈善组织如何发挥出自身优势参与其中值得我们思考。第一，从行动逻辑看，慈善组织想要融入本地社会需要"合法性认同"。组织融入地方权力机构与社会形态，因地制宜地开展项目，是提高其自身治理能力的先行之举。⑥ 第二，从行动主体看，在乡村振兴中，提高组织治理能力以此来促进多元主体协同治理，形成有效的社会资源整合机制，才能共同促进农村社区发展。⑦ 除此之外，构建乡村治理共同体能够更好地发挥乡村治理的合力，以促进

---

① 王诗宗、宋程成：《独立抑或自主：中国社会组织特征问题重思》，《中国社会科学》2013 年第 5 期。

② 李少惠、穆朝晖：《非政府组织参与西部农村公共文化产品供给的路径分析》，《四川师范大学学报》（社会科学版）2010 年第 5 期。

③ 杨宝：《嵌入结构、资源动员与项目执行效果——政府购买社会组织服务的案例比较研究》，《公共管理学报》2018 年第 3 期。

④ 高和荣：《中国县域慈善组织的运作机制——基于福建省石狮市的调研》，《学习与探索》2014 年第 7 期。

⑤ 卢素文、艾斌：《资源依赖与精英权威：农村社会组织与基层政府的双向依赖和监督》，《中国农村观察》2021 年第 4 期。

⑥ 刘蕾、董欣静、蓝煜昕：《社会组织参与乡村社会治理的合法性获取策略研究》，《河海大学学报》（哲学社会科学版）2020 年第 3 期。

⑦ 王晓征：《新型城镇化视域下的农村社区社会资源整合研究》，《中州学刊》2016 年第 9 期。

乡村善治的实现。① 第三，从运行局限看，慈善组织在参与乡村振兴的过程中，存在定位模糊、治理低效以及激励有限等困境②，以及公共利益表达困境、公共利益认同困境、公共利益行动困境。③ 面对各种治理困境，有效挖掘和重构传统治理资源，将参与式治理引入乡村公共事务之中，有助于提高乡村社会治理绩效与能力，进而推动乡村治理现代化。④ 因此，提高慈善组织的治理能力是促进乡村产业可持续发展的应有之义。

3. 分析框架

结构化理论认为组织的发展受到社会主体的行动与其所处社会结构之间关系的影响。结构是指在社会发展中不断嵌入系统中的规则和资源，规则是人们在社会生产实践活动中所持有的程序性认知，资源包括能够带来便利的工具或手段。结构不仅对社会行动具有制约、引导作用，还是社会行动的前提与基础。⑤ 结构化理论在乡村振兴背景下的慈善组织助力乡村治理中具有适用性。首先，结构化理论强调组织发展受到主体的行动与社会结构之间的影响，与慈善组织助力乡村治理的路径相契合。其次，结构化理论有利于解释慈善组织发展受主观能动性推动，激发慈善组织的创造力，保障治理质量。基于此，本文构建了"资源—能力—效能"的分析框架（见图 1），在这一视角下，慈善组织主要是回应乡村发展中的社会问题，通过组织资源和组织能力之间的相互作用，为慈善组织参与乡村振兴创造有利条件，提升慈善组织助力乡村治理效能。

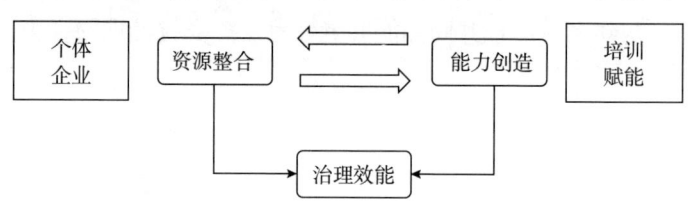

图 1　慈善组织参与乡村振兴的分析框架

① 孙玉娟、孙浩然：《构建乡村治理共同体的时代契机、掣肘因素与行动逻辑》，《行政论坛》2021 年第 5 期。
② 徐顽强、于周旭、徐新盛：《社会组织参与乡村文化振兴：价值、困境及对策》，《行政管理改革》2019 年第 1 期。
③ 贾双跃：《中国乡村社会的公共利益困境及其超越》，《山东社会科学》2021 年第 4 期。
④ 李利宏、杨素珍：《乡村治理现代化视阈中传统治理资源重构研究》，《中国行政管理》2016 年第 8 期。
⑤ A. Giddens, *The Constitution of Society：Outline of the Theory of Structuration*, Berkeley, CA：University of California Press, 1984.

三、研究案例——联劝公益基金会

联劝公益基金会（以下简称联劝）是上海第一家民间发起成立的资助型公募基金会，成立于2009年。[①] 联劝聚焦于社会领域的重大议题，近年来已在乡村振兴领域取得显著成效。面对乡村振兴资金和人才短缺、儿童困境、乡村文化流失、农村产业发展困境，以及联劝自身发展过程中所出现的志愿失灵问题，其通过撬动资源入乡、提高自身治理能力以及回应乡村问题，以"授人以鱼不如授人以渔"的方式，充分发挥以公众为主体的多元主体力量，以"联合劝募"的方式，实现资金的筹集，以及善款的有效使用，达到"造血式"扶贫的目标。这能够很好地呈现慈善组织参与乡村振兴过程中所反映的资源整合和能力创造，从而实现乡村整体效能的提升，符合本研究分析框架，是适用于本研究的典型案例。

我们通过对联劝主要负责人以及工作人员进行半结构化访谈，对联劝的运作和管理模式进行了了解，主要梳理出最近几年成功的扶贫和乡村振兴的案例与模式（见表1）。此外，二手资料主要来自联劝的公开资料，如官方网站、官方微信公众号、新闻媒体报道等，包括项目资助情况、企业年报和月报及调查报告等。

表1 联劝项目资助概况

联劝项目资助分类		项目名称	覆盖领域
统筹资助		U 积木计划	儿童领域民间公益机构与项目
		U 悠计划	助老领域民间公益机构与项目
		U 泉计划	民间公益机构筹款传播与合作发展
专项资助		公益专项基金	教育、农村扶贫和乡村振兴、困境儿童关爱、贫困助学、生态环境保护、创新创业等
		企业专项基金	儿童关爱、动物保护、助老、助困等
	捐赠人建议基金 DAF	联劝雪启专项基金	理性捐赠、倾情投入捐赠理念的培养
		联劝"为仁"专项基金	弱势儿童健康成长
		联劝 J&N 专项基金	家庭价值观传承
互联网事业合作项目资助		社区建设、儿童、助老等	

资料来源：上海联劝公益基金会官网。

---

① 《联劝简介》，联劝公益官网，https://www.lianquan.org.cn/about.jsp，最后访问：2022年1月18日。

四、案例分析

现有的慈善组织参与乡村振兴项目着力点在于提高帮扶效率，注重组织发展的外部资源。但是项目的延展性、可持续性相对较弱，难以建立长效的帮扶机制。联劝基金会经过数十年的发展，已经形成了一套完整的项目体系，项目覆盖乡村教育发展、乡村文化振兴以及农村产业发展等多个领域，逐渐成为慈善组织参与乡村振兴的引领者。

（一）联动与配置：撬动资源入乡村

对于基金会来说，最重要的资源就是资金。联劝基金会通过激发个体捐赠的热情、发挥资金的杠杆作用以及鼓励企业担负社会责任等方式挖掘资金、资源流入乡村地区。

一是激发个体捐赠的热情。个人捐赠行为主要受以下因素的影响：从个人层面，包括利己、利他和互惠三种由需求所导致的捐赠动机；从组织层面，包括慈善组织的能力、慈善组织的公信力、高质量的慈善活动和项目。[①] 联劝基金会是最早开始探索捐赠人建议基金（Donor Advised Fund，DAF）的慈善组织之一，鼓励有公益参与意愿和主导权的个人、共同参与慈善决策的家庭以及有意做长期集体捐赠的团体实施捐赠行为。例如，"联劝雪启"专项基金对接公益机构开展"儿童卫生健康项目"，帮助贫困地区儿童提高卫生意识，促进儿童全面发展。

二是发挥资金的杠杆作用，通过优质项目撬动多元资金的加入。创立品牌项目是提高慈善组织的竞争优势的手段之一，增加组织信任感有助于筹集资金。联劝基金会最核心的抓手和品牌活动就是"一个鸡蛋"项目，以"一个鸡蛋"项目为切入口吸引资金流入，以此为乡村困境儿童的项目提供资金支持。截至 2019 年，累计资助了全国 26 个省市、199 个公益机构的 424 个儿童公益项目，受益人群超过 74 万人，累计资助 6200 多万元。

三是鼓励企业担负社会责任，冠名企业基金会。联劝基金会整合多方资源，与企业实现共赢。成立企业基金会可以为企业带来诸多益处，获取

---

① 杨永娇、史宇婷、张东：《个体慈善捐赠行为的代际效应——中国慈善捐赠本土研究的新探索》，《社会学研究》2019 年第 1 期。

关键资源、增强外界认同度、创造更好的社会声誉等。① 很多企业受自身利益驱动成立企业基金会，担负社会责任。例如，联劝公益基金会与立邦展开合作，共同开启"为爱上色"计划，充分发挥了企业优势，为中国贫困地区的儿童改善校园学习生活环境。除此之外，还设立中国大学生农村支教奖，对大学生团队深入乡村开展关于传统建筑、文化遗产等调研活动提供资金支持。

（二）培育与赋能：提高治理能力

组织赋能是从组织层面出发，通过信息共享、参与决策营造授权赋能的氛围，赋予组织成员权力，并提高其能力。② 在技术的影响下，通过改进政策制度、完善人才管理体制与重塑评估体系，能够使慈善组织拥有更健全完善的现代治理能力。

一是通过人才培训进行行业赋能，形成人才伙伴网络。上海联劝基金会积极与其他社会组织合作，通过圆桌会议、人才培养计划、能力提升工作坊、公益沙龙等方式提升一线公益慈善组织的对外传播能力及筹款能力，推动其形成良好的资源整合能力，实现自身的可持续发展。

二是通过项目资助制定行业评估体系，鼓励优质项目诞生。联劝基金会每年通过初步筛选、一对一电话访谈、实地探访来确定资助项目，资金用于支持儿童领域民间公益机构专业能力的提升。每年为 8~10 个处于探索期或发展期的公益组织提供为期一年以及 10 万~15 万元的资金支持。联劝基金会强调资助的专业性，对于每一笔资助，联劝基金会都会梳理项目流程、资金使用、评估方法并进行阶段性评估。联劝基金会也通过评估，了解合作伙伴的需求，调整项目设计。为保证资金的有效性，联劝基金会的资助期限较短，通常为一年，如果项目效果满意，合作伙伴可以获得联劝基金会的持续性资助。

三是积极与科研单位合作，激发慈善学术探讨。联劝基金会积极与各平台进行学术交流，与上海大学合作完成《长三角地区流动儿童公益组织调研报告》，与 21 世纪教育研究院合作《流动儿童蓝皮书》传播项目，与北京七悦社会公益服务中心合作"U 积木计划资助成效评估"项目，与

---

① 陈钢、李维安：《企业基金会及其治理：研究进展和未来展望》，《外国经济与管理》2016 年第 6 期。

② 孔海东、张培、刘兵：《价值共创行为分析框架构建——基于赋能理论视角》，《技术经济》2019 年第 6 期。

公益慈善学园合作《U 悠计划助老组织需求调研报告》。联劝基金会积极参与儿童、为老、基础设施建设等重要公益行业交流会议，鼓励各学术单位参访与调研，为学术氛围的营造奠定基础。

（三）效能与引导：回应乡村问题

发展的不平衡不充分制约着乡村居民对美好生活的向往和追求，广大乡村地区深受优质教育资源匮乏、人口结构失调、思想文化等意识形态落后、已有项目实施不连贯等困扰。① 联劝基金会撬动资金资源进农村、提高组织的治理能力，为更好地回应乡村问题添砖加瓦，为慈善组织参与乡村振兴助力。

一是回应乡村儿童困境问题，包括营养健康、教育发展、安全保护、社会融合等方面。在营养健康方面，2010 年，上海联劝基金会联合国内其他头部公益组织发起"一个鸡蛋"项目，通过为贫困地区儿童每天提供一个鸡蛋，来改善儿童营养，促进儿童健康成长。"一个鸡蛋"项目历经十几年的发展，已成为联劝公益基金会响当当的名片。在教育发展方面，联劝基金会和贫困地区教育部门、中国发展研究基金会合作，致力于将乡土人本教育推广到更多的乡村小学，以惠及更多的乡村小学，打造示范小学、研发和培训基地，研发供乡村教师使用的教学工具包。除此之外，联劝基金会还注重贫困地区教育的可持续发展，选取若干所乡村小学作为种子学校，为校长及种子教师提供方法培训、资源支持及长期指导，以此培育一批优秀乡村教师，弥补城乡教育资源的巨大鸿沟。

二是回应乡村文化流失问题。联劝基金会联合其他社会组织开展传统文化教育项目，组织少数民族地区的孩子们进行各种文化交流活动，不仅让民族才艺在舞台上得以展现，也让大家对中国民族文化有更多的了解。此项目不仅提升了少数民族对本民族文化的认同，也激发了无与伦比的民族文化自信心和自豪感。

三是回应农村产业发展困境。联劝基金会联合当地助贫服务中心，在农村开展乡村产业振兴项目，帮助农户学习种养殖技术，以此实现农户技能提升，进而增加收入、改善生活。通过为每户提供资金支持，帮助农户进行圈舍改造和购买牲畜以发展生产。多年来在中国 15 个省、市、自治区实施了 153 个扶贫项目，帮助超过 13 万个家庭。

---

① 韦美膛：《乡村振兴视角下农村民生问题的困境与突围》，《农业经济》2020 年第 12 期。

五、经验与讨论

（一）经验

1. 资金助力乡村振兴：构建全面的筹资体系

慈善虽然不以营利为目的，但是不意味着"奉献"与"零成本"。组织的基本运营和成员自我价值的实现需要资金的支持。我国是人口大国，民间捐赠的力量不容小觑，上海联劝公益基金会在调动捐赠方积极性、吸引更广泛的社会资金进农村方面起到了模范带头作用：一是广泛吸纳社会个体资金。联劝基金会与时俱进，把互联网平台打造成筹资渠道的主流平台。联劝网作为民政部指定的互联网公开募捐信息平台之一，为个体捐赠提供平台支持，与23个省、直辖市的103家公募慈善机构建立了合作关系并提供月捐、义卖、日捐等服务，以此来推动个体捐赠常态化。二是积极推动社群捐赠。上海联劝基金会积极尝试公益捐赠新工具"捐赠圈"，通过社群聚集慈善力量，以共同决策的方式决定资助对象。三是设立专项基金。为单个项目筹集资金，提高资金筹集的精准化和高效化。

2. 创新乡村振兴内容："输血式"变"造血式"

乡村地区不仅涉及资源匮乏和市场落后，而且涉及能力不足、社会排斥等更多深层次的因素。仅靠捐助可以暂时缓解乡村问题，但难以从根本上解决乡村问题。只强调"输血"而忽视了"造血"的乡村振兴项目更有可能造成低收入与低消费的恶性循环。上海联劝公益基金会联合各执行机构改传统的"输血式"振兴为"造血式"振兴，建立可持续的帮扶机制，延展了乡村振兴形式与内容：通过构建以家庭为单位的定点结对帮扶形式，因地制宜发展当地小型畜牧业、纺织业等，推动产业帮扶；通过建立人才培训基地，捐赠学习工具、学习书籍等形式，推动能力帮扶。由此可见，上海联劝基金会采取"造血式"振兴，认识到乡村振兴不仅是乡村居民收入的提升，还同样包含乡村文化的振兴和乡村人才的培养，使其形成自我积累和自我发展的能力。

3. 打通乡村振兴渠道：激发多元主体融合

随着我国社会复杂性的增强和社会力量的迅速发展壮大，单一主体无法独自承受各类风险。在此背景下，社会各参与主体通过相互配合，有效汇聚多种力量，才能实现公共利益最大化。上海联劝基金会积极寻求其他平台的合作，力求打通助力乡村振兴的渠道，更好地提供乡村振兴服务。一是与互联网平台合作联劝基金会与阿里巴巴公益、腾讯公益、携程公益等互联网公益平台合作。比如，"一个鸡蛋""清洁小手""乡村金色人才计划"等乡村振兴品牌项目也在腾讯公益平台同步上线，不仅提升了项目的认知力度，还打通了多平台的筹款渠道。二是与主流媒体合作。联劝基金会与新浪、澎湃、南都周刊、搜狐等主流媒体合作，扩大联劝基金会参与乡村振兴的影响力。三是与地方公益机构合作。联劝基金会与全国各地不同的公益机构合作以达到良好的项目成效。比如，"一个鸡蛋"项目在云南、湖南、江西等地与当地公益服务中心合作，以保证项目高效、顺利地进行。

（二）讨论

联劝基金会尽管只有 12 年的历史，但是其引入了最现代的专业慈善理念，毫无疑问已成为我国头部慈善组织，在筹资模式以及行动策略上都呈现出鲜明而有效的特征，其迈出了慈善组织参与乡村振兴的重要步伐，又代表着中国慈善组织发展的重要方向。但是在实践过程中也存在一些问题，一是缺乏高质量"造血式"项目。慈善的最终目的是"授人以鱼不如授人以渔"，需要向弱势群体提供足够彻底摆脱困境的能力支持，而现行的慈善"造血式"项目依然不彻底。二是人才管理稳定性低。慈善组织的工作人员往往以兼职为主，有编制的专职工作人员不多。意味着工作的稳定性较差，组织成员创新动力匮乏。三是组织的专业化程度低，国内大多基金会的运作受到出资者的决策影响，即出资者往往担任慈善组织的要职，决定基金会的资金分配、项目展开等，容易导致因专业化不足出现决策偏移的情况。

实践表明，乡村振兴需要多主体多层次的协调配合、共同发力。联劝公益基金会作为促进"按需捐赠"的重要渠道，需要充分利用起来，以推动乡村振兴。2020 年，联劝基金会获得国务院扶贫办"社会组织扶贫案例 50 佳"，国家对联劝基金会参与乡村扶贫给予了很大的肯定。未来，公益助力乡村振兴的前景定会更加明朗，在社会形成全体成员参与乡村振兴的慈善氛围。

吸纳与嵌入：社会力量参与
乡村振兴的机制建构*

李怀瑞**

摘　要　本文以脱贫攻坚与乡村振兴有效衔接作为社会力量参与乡村振兴的现实背景，结合国家与社会关系以及"政府引导、社会协同、农民参与"的整体视角，提出社会力量参与乡村振兴的机制建构框架。该框架从吸纳机制和嵌入机制两个视角探索更为具体的多元机制，其中前者包含了社会力量参与乡村振兴的动力机制、激励机制、保障机制和制约机制，而后者涵盖了社会力量参与的创新机制、供给机制和表达机制，并且提出两种逻辑向度之下的多元机制应实现双向联动，进一步建构起"外引促内生、内外相结合"的社会力量参与乡村振兴的联动机制。

关键词　社会力量　乡村振兴　机制建构　吸纳与嵌入

一、问题的提出

现阶段，我国"三农"工作重心正在发生历史性转移，乡村发展战略也正在面临从脱贫攻坚向乡村振兴的有效衔接问题，这成为当前一段时间极其紧迫和重要的任务。这一重大转型不仅体现在国家战略转型和政府的政策层面，还表现为各方参与者的行动转型层面。实际上，无论是在脱贫攻坚阶段，还是在乡村振兴战略中，除了国家和政府的力量将资源持续不断地投入乡村，社会力量的积极参与同样不容忽视。如果说社会力量的参

---

* 本文为北京市习近平新时代中国特色社会主义思想研究中心重点项目"习近平总书记关于脱贫攻坚与乡村振兴有效衔接的重要论述研究"（项目编号：21LLSMB058）的阶段性研究成果。

** 李怀瑞，中国政法大学社会学院讲师。

与是中国脱贫攻坚取得举世瞩目成就的原因之一，那么，从国内外经验看，乡村振兴阶段，不仅需要继续发挥政府的主导作用，还需要更大限度地发挥市场和社会的作用。然而，处于这一转型和过渡期，社会力量在从脱贫攻坚向乡村振兴有效衔接和转型过程中也面临诸多挑战。由于前期将主要精力放在脱贫攻坚工作上，进入新阶段，不少社会力量在有效衔接和转型问题上感到无所适从。例如，随着绝对贫困的消除，一些以扶贫为宗旨的社会组织面临使命调整的问题，下一阶段如何在乡村振兴阶段适应新要求，成为困扰管理者的一个难题；再如，一些企业在脱贫攻坚阶段发挥企业社会责任、响应政府号召，无偿捐赠大量资金到定点帮扶地区，帮助贫困地区脱贫，但是，打赢脱贫攻坚战以后，如何根据企业的现实情况持续参与到乡村振兴战略中，也是对企业的一大挑战。可见，不仅国家的乡村战略面临转型问题，社会力量的参与也同样面临转型的困境，这就迫切需要对社会力量参与乡村振兴的机制建构问题做出系统性的回答。因此，本文主要关注以企业和社会组织为主体的社会力量应该如何结合行政吸纳和主动嵌入这两股力量，通过"外引""内培"，建构起社会力量参与乡村振兴的多元机制。

二、脱贫与振兴相衔接：社会力量
参与的背景与转型升级

经过长期艰苦奋斗，我国如期全面建成小康社会，脱贫攻坚取得全面胜利，开启了全面建设社会主义现代化国家新征程。[①] 下一步，巩固拓展脱贫攻坚成果、全面推进乡村振兴战略已被列为"十四五"时期经济社会发展主要目标，脱贫攻坚与乡村振兴有效衔接成为未来五年农业农村发展的重点任务。[②] 从脱贫攻坚向乡村振兴有效衔接和转型成为一个重大的理论问题和实践问题，深深影响着政府、企业和社会组织等多元参与主体下一步的行动策略。因此，在探讨社会力量参与乡村振兴的机制之前，首先需要从社会力量的视角审视前后两个战略的衔接问题。

---

① 《在全国脱贫攻坚总结表彰大会上的讲话》，2021 年 2 月 25 日，人民网，http：//qh. people. cn/n2/2021/0226/c182753-34594826. html。

② 《中共中央关于制定国民经济和社会发展第十四个五年规划和二〇三五年远景目标的建议》，2020 年 11 月 3 日，中国政府网，http：//www. gov. cn/zhengce/2020-11/03/content_5556991. htm。

（一）从脱贫攻坚向乡村振兴的维度升级

脱贫攻坚阶段主要从致贫因素出发，针对不同原因，采取精准的帮扶措施，帮助每一个建档立卡户解决"两不愁三保障"等基本生存需求，虽也涉及多维治理但基本目标都导向经济维度。乡村振兴战略面向的主要是全面建成小康社会以后，乡村发展转型过程中面临的"乡村病"等突出问题和矛盾，通过"五位一体"全方位的建设增强农村内生动能和造血机制，最终实现城乡融合发展。因此，作为战略转型的后一阶段，乡村振兴战略存在以下维度升级需求。

1. 从经济维度到发展维度

经济维度在脱贫攻坚和乡村振兴两个阶段都居于首位，但从扶贫中"现行标准下的农村绝对贫困人口全部脱贫"，到"生活富裕"的具体目标，乡村振兴在经济维度上提出了更高的要求。在脱贫攻坚阶段，衡量是否脱贫的重要指标之一就是人均年收入，只要能够达到相应的标准，大体就可以判定建档立卡户基本实现脱贫。而进入乡村振兴阶段，面对绝对贫困的消灭以及相对贫困占据主导地位，在"人民对美好生活的向往"的指引下，必须在保证农民不会返贫的前提下继续带动农民增收致富，进而达到"生活富裕"状态。这是乡村振兴阶段农村和农民发展的必然要求。

在脱贫攻坚阶段，产业扶贫是助力建档立卡贫困户和贫困地区实现脱贫的最重要的手段，通过产业发展项目，大量的贫困地区在产业带动下实现了经济上的快速脱贫。而进入乡村振兴阶段，还需要让"马儿跑起来"：一方面，要保证上一阶段的产业继续发挥活力和生命力，巩固脱贫成果，避免"一撤出就死"的困境；另一方面，乡村振兴阶段的产业发展要求也已经从"产业扶贫"过渡到了"产业兴旺"的更高要求，也就是说，产业发展不能仅帮助农民实现温饱，还需要帮助农民生活富裕。这就使乡村振兴阶段对产业发展提出了更高的要求，也就是从简单的产业扶贫向三次产业融合的产业发展演进。

2. 从贫困治理到治理有效

脱贫攻坚阶段虽然间接激发了贫困地区的内生动力和内生治理能力，但是基本停留在贫困治理的层面，而进入乡村振兴阶段，"治理有效"是重要一环。乡村社会治理是国家治理体系的重要组成部分，"治理有效"是乡村振兴的重要保障。在"五大振兴"中，与社会治理密切相关的包括组织振兴和文化振兴。从组织振兴来说，"治理有效"要求必须充分激发包括基层党组织和基层自治组织、乡村经济组织、乡村社会组织等类型的乡村各类组织的活力和能力，引导村民参与村级事务，增强村庄社会资本。这方面的实践如一些企业在治理维度引入了"老村长"制度，寻找德高望重的"老村长"负责思想扶贫工作，协助开展宣讲活动、入户调研、接待活动讲解等，有效配合驻村第一书记，助力破解部分贫困群众目标不清、志气不足的问题，激发贫困户脱贫斗志。"老村长"制度激活了村两委的组织力，推进了党建引领乡村振兴，发挥出了党组织的战斗堡垒和党员的模范引领作用，这为党组织功能的发挥和基层有效治理提供了动力。从文化振兴来说，乡风文明是乡村文化振兴不可或缺的一部分，这一点在脱贫攻坚阶段得到的关注不够。文化振兴涵盖了村民文明素养的提升、传统文化的保育及其基础上的创新。乡风文明还应该体现在居住在农村的人在思想观念、文明程度上有进一步的提升，在最基本的"人"的改变上下功夫。另外，乡村振兴过程中，不能脱离乡村的文化根基，否则乡村的发展就会变得千村一面、没有内涵、没有生命力。举例来说，有的企业在参与乡村振兴的过程中充分注重当地的文化保育，在翻新古村落的同时，保存了村落的原始风貌，并在当地历史文化底蕴的基础上，充分挖掘当地文化特色，成为乡村文旅发展中的一个亮点。

3. 迈向更全面的生态文明

习近平总书记提出绿水青山就是金山银山，"两山理论"是农村发展过程中必须坚持的重要思想。实际上，无论在哪个阶段，对生态环境都应该高度重视。如果生态环境遭到了严重的破坏，那么生态宜居的美丽乡村就无从谈起，甚至需要在后续发展过程中耗费巨大的成本来修复生态。可以说，生态维度一直贯穿脱贫攻坚和乡村振兴两个阶段，或者说贯穿乡村发展过程的始终。但是，相对于脱贫攻坚时期在生态保护上的努力，乡村振兴阶段需要在更为全面的生态文明维度上下功夫，进一步结合人的需求，朝着更加宜居、更加和谐的方向演进，这些都对社会力量参与乡村振兴提出了更高维度的要求。

（二）从扶贫向乡村振兴的行动转型

从脱贫攻坚到乡村振兴的不同维度上的升级，要求社会力量在行动策略上做出相应的调整。在脱贫攻坚和乡村振兴两个阶段，社会力量的行动策略也存在以下三个方面的变化。

1. 角色定位转变

从社会力量参与脱贫攻坚和乡村振兴角色定位上来说，脱贫攻坚阶段主要以政府为主导，农民是被扶持的对象，社会力量主动作为"政府脱贫攻坚的有益补充"的角色；而在乡村振兴阶段，必须充分激发农村和农民的主体性地位和作用，社会力量已经从政府有益补充的角色转变为主动激发乡村主体性的角色，通过各种形式的社会创新项目介入乡村，发挥乡村主体性，这是乡村振兴可持续的关键。

2. 介入方式升级

从社会力量参与脱贫攻坚和乡村振兴的介入方式上来说，由于脱贫攻坚有其硬性指标，因此社会力量介入脱贫攻坚的主要手法是通过各种帮扶措施提高建档立卡户的经济收入；在乡村振兴阶段，经济收入的提高只是基础，如何防止返贫、建立解决相对贫困的长效机制是下一步工作的重点，而且除了经济发展的要求外，还需要在"五大振兴"中的一些软性层面，如"治理有效"上下功夫，而这就离不开对农民的组织化探索和实践，将农村组织起来，实现组织振兴。因此，社会力量在参与乡村振兴的手法上，主要应从农民组织化层面着手：一方面需要以市场导向型组织化的方式，提高乡村的经济资本；另一方面需要以社区导向型组织化为手段，增加乡村的社会资本。①

3. 价值理念调整

对于企业来说，参与脱贫攻坚工作所基于的行动准则主要是企业社会责任理念，但在乡村振兴战略中，仅基于企业社会责任无法确保社会力量参与的可持续性，因此需要在行动准则中加入价值共享的理念，实现乡村振兴中企业和乡村的共同发展；对于社会组织来说，参与脱贫攻坚主要是基于扶贫济困的公益理念，但进入乡村振兴阶段，绝对贫困已经消除，此前介入扶贫的公益项目或社会组织也应该改变观念，甚至修改自身定位，以适应新形势和新问题，因此在乡村振兴战略中，社会组织需要在项目或组织的目标、使命和规划等方面进行全方位调整。

三、吸纳与嵌入：社会力量参与乡村振兴的双重逻辑

在考虑社会力量参与乡村振兴的机制建构时，需要关注的不应仅是社会力量，还应该从其他方面入手：可以从党政引领、社会协同、农民参与三个层面开启思路，它们也分别代表了国家、社会、农民三者在机制建构

---

① 李怀瑞、邓国胜：《社会力量参与乡村振兴的新内源发展路径研究——基于四个个案的比较》，《中国行政管理》2021 年第 5 期。

中的角色。首先，需要"党政引领"。各级政府是各项制度、政策、规定的主要制定者和落实者，也是乡村振兴工作中的主要行动主体，因此针对社会力量参与乡村振兴的机制构建，需要充分认识到各级政府对社会力量的"党政引领"作用，聚焦乡村振兴战略中相关的各种体制和制度，宏观上把握社会力量参与的机制体系。其次，应该将深度参与脱贫攻坚和乡村振兴的多元社会力量作为重点对象。社会力量在脱贫攻坚阶段就是"大扶贫格局"中的重要组成部分，全面实施乡村振兴战略以来，社会力量仍是"大振兴格局"的重要参与者，在乡村振兴战略的实施过程中依旧发挥着重要作用，因此参与乡村振兴的机制中自然少不了社会力量的角色。最后，"农民参与"代表了居于主体性地位的农民群体在机制建构中的角色。乡村振兴是为农民而兴，乡村建设是为农民而建，社会力量参与乡村振兴的终极目标群体必须是发挥主体性作用的农民主体，因此在机制研究中同样需要关注农民群体主体性发挥机制，以实现社会力量参与乡村振兴的科学性和有效性。

以国家与社会关系为理论起点，社会力量参与乡村振兴的机制建构可以分解为吸纳机制和嵌入机制两个层面（见图 1）。第一，乡村振兴战略实施过程中，政府对社会力量的引导、激励和管理机制。政府作为乡村振兴战略的主导力量，政府对社会力量的引导是社会力量参与乡村振兴战略的制度前提，实际上，政府也需要吸纳社会力量在乡村振兴工作中发挥出它们的作用和优势，以更好地实现乡村振兴的目标。在政府的吸纳机制之下，涵盖了社会力量参与乡村振兴的动力机制、激励机制、保障机制和制约机制。第二，社会力量主动参与乡村振兴战略的创新、供给和表达机制。以企业和社会组织为主体的社会力量也并非被动参与到乡村振兴战略中，而是在政府引导的前提下同时具有强大的内生参与动力，这在此前的脱贫攻坚阶段已经体现得非常明显。以企业为例，企业基于自身多样的利益诉求、业务需求，以及企业社会责任感，在脱贫攻坚阶段和乡村振兴阶段都表现出参与的积极性，从"万企帮万村"到"万企兴万村"中都离不开企业的力量；社会组织则基于内在的使命意识和公益慈善精神，主动结合国家战略制定自身发展规划，同样显示出参与乡村振兴的强大内生动力。需要强调的是，社会力量主动嵌入乡村振兴战略的过程中，作为终极目标的农民主体性的保障和发挥都是不可或缺的重要一环。在社会力量参与国家战略的嵌入机制之下，涵盖了社会力量参与的创新机制、供给机制和表达机制。

吸纳机制和嵌入机制分别成为社会力量参与乡村振兴机制建构的双重逻辑向度，在对两者进行分析之后，还需要建构起两者的联动机制。也就是说，前者主要作为社会力量参与乡村振兴的"外引"力量，后者则是社会力量参与乡村振兴的"内生"力量，两者需要在乡村振兴战略的具体实施中有机结合，实现"外引促内生、内外相结合"的联动机制的构建。

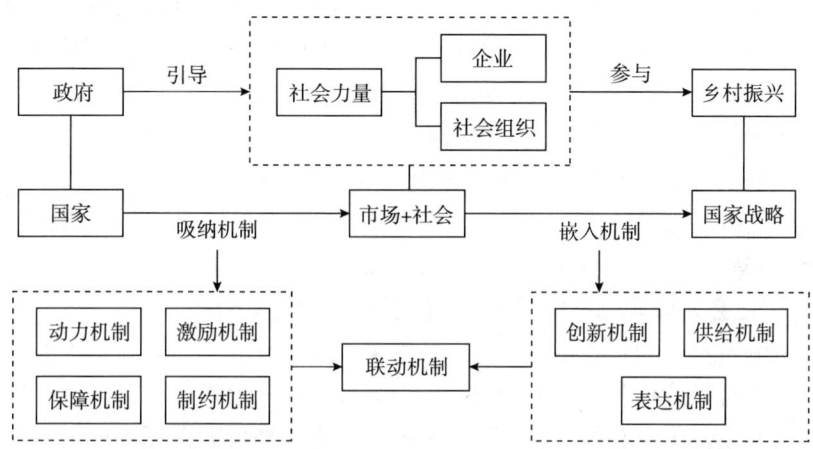

图 1　吸纳与嵌入：社会力量参与乡村振兴的机制分析框架

（一）吸纳机制建构：政府对社会力量的有效引导

1. 社会力量参与乡村振兴的动力机制

在社会力量参与乡村振兴的动力机制的内涵中，包括自上而下的行政推动力和自下而上的社会内生力，两种力量相互促进，是社会力量参与乡村振兴的动力机制的基础架构。具体而言，政府鼓励和政策激励是社会力量参与乡村振兴的外在驱动力，社会力量的社会责任感或使命意识是参与乡村振兴的内在驱动力，社会力量与乡村振兴的业务关联是参与乡村振兴的直接驱动力，社会力量自身拥有的资源禀赋是参与乡村振兴的基础性条件。[①] 此外，社会力量参与乡村振兴国家战略的动力机制的基础则是政府与社会力量的协作互惠。

2. 社会力量参与乡村振兴的激励机制

以乡村振兴战略的实施为纽带，需要建立社会力量参与的有效激励机制。激励的形式具体包括行政激励、市场激励和社会激励。行政激励是以

---

① 邓国胜、钟宏武：《乡村振兴蓝皮书 2020》，经济管理出版社，2021 年。

文件和政策为基础的制度激励，政府订立各项文件和政策规定，涉及社会力量参与乡村振兴的激励性引导，例如，以项目和专项资金、联席会议、座谈交流会等形式的引导，吸引社会力量参与乡村建设行动，这种行政激励在脱贫攻坚阶段是主要的激励形式。在不久前发布的《民政部　国家乡村振兴局关于动员引导社会组织参与乡村振兴工作的通知》中，就对政府部门与社会组织的对接平台建设、合作机制建设、支持体系建设、专项行动开展等做出了具体规定。① 相对于脱贫攻坚阶段主要依靠行政力量推动，乡村振兴阶段应转变为主要依靠市场激励手段来推动，让市场在城乡资源配置中发挥决定性作用，运用市场思维调动社会资源，依靠社会力量，激励多元社会力量共同参与、共同建设，激发乡村振兴的多重活力。此外，还要运用社会激励的手段，对参与乡村振兴的突出社会力量提供诸如表彰和奖励等相关回报，进一步激发社会力量的参与动力。

3. 社会力量参与乡村振兴的保障机制和制约机制

机制本身指的是各要素之间的结构关系和运行方式，其最基本的运行条件是实现保障和制约两大功能，即一方面在秩序治理层面保障该机制的运行能够发挥出应有的功能，另一方面在风险治理层面保证管理活动有序化、规范化，规避各种潜在风险。机制的建立需要依靠体制和制度的建设：体制主要指组织职能和岗位责权的规范，制度主要体现在包括国家和地方的法律、法规以及组织内部的规章制度中。因此，社会力量参与乡村振兴的保障机制和制约机制的建立，都需要通过与之相应的体制和制度的建立得以体现。具体来说，在体制层面，一是建立和规范社会力量参与乡村振兴的组织体系，尤其是要加强各级党委农村工作领导小组和工作机构建设，并且加强各级乡村振兴局与社会力量的密切协作；二是不断丰富和完善社会力量参与乡村振兴的行动体系，从"五大振兴"涉及的五个维度推动乡村建设行动，积极协调社会力量参与，例如，从"万企帮万村"向"万企兴万村"的行动体系转型。在制度层面，一是推进社会力量参与乡村振兴的政策体系建设，借鉴脱贫攻坚阶段的经验，在社会力量的参与、创新、管理、退出以及考核评估等多方面制定一系列政策组合拳；二是有效衔接中国特色脱贫攻坚制度体系，从制度体系的延续和创新两方面做好衔接工作，加快形成成熟的中国特色乡村振兴制度体系。

---

① 《民政部　国家乡村振兴局关于动员引导社会组织参与乡村振兴工作的通知》，民政部门户网站，2022 年 3 月 1 日，http://www.mca.gov.cn/article/xw/tzgg/202203/20220300039962.shtml。

（二）嵌入机制建构：社会力量在乡村振兴中的主动性发挥

1. 社会力量参与乡村振兴的创新机制

詹姆斯·C. 斯科特（James C. Scott）在《国家的视角：那些试图改善人类状况的项目是如何失败的》一书中提出①，现代国家的大型规划项目常常出现事与愿违的后果，究其原因就在于，国家机器的核心逻辑是将各类问题清晰化和简单化，把纷繁复杂的社会现象和人类活动简化为可以进行行政管理的清晰条目。国家视角下的这种以清晰性为目的的制度化管理模式和大规模国家工程会削弱或消灭个体及小规模社会组织的多元化、创造力与活力，扼杀基层社会或地方长久以来积累的丰富实践知识（斯科特称为"米提斯"）。与斯科特提出的清晰化、简单化和模式化的"国家的视角"不同，社会力量在风格和特质上则表现为多元化、具体化和创新性，可以称为"社会的视角"。由于它自下而上的特征和行为逻辑，社会力量解决社会问题的方式恰恰基于斯科特所谓的"米提斯"（实践知识），使其社会问题解决方案更符合地方知识，再加上社会力量的资源也更具灵活性，因此具有较大的创新能力和空间。

从"社会的视角"来看，社会力量的社会创新能力在参与脱贫攻坚的过程中已经得到了良好的展现。随着乡村振兴战略的全面展开，必须进一步激发社会力量卓越的社会创新能力。实际上无论是在参与扶贫还是在参与乡村振兴的过程中，社会力量都主动将自身行动视为"政府工作的有益补充"，这一定位毋庸置疑，因为党和政府是脱贫攻坚和乡村振兴的主导者。然而，若仅将社会力量视为"政府工作的有益补充"，则不免会忽视社会力量在"社会的视角"下所独有的"社会创新引领者"的角色。因此，在参与乡村振兴过程中，社会力量兼具"政府工作的有益补充"和"社会创新引领者"的双重角色。

基于这一双重角色，社会力量参与乡村振兴的创新方向可以遵循四种逻辑导向：一是主体性维度，在参与乡村振兴过程中发挥农民的主体作用，农民主体性具体分为村民主体性和村社主体性；二是组织化维度，在参与乡村振兴的过程中通过组织化的手段将农民组织起来，具体可通过市场导向型组织化和社区导向型组织化两种方式分别建构经济资本和社会资本；三是可持续性维度，在参与乡村振兴的过程中摒弃简单给予的思维，

---

① 詹姆斯·C. 斯科特：《国家的视角：那些试图改善人类状况的项目是如何失败的》，社会科学文献出版社，2011 年。

通过激发村民自我造血的方式，秉持创造共享价值的理念，推动社会力量参与的可持续性；四是制度创新维度，社会力量也应积极参与制度创新，一方面主动融入乡村振兴共同体，推动参与方式创新，另一方面也要推动政府在社会力量参与的制度设计上进行尝试创新，拓宽参与渠道。

2. 社会力量参与乡村振兴的供给机制

按照乡村振兴战略提出的产业兴旺、生态宜居、乡风文明、治理有效、生活富裕的总要求，以及乡村振兴战略所涵盖的五个振兴——产业振兴、人才振兴、文化振兴、生态振兴、组织振兴，社会力量在参与乡村振兴的机制设计中，离不开在上述五个维度上的供给机制的探索。社会力量有其多元化的能力和资源禀赋，在供给层面需要结合自身资源优势，有效匹配和对接乡村振兴工作中的具体需求。换句话说，在乡村振兴中的五大振兴需求和社会力量多元化的能力和资源禀赋之间，必须实现合理的供需匹配关系，而这必然要求建立社会力量参与乡村振兴的供给机制。此外，社会力量凭借自身的能力和资源参与乡村振兴战略还涉及第三次分配的现实要求，因此也需要在第三次分配的视角下进一步完善社会力量参与乡村振兴的供给机制。

3. 社会力量参与乡村振兴的表达机制

结合社会力量参与乡村振兴的一些实践案例可以发现，在当前的乡村建设行动中，社会力量的表达方式基本不外乎硬性的经济方面的建设、软性的治理维度的探索以及对作为乡村最终主体的"人"的现代性的塑造。因此，从现代性视角来看，社会力量在参与乡村振兴过程中，基本从以下三个维度进行理念和行动方式的表达——这三个维度也大体上建构出中国式现代化所内含的中国特色农村现代性的基本框架：首先是经济现代性维度，经济层面的建设和发展措施成为最常见的表达方式，要想实现农业农村的现代化，经济维度的措施必然成为主要措施；其次是治理现代性维度，主要关注农村现代性中的软性治理层面，伴随生计、产业的发展，与农民息息相关的治理能力的提高是确保农村可持续发展的关键；最后是人的现代性维度，农民在"人的现代性"维度的提升也是农村现代性的终极要求，但这也恰恰是乡村建设行动中的各个主体常常忽略和缺少实践的一环，因此，社会力量在参与乡村振兴的过程中也应该将这一维度视为表达的维度之一。这三个表达维度展现出社会力量可以从哪些方面介入乡村振兴。

（三）"吸纳"与"嵌入"的联动机制建构

在对社会力量参与乡村振兴的吸纳机制与嵌入机制建构之后，如何将吸纳与嵌入、外引与内生两种力量有机结合，实现"外引促内生、内外相结合"的社会力量参与乡村振兴的联动机制，同样具有重要意义。两种逻辑向度的机制建构并非完全割裂的关系，而应该在建构过程中展现出双向联动、互相影响的特征。从宏观整体的视角看，实现社会力量在乡村振兴中的有效参与，两种逻辑向度缺一不可。因此，需要将吸纳机制与嵌入机制之下的不同参与机制有机结合，探索建立社会力量参与乡村振兴的联动机制。例如，"吸纳"逻辑中的动力机制应与"嵌入"逻辑中的供给机制实现联动，在发挥自上而下的行政推动力和自下而上的社会内生力的基础上，建立政府和社会力量双方的供需匹配关系；"吸纳"逻辑中的激励机制应与"嵌入"逻辑中的创新机制实现联动，在以行政激励、市场激励和社会激励为主要方式的激励策略的基础上，动员社会力量更加积极地参与到乡村振兴工作中，发挥更为有力的社会创新力量，为乡村振兴战略实施探索多元创新途径；"吸纳"逻辑中的保障和制约机制也应与"嵌入"逻辑中的表达机制实现联动，从秩序治理和风险治理两个方面充分保障社会力量在乡村振兴中的有序参与，才能为社会力量在经济现代性、治理现代性和人的现代性等多个维度探索其独特的表达方式奠定坚实的基础。总体来讲，构建联动机制将更有效地发挥政府和社会力量的合力，促进形成涵盖了政府和多元社会力量的乡村振兴共同体，也为进一步的社会力量参与乡村振兴的路径研究奠定了基础。

四、结论与讨论

本文提出从"吸纳"与"嵌入"双重逻辑向度建构起社会力量参与乡村振兴的机制，这一分析框架在理论体系上大致顺承了国家与社会关系理论的总体研究脉络。如果将以企业和社会组织为主体的社会力量一并归于"社会"维度的话，那么，"吸纳"与"嵌入"的双重逻辑向度与国家与社会关系的二元分析模式具有理论上的一致性。但是，"吸纳"的主体（国家）与"嵌入"的主体（社会）并非二元对立的关系，而是具体反映在乡村振兴实际工作中的一种双向互动的过程。这也与当前国家与社会关系理论的发展趋势相一致：国家与社会关系一直在不断调整，逐渐从国家与社会的二元对立走向二元互动。实际上，在全能主义政治消退、社会力量成长壮大的背景下，"国家与社会"分析框架在进入 21 世纪后已经成为国内社会科学领域的主流理论框架。伴随现实基础上的国家与社会关系的不断调整，学者们陆续提出了许多具有创新性和解释力的理论观点，如相对早期阶段的"分类控制"①、"行政吸纳社会"② 模式，到后续学者们提出从"工具主义"到"合作治理"③、"嵌入式发展/治理"④ 等新的表述，从中都可以大致看出该理论的整体演进趋势。

因此，基于国家与社会关系的理论脉络，本文以脱贫攻坚与乡村振兴有效衔接作为社会力量参与乡村振兴的现实背景，结合"政府引导、社会协同、农民参与"的整体视角，提出社会力量参与乡村振兴的机制建构框架。该框架将"吸纳"与"嵌入"双重逻辑向度作为思维起点，分别从吸纳机制和嵌入机制两个视角探索更为具体的多元机制，其中前者包含了社会力量参与乡村振兴的动力机制、激励机制、保障机制和制约机制，而后者涵盖了社会力量参与的创新机制、供给机制和表达机制，并且提出两种逻辑向度之下的多元机制应实现双向联动，进一步建构起"外引促内生、内外相结合"的社会力量参与乡村振兴的联动机制。

另外，从现实需求来看，社会力量参与乡村振兴的机制研究为当下社会力量普遍面临的"从参与脱贫攻坚向参与乡村振兴转型"以及"如何参与乡村振兴战略"的困惑提供理论和实践层面的解答，起到一定的"解惑"作用，帮助社会力量一方面从宏观层面把握参与乡村振兴的机制，另一方面从微观层面启发社会力量探索更多参与乡村振兴的多元路径。从国家与社会两个视角看：对政府来说，通过对社会力量参与乡村振兴的机制的建构，为政府提供一个有效引导、激励和管理社会力量参与乡村振兴的机制方案；对社会力量来说，也能够有效指引社会力量科学参与乡村振兴，更准确地把握参与乡村振兴的体制机制，更有效地探索和创新参与乡村振兴的具体路径，从而将市场和社会的力量充分发挥出来，形成乡村振兴合力。因此，从这一角度来说，社会力量参与乡村振兴的机制建构是参与路径研究的前提，在社会力量参与乡村振兴的机制分析的基础上，进一步的研究目标应该着眼于社会力量参与乡村振兴的多元路径探索。

---

① 康晓光、韩恒：《分类控制：当前中国大陆国家与社会关系研究》，《社会学研究》2005年第 6 期。

② 康晓光、韩恒：《行政吸纳社会——当前中国大陆国家与社会关系再研究》，《中国社会科学》2007 年第 2 期。

③ 唐文玉：《从"工具主义"到"合作治理"——政府支持社会组织发展的模式转型》，《学习与实践》2016 年第 9 期。

④ 吴斌才：《从分类控制到嵌入式治理：项目制运作背后的社会组织治理转型》，《甘肃行政学院学报》2016 年第 3 期。

边缘性嵌入与情境性互嵌：乡村振兴进程中易地搬迁移民的适应机制研究

——以云南省 X 新村为例[*]

徐选国　王寒温[**]

摘　要　2020 年以来，我国长期面对的绝对贫困问题得到了历史性的解决，正在迈向"第二个百年"奋斗目标的新发展阶段，然而，当前我国农村地区还面临着实现脱贫攻坚与乡村振兴有机衔接、推进全面实现乡村振兴目标的重要任务。在实施乡村振兴战略过程中，对易地搬迁移民的适应性问题进行探究对于回应上述议题具有重大现实和理论意义。本文选取云南省易地搬迁 X 新村为案例，运用"嵌入性"理论对该村搬迁移民适应问题、适应机制以及适应策略进行研究。结果发现，乡村振兴进程中原有易地搬迁移民在适应表征上存在生计发展、社会关系、文化价值、生态环境等多重"边缘性嵌入"问题；易地搬迁移民"边缘性嵌入"的适应问题受到结构性因素、文化性因素、主体性因素的层叠影响。最后，笔者基于情境性互嵌的视角从城乡融合发展、制度与生活互嵌，以及主体性与公共性互嵌三个维度提出了化解易地搬迁移民"边缘性嵌入"问题的行动策略，以助推乡村振兴目标有效实现。

关键词　乡村振兴　边缘性嵌入　适应机制　情境性互嵌

---

*　本文为国家社会科学基金项目"精准扶贫背景下社会工作驱动乡村社会有效治理的路径与模式创新研究"（19BSH175）和"中国特色的发展型社会工作理论研究"（项目编号：21BSH131）的阶段性成果。

**　徐选国，华东理工大学社会工作系副主任、副教授，主要研究社会工作理论、社区社会学等；王寒温，华东理工大学社会与公共管理学院社会工作系硕士研究生，主要研究乡村社区治理、社会工作本土发展等。

一、问题提出与文献回顾

2020 年，中国脱贫攻坚战取得全面胜利，困扰我国几千年的绝对贫困问题得到了历史性解决，我国进入向"第二个百年"奋斗目标进军的新发展阶段，在此过程中，农村地区还面临着实现脱贫攻坚与乡村振兴有机衔接、推进全面乡村振兴目标实现的重要任务。习近平总书记强调："全部脱贫，并不是说就没有贫困了，就可以一劳永逸了，而是指脱贫攻坚的历史阶段完成了。"① 相关学者也指出，贫困本身复杂性与建构性的特点决定了扶贫工作没有终点，目前我国贫困的性质从绝对贫困转向了相对贫困，已脱贫的人口仍有返贫的风险，随着社会转型与纵深发展，新的贫困问题会不断产生。② 在脱贫攻坚时期，易地扶贫搬迁取得了重大减贫成效，到 2020 年，有 960 多万群众全部脱贫，为我国打赢脱贫攻坚战做出了巨大贡献，标志着我国社会发展进入新的发展阶段、走向新的历史征程。同时，包括易地搬迁移民在内的农村社群将成为乡村振兴的主体之一，成为推动乡村振兴实现的中坚力量，易地搬迁移民的生活质量检视着乡村振兴的目标实现程度。但是不得不承认的是，通过易地搬迁改变贫困现状是一个"由传统社会向现代社会整合的过程"③，对易地搬迁移民而言更是一场"时空穿行"④，会解构移民原有生产模式、社会结构、思想文化等要素。因此，在乡村振兴过程中，易地搬迁移民难免要经历一个社会适应的过程。⑤ 2021 年 2 月 25 日，习近平总书记在全国脱贫攻坚表彰大会上强调："脱贫摘帽不是终点，而是新生活、新奋斗的起点，进入到脱贫攻坚与乡村振兴衔接的关键阶段，应该做好对易地扶贫搬迁群众的后续扶持，

① 张琼文：《"一个少数民族也不能少"——记习近平总书记在宁夏考察脱贫攻坚奔小康》，新华网，2020 年 6 月 12 日，http://www.cpad.gov.cn/art/2020/6/12/art_624_126588.html。

② 许汉泽：《2020 年后中国贫困转型与反贫困战略、政策体系重构》，《贵州社会科学》2021 年第 6 期。

③ 任新民、马喜梅：《现代化视角下少数民族地区易地搬迁稳定脱贫实证研究——以文山壮族苗族自治州石漠化片区为例》，《云南民族大学学报》（哲学社会科学版）2020 年第 4 期。

④ 方静文：《时空穿行——易地扶贫搬迁中的文化适应》，《贵州民族研究》2019 年第 10 期。

⑤ 辛丽平：《贵州民族地区扶贫移民中的社会适应研究》，《贵州民族研究》2019 年第 3 期。

促进其社会融入就是其中之一。"① 因此，不难发现，探究易地搬迁移民的适应性问题是乡村振兴题中的应有之义，应该纳入乡村振兴战略架构下统筹安排。

关于易地搬迁移民适应性的相关研究主要在主体性视角与政策—环境的结构性视角下展开。一方面，从主体性视角看，"熔炉论"表示，移民会被原有的群体同化，全盘接受当地主流文化②，而"文化多元论"则表示，外来的群体在进行社会融入的时候不会完全接受主流群体的文化，不同的族群之间存在差别。③ 此外，易地搬迁移民因为其社会记忆受到毁损会产生社会适应困境。④ 这些观点之间目前存在较明显的张力。另一方面，从政策—环境的结构性视角看，易地扶贫搬迁面临着压力型体制与具体政策执行之间的衔接不畅，不同主体之间存在利益博弈⑤，政策的实施更多是一种"自上而下的政策逻辑"而不是"基于地方现实的安置逻辑"，使易地搬迁移民存在着诸多适应困境。⑥ 该视角将政策及其执行场域之间存在的张力视作易地搬迁移民适应性问题的根源，可能忽视了易地搬迁移民面临的其他社会文化因素。

进入全面乡村振兴阶段，较少有研究关注到易地搬迁移民的适应性问题。随着"绝对贫困"的消除，相关学者通过对中国反贫困历史进行回溯，进而对中国贫困治理经验进行总结，他们认为，应该在脱贫攻坚经验的基础上推进乡村振兴。⑦ 进一步，为实现脱贫攻坚与乡村振兴的有效衔接，以及全面推进乡村振兴目标的实现，不少学者从乡村特有的实践案例与经验出发，围绕乡村治理的相关问题开展了研究。有学者认为，乡村治理应该注重基层自治组织的自主权、"第一书记"的作用以及"新乡贤"

---

① 习近平：《在全国脱贫攻坚总结表彰大会上的讲话》，《中国民政》2021年第5期。

② Brothers J., "Recensions/Book Reviews: Gordon, M. M. Assimilation in American Life. The Role of Race, Religion and National Origins", *Social Compass* 12, No. 1, 1965.

③ Kallen and Horace M., "Culture and Democracy in the United States", *Journal of Nervous & Mental Disease*, 1926.

④ 董芯茜：《扶贫移民的社会适应困境及其化解——基于社会记忆理论视角》，《湖南农业大学学报》（社会科学版）2018年第2期。

⑤ 李博、左停：《遭遇搬迁：精准扶贫视角下扶贫移民搬迁政策执行逻辑的探讨——以陕南王村为例》，《中国农业大学学报》（社会科学版）2016年第2期。

⑥ 马流辉、曹锦清：《易地扶贫搬迁的城镇集中模式：政策逻辑与实践限度——基于黔中G县的调查》，《毛泽东邓小平理论研究》2017年第10期。

⑦ 李小云、徐进：《消除贫困：中国扶贫新实践的社会学研究》，《社会学研究》2020年第6期。

的力量形成合作共治的格局①；应该注重乡村文化治理，对乡村公共性文化治理的地方实践机制进行探索与提炼十分重要。② 此外，有学者关注到乡村振兴背景下村民的相对贫困问题与治理，村民的情感贫困属于相对贫困问题，需要社会工作的关注与介入③，还有学者关注农村留守人员的相对贫困问题及其治理。④

综观现有研究可以发现以下几点不足之处：第一，现有研究对易地搬迁移民适应性困境因素的分析较少体现主体与客体之间的互动性，并且现有研究倾向于将他们的适应看作一种结果或是应然愿景，缺乏动态的视角。第二，现有研究关于乡村振兴实现的政策解读较多，而关于实践机制的研究较少，尽管政策研究十分重要，但是乡村振兴战略具有"产业兴旺、生态宜居、乡风文明、治理有效、生活富裕"五个面向，是一项系统性工程，脱离实践难免存在关键问题靶向失准的困境，缺乏对乡村振兴背景下搬迁移民社会适应内在机理的阐释。第三，现有研究缺乏将易地搬迁移民的适应性问题纳入乡村振兴背景下来探讨，更多将易地搬迁移民的适应性问题看作脱贫攻坚时期的问题，但是易地搬迁移民这一群体有其特殊性，在乡村振兴推进过程中也会面临由社会转型而带来的适应性问题，并且会涉及多元主体和制度环境的作用，其适应性问题更为复杂。本文试图在乡村振兴背景下思考易地搬迁移民的社会适应议题。

笔者在针对云南省易地搬迁社区 X 新村移民的调研中发现，尽管实现了脱贫，但是新居民们依然会面临着生计可持续、文化延续、社会关系巩固等挑战，这引发了我们关注从脱贫攻坚向乡村振兴过渡的过程中，易地搬迁移民社会适应何以可能的问题。本文借助卡尔·波兰尼等的"嵌入性"理论，为探究易地搬迁移民适应机制提供理论视角。具体而言，本文将对以下几个问题进行探究：在乡村振兴推进过程中易地搬迁移民面临哪些适应性问题？导致其适应性问题的内在机制是什么？应该如何化解易地搬迁移民的适应性问题以有效推进乡村振兴目标的实现？

---

① 张新文、张国磊：《社会主要矛盾转化、乡村治理转型与乡村振兴》，《西北农林科技大学学报》（社会科学版）2018 年第 3 期。

② 李永萍：《村庄公共性再造：乡村文化治理的实践逻辑——基于福建省晋江市 S 村移风易俗的实证分析》，《中国农业大学学报》（社会科学版）2021 年第 3 期。

③ 徐立娟、陈丰：《后脱贫攻坚时代社会工作介入相对贫困的情感逻辑——基于 S 村社会工作项目的经验研究》，《学习与实践》2021 年第 2 期。

④ 吴宗友、甘文园：《乡村振兴背景下全留守家庭的相对贫困问题——以社会资本为理论视域》，《云南社会科学》2022 年第 1 期。

二、理论视角与分析框架

（一）"嵌入性"理论

"嵌入性"是指一事物牢固地附着于另一事物的过程与结果。"嵌入性"的概念最早由波兰尼引入用来阐述经济与社会的关系，他认为，经济活动起初并不独立存在，而是从属于社会关系，过分关注经济活动而忽略社会关系会产生巨大的风险，会引发"社会的自我保护"。① 而后，格兰诺维特对"嵌入"的概念进行进一步操作化，他认为，人类经济行为不会脱离社会网，人类所尝试进行有目的的行为嵌入在具体的、正在进行的社会关系体系之中。② 格兰诺维特从人际关系、信任和情境的角度研究了社会关系对经济活动的意义，并且这种观点体现了嵌入的两种形式："关系性嵌入"与"结构性嵌入"，前者指的是行动者嵌入在关系网络中，受网络中其他成员的影响；后者指的是行动者所在的网络嵌入在社会文化传统、价值规范等结构中。③ 泽利泽进一步阐述了"市场的文化建构"，认为市场不仅嵌入在社会性中也嵌入在文化性中。④ 我们可以发现，尽管嵌入的定义并未明确，但是其共通之处在于，人类行为始终深深地嵌入在社会结构、关系网络以及文化脉络之中。

尽管"嵌入"理论最初是用来研究经济活动与社会关系之间的嵌入性问题，但是该理论具有一定的延展性，可以作为一个分析性概念对具体的研究问题进行分析，不少学者做了理论的迁移。在社会工作领域，有学者用"嵌入"理论对中国社会工作的发展问题进行了分析⑤，也有学者用"嵌入"理论对社会工作具体的实践与服务的过程进行了解释。⑥ 在乡村发展领域，有学者用"嵌入"理论对精准扶贫政策在基层治理领域的脱嵌

---

① 卡尔·波兰尼：《大转型：我们时代的政治与经济起源》，冯钢、刘阳译，浙江人民出版社，2007年。

② 马克·格兰诺维特：《镶嵌：社会网与经济行动》，罗家德译，社会科学文献出版社，2007年。

③ 王思斌：《中国社会工作的嵌入性发展》，《社会科学战线》2011年第2期。

④ 转引自符平：《"嵌入性"：两种取向及其分歧》，《社会学研究》2009年第5期。

⑤ 王思斌、阮曾媛琪：《和谐社会建设背景下中国社会工作的发展》，《中国社会科学》2009年第5期。

⑥ 徐永祥：《建构式社会工作与灾后社会重建：核心理念与服务模式——基于上海社工服务团赴川援助的实践经验分析》，《华东理工大学学报》（社会科学版）2009年第1期。

问题进行了分析①②，也有学者对乡村振兴中农村产业发展的融合问题进行了分析③，还有学者对农村环境治理的问题进行了分析。④ 此外，在社会科学领域，一些学者对"嵌入"理论进行了进一步扩展，有学者依据社会工作进入主导体制的结构、嵌入主导体制的深度以及发挥功能的机制，将"嵌入"的类型进行了分类⑤，另有学者指出在运用"嵌入"理论时，需要先厘清"嵌入主—客体、嵌入机制、嵌入过程、嵌入路径和嵌入效果"等基本问题，并提出社会工作参与基层治理应该坚持从嵌入系统向嵌入生活的转变。⑥ 总之，这些学者的努力深化了"嵌入"理论的应用性和分析性，对本文具有一定的参考意义。

本文借助"嵌入性"理论，坚持以下主要理论命题及要点：一是作为嵌入主体，易地搬迁移民只有深深嵌入其社会关系、社会生活及其文化脉络之中，才会达到较好的适应状态；二是当易地搬迁移民脱离于其固有的社会关系结构与社会文化生活网络时，会出现适应性困境，导致其所在新的场域中的边缘性嵌入状态；三是对于易地搬迁移民所面临的边缘性嵌入适应问题而言，由于搬迁之后造成的文化中断、关系疏松，以及要面向新型城乡关系等情境，需要促成易地搬迁移民实现情境性互嵌，只有让他们再嵌入其既有的社会关系网络之中才能达到较好的适应状态。

（二）分析框架

基于以上分析，本文以"嵌入性"理论作为分析乡村振兴背景下易地搬迁移民的适应性问题及其化解路径的理论基础，尝试为易地搬迁移民适应机制提供一种恰适性分析框架。首先，需要对适应性的概念内涵进行界定，明确"嵌入性"理论视角下易地搬迁移民的适应维度。学界对适应性的内容进行过划分：Gordon 的"二维度"划分法，将适应性划分为结构

---

① 方菲、吴志华：《双重脱嵌：精准扶贫政策的基层实践困境解析——基于湖北省 X 镇的调查》，《学习与实践》2019 年第 1 期。
② 袁明宝、余练：《精准扶贫嵌入与全面脱贫的基层治理逻辑》，《开放时代》2021 年第 3 期。
③ 周立、王彩虹：《由双重脱嵌到双重回嵌：乡村振兴中的产业融合分析》，《行政管理改革》2019 年第 6 期。
④ 冯川：《嵌入村庄公共性：农村人居环境治理的实践逻辑——基于广西 H 县 L 镇清洁乡村的实证分析》，《中国农业大学学报》（社会科学版）2021 年第 6 期。
⑤ 王思斌：《中国社会工作的嵌入性发展》，《社会科学战线》2011 年第 2 期。
⑥ 徐选国：《从嵌入系统到嵌入生活：我国社会工作的范式转向与时代选择》，《社会工作与管理》2019 年第 3 期。

性适应和文化性适应两个维度。① Juger-Tas 的"三维度"划分法，在结构性适应和文化性适应基础上增加了政治合法性的维度。② Entzinger 与 Biezeveld 提出"四维度"划分法，将适应性划分为社会经济适应、政治适应、文化适应以及主体对移民的排斥和接纳层面的适应。③ 风笑天在研究三峡农村移民的社会适应时研究了农村移民的邻里关系、住房、生活习俗、经济收入、归属感等，将适应性概括为日常生活领域的适应、生产层面的适应以及心理层面的适应。④ 在"嵌入性"理论视角下，本文将易地搬迁移民的适应性问题分为生计系统层面、社会交往层面、文化价值层面与生态环境层面。其次，探究乡村振兴背景下易地搬迁移民的适应性问题要关注到嵌入主体、嵌入对象、嵌入过程等，而后建构出"嵌入性"理论视角下易地搬迁移民适应性问题的一般性解释框架（见图 1）。本文的嵌入主体是易地搬迁移民；嵌入对象为搬迁后的村庄，包括村庄的社会结构、社会关系与文化习俗等；嵌入过程是指乡村振兴背景下，易地搬迁移民如何嵌入搬迁后的村庄。

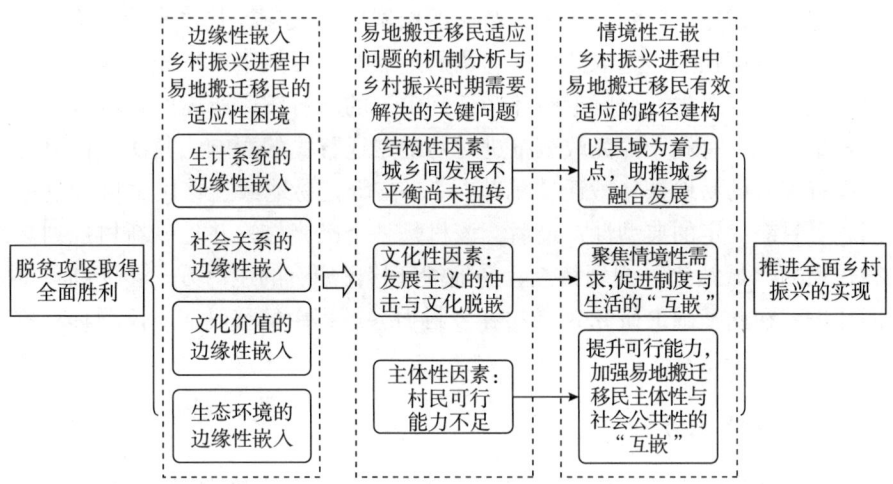

图 1　乡村振兴进程中易地搬迁移民适应机制的分析框架

① Gordon M. M. , "Assimilation in America：Theory and Reality", Journal of the American Academy of Arts and Sciences, 1961.

② Junger-Tas J. , "Ethnic Minorities, Social Integration and Crime", European Journal on Criminal Policy and Research 9, No. 1, 2001.

③ Entzinger Han & Biezeveld Renske, "Benchmarking in Immigrant Integration", Erasmus University, 2011.

④ 风笑天：《"落地生根"？——三峡农村移民的社会适应》，《社会学研究》2004 年第 5 期。

三、案例介绍与研究方法

（一）个案介绍

本文选取的调研地点为云南省 X 县易地搬迁村庄 X 新村，X 新村是一个纯苗族村，于 2016 年初启动实施了易地扶贫搬迁项目，易地搬迁移民由地质灾害隐患点 X 山后村就近搬迁到山下，于 2017 年底举行了新居落成入住仪式，于 2018 年底实现了村民全部脱贫。X 新村按照"统规联建"的方式盖了统一房型的新房子，住房为庭院式，每套 105 平方米，配有两间卧室、一间客厅、独立卫生间、独立厨房、一间侧房，配有太阳能热水器，有自来水供应；村庄实现了进村道路、村内道路和庭院场地的硬化以及村庄绿化；安装了太阳能路灯，实现了村内亮化工程；村后统一建盖了集中养殖畜圈；室外有凉亭和广场；村内有公厕、垃圾房、健身器材等配套设施；从村庄大门到村庄内有苗族的图案以及文字，整体来看，X 新村苗族文化氛围强烈。选取此村庄为调研地点的原因如下：首先，该村之前山上生存条件恶劣，而就近整体搬迁到山下的新村庄，所属的行政区划没有发生变化，有利于探究政策推进对易地搬迁移民的影响；其次，该村为云南省某县的易地扶贫搬迁"示范村"，在研究易地搬迁移民适应性这一问题上具有一定的典型性；最后，该村是一个民族村，并且该新村规划具有较强的"城镇化"规划特点，易地搬迁移民原有的生活方式会受到一定的冲击。在此基础上研究 X 新村在乡村振兴进程中的移民适应议题具有重要现实和理论意义。

（二）研究方法

本文的研究方法为质性研究，质性研究是对特定现象进行深入探讨，对小样本进行深入、长期、动态的体验性研究是其最大的优势。[①] 具体而言，本文运用参与式观察法和访谈法收集资料，深入易地搬迁移民的生活中观察与理解易地搬迁移民的态度和行为，用半结构化的访谈提纲，了解易地扶贫搬迁的过程、易地搬迁移民的适应性状况等问题。本文运用立意抽样的方法，综合考虑年龄、性别等因素对访谈对象进行筛选，访谈对象

---

① 陈向明：《从一个到全体——质的研究结果的推论问题》，《教育研究与实验》2000 年第2 期。

涉及扶贫工作队成员的街道干部与村干部、县政府电影放映员、易地搬迁移民（外出打工与在家务农）、返迁移民等，选取研究对象的人数随着所收集资料的信息达到饱和而终止，最终用到的资料为 22 人的访谈记录，而后运用类属分析的方法对访谈获得的大量资料进行分析（见表 1）。

表 1　访谈对象基本信息

序号	编号	年龄	性别	身份	受教育程度	职业
1	N01	24 岁	女	易地搬迁移民	初中毕业	务农
2	N02	29 岁	男	易地搬迁移民	文盲	务农
3	N03	40 多岁	男	易地搬迁移民	文盲	务农
4	N04	25 岁	女	易地搬迁移民	小学毕业	务农
5	N05	50 岁	女	易地搬迁移民	文盲	务农
6	N06	41 岁	女	易地搬迁移民	文盲	务农
7	N07	44 岁	女	易地搬迁移民	文盲	务农
8	N08	23 岁	女	易地搬迁移民	文盲	务农
9	N09	19 岁	女	易地搬迁移民	初中毕业	务农
10	N10	40 岁	女	易地搬迁移民	文盲	务农
11	N11	24 岁	男	易地搬迁移民	高中毕业	务农
12	N12	38 岁	女	易地搬迁移民	文盲	务农
13	N13	56 岁	女	易地搬迁移民	小学毕业	务农
14	N14	58 岁	男	易地搬迁移民	初中毕业	务农
15	N15	22 岁	女	易地搬迁移民	小学毕业	务农
16	F01	60 多岁	男	返迁移民	文盲	务农
17	G01	25 岁	男	易地搬迁移民	初中毕业	打工
18	G02	28 岁	男	易地搬迁移民	小学毕业	打工
19	G03	45 岁	男	易地搬迁移民	初中毕业	打工
20	Z01	30 多岁	男	街道干部	大学毕业	街道干部
21	C01	33 岁	男	村干部	大学毕业	村干部
22	D01	30 多岁	男	电影放映员	未知	电影放映员

资料来源：笔者自制。

四、边缘性嵌入：易地搬迁移民的适应性困境

依据笔者的调研，结合"嵌入性"视角，笔者将易地搬迁移民面临的适应性问题称为"边缘性嵌入"，它是"嵌入"的程度与深度的体现，指的是易地搬迁移民较为浅层地、表面化地嵌入村庄的社会结构、政策实践

以及文化脉络中。结合具体调研经验，我们将易地搬迁移民存在的适应性问题概括为：生计系统的边缘性嵌入、社会关系的边缘性嵌入、文化价值的边缘性嵌入与生态环境的边缘性嵌入四个方面。

（一）生计系统的边缘性嵌入

生活富裕是乡村振兴的目标，在全面推进乡村振兴的过程中，产业振兴是实现乡村振兴的基石，然而已经摆脱绝对贫困问题的易地搬迁移民依然面临着相对贫困的限制，尤其是生计系统的"边缘性嵌入"适应问题，他们表现为生计能力羸弱，面临着风险与不确定性。

其一，在土地占有上，易地搬迁移民现有可耕种的土地分为 X 山后村的原有土地和 X 新村的新分土地，虽然易地搬迁移民的土地看似增加了，但是村民大部分土地仍然在搬迁前的 X 山后村，新村的土地每户只有两亩并且使用期限暂定为 5 年，由于 X 山后村的土地路程远、耗费时间长、土地贫瘠且不方便耕种等因素，部分移民直接放弃了原来山后村的土地。有村民反映："山上的地还没有收回去，但是太远了，不方便种，早上 6 点去，8 点到地里，晚上 4 点回来，6 点才到家，累得很。"（村民 N06 访谈记录）

其二，在养殖牲畜上，村民在搬迁前主要发展"庭院经济"，在自家庭院进行家禽与牲畜养殖，并充分利用山上的自然环境来放羊、找猪草（农村养猪需要从地里搜集的植被）等，而在搬迁之后，X 新村移民养殖畜圈的空间十分有限，再加上失去了可以放牧的自然环境，村民的绝大部分牲畜需要被卖掉。有村民反映："搬下来的时候把我的 20 多只羊、3 头牛卖了，因为不方便喂。现在那个养殖畜圈太小了，就还养着几头猪，用来吃肉。"（村民 N05 访谈记录）甚至个别老人采取了返迁的策略，一对 60 多岁的夫妇，虽然前期完成了搬迁，在 X 新村有了新房子，但由于不适应，后来又回到山上（原先住的村庄）养羊。对于这对夫妇而言，他们的经济来源具有特定性与唯一性，严重依赖着土地与牲畜，搬迁后导致其生计来源受损，又由于自身受教育水平低与劳动能力不足，导致其只能被束缚于土地上。该农户自述："我有 50 多只羊，下面放不下，我老了也干不动了，搬下来也不知道要干什么，只能回到山上。"（村民 F03 访谈记录）

其三，在就业方式上，部分易地搬迁移民并未转变就业方式，仍然以上山捡菌子作为主要工作和生计来源，缺乏长期而稳定的就业。有村民谈道："在香瓜种植基地（村里的合作社）活干不好，总被挑毛病，还让我们去他家（合作社社长）帮忙干其他农活，不好干，捡菌子比较自由。"（村民 N08 访谈记录）

其四，在消费支出上，易地搬迁移民存在支出膨胀的现象。有村民谈道："现在啥都要钱，要自己买菜，水也要钱，煤气也要钱，以前砍柴来烧饭、自己房屋周围种点菜就可以，只需要买米，还是上面（原来住的山后村）好过。"（村民 N10 访谈记录）

不难看出，易地搬迁移民存在生计不可持续的适应性问题，有可能成为"潜在贫困人口"，在全面推进乡村振兴的过程中应该关注易地搬迁移民的生计问题。

（二）社会关系的边缘性嵌入

乡村振兴是全体人民的振兴，在全面推进乡村振兴的过程中应该充分发挥村民的积极性与主动性，提升社区公共性，然而易地搬迁移民面临社会交往与社会关系的边缘性嵌入问题，缺乏有效的社会关系网络。

其一，就非正式关系网络而言，易地搬迁移民之前属于一个村庄，彼此之间多具有堂、表等亲戚关系，搬迁后，X 山后村村民是整村搬迁下来进行集中安置，总体而言是一种"熟人关系"的整体迁移，搬迁没有对易地搬迁移民的非正式关系网络造成实质性的冲击，因而没有发生断裂。但由于搬迁后大家的关系网络具有一定的同质性，彼此之间不具有资源的支撑与流动，因而能够相互加以支撑的资源有限。此外，由于村住房排排相连的庭院规划使易地搬迁移民居住距离变近，在卫生问题、隔音问题等方面会互相影响，邻里关系会因此处于紧张气氛。有村民谈道："夫妻吵个架，对面就能听得见。他家门前卫生打扫得不好，我们对面那个沟里面的土也不铲掉，里面有好多小虫，然后会发臭。你们上去看猪圈没有，他家猪圈最脏了，猪睡在屎上，不铲去丢掉。"（村民 N01 访谈记录）

其二，就正式组织关系网络而言，易地搬迁移民参与度较低，且存在对国家政策满意度高却对基层干部与村干部的行为满意度低的问题。例如，有村民反映："国家政策是好的，但是他们（基层干部）可能不按规定执行，我们平时没什么事情不会找他们（基层干部）。"（村民 N04 访谈记录）这种现象似乎在乡村治理进程中普遍存在，这揭示出当前乡村振兴进程中需要关注基层干部与村民之间建立互相信任关系的必要性。

综上可知，搬迁后的村民会因为相邻的空间环境影响而产生矛盾，难以形成邻里互助的氛围，个人的社会关系网络较为薄弱，整个 X 新村的社会资本较为薄弱；同时，在乡村治理进程中，干群关系也存在互相不信任的限制，因此，在全面推进乡村振兴的过程中应该思考易地搬迁移民社会关系网络的构建，发动村民积极参与村庄事务，推动乡村治理有效。

（三）文化价值的边缘性嵌入

在全面推进乡村振兴过程中，乡村文化振兴能够激发村民的向心力与凝聚力，激发其对美好生活的向往的内生动力，然而，易地搬迁移民面临文化价值的边缘性嵌入问题，认同感、安全感与价值感缺乏。

其一，就民族传统文化而言，易地搬迁移民出现了文化认同危机，将本民族的文化视作传统的和落后的，并且民族文化传承式微，面临着"文化传承断层"，年青一代已经不会民族传统手艺了，民族传统文化成了现代化进程中的牺牲品。有村民谈道："民族文化挺好的，但是好像没有用，比如现在我们都是用汉语，也不用苗语。"（村民 N11 访谈记录）

其二，就心理层面与价值观念而言，搬迁后易地搬迁移民的农活任务变少，空闲时间增多，对于失去劳动空间的老人而言更多是一种倒逼式发展，是一种"被动享受型"的局面，导致其产生了"无意义感"。有村民反映："搬下来就是不习惯，感觉一天时间好长，晚上睡不着觉，想老家（原来居住的山上）。在山上可以找猪草，这几天可以捡菌子、找找柴，在这一天就只能做做饭、喂喂猪，没别的事情做。"（村民 N07 访谈记录）

可见，易地搬迁移民的民族性正在消解，原有苗族文化习俗伴随着他们世世代代地繁衍，但却在现代化工程的推进中导致原生态文化与新型生活空间之间出现断裂与区隔；由于生活方式的转变，部分村民搬迁后的生活没有原来充实，新的居住环境不能提供较丰富多元的文化生活，在全面推进乡村振兴的过程中应该关注文化价值层面的振兴，推动村民内生动力的增强。

（四）生态环境的边缘性嵌入

在全面推进乡村振兴过程中，乡村生态振兴是践行绿色发展理念与推动可持续发展的重要举措，然而，易地搬迁移民面临生态环境的边缘性嵌入适应问题，较难做到人与自然和谐相处。

其一，就生活习惯而言，易地搬迁移民难以适应具有"城镇化"特征的新村生活环境，比如，多数易地搬迁移民仍是烧柴做饭而较少使用煤气、宁愿在家门口绿化带上晒衣服而不去楼上的阳台晾晒、仍愿意使用村里的公厕而很少使用家里的冲水厕所或马桶等。这表明，因易地搬迁而离城镇化生活更近的村民并没有因此而适应新型的生活方式。

其二，就生活垃圾的倾倒而言，村民具有一定的环保意识，能够认识到应该将垃圾集中堆放，但是，由于缺乏相应的垃圾处理机制，比如垃圾箱满了却没有人倾倒，村民就自己将生活垃圾拉到山上去掩埋。村民反映："一开始会扔在垃圾箱，但后面垃圾箱是满的，也一直没有人倒，就自己拉到山上埋掉了。"（村民N02访谈记录）

其三，就化肥与农药的使用而言，村民已经将化肥与农药的使用变成了提高生产效率的必需品。村民谈道："在四五年前，大家不用农药，但是后来慢慢用了，但锄草太浪费时间了，用农药（比如草甘膦这样的除草剂，能够直接让地里的草变枯黄）一个人可以干四五个人的活计，能省下更多的时间去赚钱。"（村民N10访谈记录）

不难看出，易地搬迁移民难以与自然和谐相处，缺乏生态宜居的生活环境观，在全面推进乡村振兴的过程中应该关注易地搬迁移民与生态环境的关系问题。

五、结构、文化与主体性：易地搬迁移民边缘性嵌入适应问题的机制分析

易地搬迁移民存在生计系统边缘性嵌入、社会关系边缘性嵌入、文化价值边缘性嵌入和生态环境边缘性嵌入等适应性问题，造成上述多重边缘性嵌入问题的内在机制是什么亟待深入分析与探讨。结合嵌入性理论的核心观点，乡村振兴政策背景下蕴含着更为现代化的生活方式，影响着易地搬迁移民能否实现长远发展，应该将其放在社会结构与行动的互动中进行分析，具体而言，需要考虑易地搬迁移民所处社会结构与文化脉络，并回观易地搬迁移民的嵌入过程，观察易地搬迁移民的行动及其与政策制度的相互作用过程，发现导致易地搬迁移民边缘性嵌入适应问题的深层原因包括结构性因素、文化性因素与主体性因素。

（一）结构性因素：城乡间发展不平衡尚未扭转

适应性问题的产生从本质上来讲是发展的不平衡与不充分的问题，乡村振兴战略是为了解决人民日益增长的美好生活需要同不平衡不充分的发

展之间的矛盾而提出的，城乡间发展不平衡就是发展不平衡与不充分问题的一个具体体现，是适应性问题产生的结构性因素。中国城乡间发展不平衡具有一定的历史因素，市场经济体制建立以来形成了以城市为中心的不平衡城市化进程，导致城乡二元结构日益凸显难以转变，农村发展严重落后于城市。随着改革开放的深入，社会主义市场经济更加完善，尤其是党的十八大以来中央逐渐破除了城市中心政策，健全城乡融合发展的体制机制。但是，总体而言，农村发展滞后仍然是全面建成小康社会与建设社会主义现代化强国的短板。目前城乡间发展不平衡与不充分问题突出，存在城乡要素市场壁垒，并使乡村环境治理也存在困境，城乡间资源与权力分配不均，乡村处于弱势地位，进一步加剧了农村地区和人口实现共同富裕的难度。① 因此，城乡间发展不平衡是易地搬迁移民边缘性嵌入的适应性问题产生以及阻碍乡村振兴实现的结构性因素，在乡村振兴推进过程中应该作为核心任务加以改变。

（二）文化性因素：发展主义的冲击与文化脱嵌

尽管城乡发展不平衡是诱发适应性问题的结构性因素，但是我们也应该关注适应性问题产生的深层文化性因素，即发展主义理念的冲击。发展主义理念秉持"唯经济发展论"，在发展主义视角下，以提高经济为目的的发展道路对农村民族地区而言可谓危机重重，会产生多种意外性后果，比如过度商业化与资本化，造成文化断裂、生态危机和道德缺失。② 对于易地搬迁移民而言，他们长期受特定文化禀赋、生活习惯等要素的浸润，具有自身的文化特征和特有生活习性，在面对以经济发展为导向的发展主义驱动下，他们分别对原有生活系统和新的政策系统形成不同的想象和建构。这就是波兰尼所批判的市场经济对社会的背离或脱嵌，可能带来灾难性后果。在这种情形下，到底应该保全民族文化生态性，还是应该迈向以经济生活为主的现代生活轨道，既成为易地搬迁移民面临的"两难困境"，也成为国家在推进全面乡村振兴时不得不关注与回应的现实问题。因此，造成易地搬迁移民边缘性嵌入适应问题的深层原因在于他们处在对于传统与现代的交织之中难以较好地实现二者的融合与并存。乡村振兴进程中，

---

① 李实、陈基平、滕阳川：《共同富裕路上的乡村振兴：问题、挑战与建议》，《兰州大学学报》（社会科学版）2021 年第 3 期。

② 黄志辉：《"嵌入"的多重面向——发展主义的危机与回应》，《思想战线》2014 年第 1 期。

经济发展与文化、社会之间的关系协调尤为关键。

（三）主体性因素：村民可行能力不足

除了城乡发展不平衡的结构性因素和发展主义理念的文化性因素以外，我们应该关注到适应性问题产生的"主体性因素"，即村民可行能力不足。"可行能力"是一种选择生活方式的自由，是人们实现吃、穿、住、行、读书以及政治参与等各种功能性活动的组合。[①] 总体而言，经济能力、社交能力和内在发展动力都属于"可行能力"。[②] 就经济能力而言，易地搬迁移民的经济能力不足，生计来源具有一定的局限性乃至唯一性和依赖性，妇女一般上山捡菌子，青壮年一般外出打工，过度依赖乡村自然资源或是依附城市的发展模式终究不是可持续发展之道。就社交能力而言，易地搬迁移民之间以及与村干部之间的网络联系较为薄弱，村民参与农村事务的积极性较低，影响了易地搬迁移民在搬迁后社区的社会融入，难以在搬迁后的社区实现可持续发展。就内生发展动力而言，易地搬迁移民内生发展动力不足，导致出现"无意义感"状态，甚至存在"等靠要"与"攀比"等现象。因此，易地搬迁移民边缘性嵌入适应问题的主体性原因在于他们可行能力不足，在经济能力、社交能力以及内生发展动力等方面存在一定的局限性，影响了乡村振兴目标的顺利实现。需要指出的是，易地搬迁移民可行能力的限制本身又是与前述结构性因素和文化性因素交织在一起的，而非他们自觉自发陷入的可行能力限度。

六、情境性互嵌：易地搬迁移民有效适应的路径建构

易地搬迁移民的适应性问题事关乡村振兴事业能否顺利实现，如何化解易地搬迁移民边缘性嵌入适应问题，需要从嵌入主体与情境互动关系入手，将易地搬迁移民的适应问题放置在当前乡村振兴脉络之中加以考量，通过"情境性互嵌"来实现这个群体在乡村振兴进程中的有效适应。所谓情境性是指"不同地方社会基础和地方性知识的差异及其流变"。[③] 而"情境性互嵌"指的是在乡村振兴推进过程中将易地搬迁移民的适应议题

---

① 阿马蒂亚·森：《以自由看待发展》，中国人民大学出版社，2002年。

② 王振振、王立剑：《精准扶贫可以提升农村贫困户可持续生计吗？——基于陕西省70个县（区）的调查》，《农业经济问题》2019年第4期。

③ 吕洁琼、文军：《从脱贫攻坚到乡村振兴：社区为本的情境实践及其反思——基于甘肃 K 县的考察》，《西北民族研究》2021年第3期。

纳入乡村社会的地方情境性之中加以考量，关注城市中心导向对乡村社会发展的影响、国家治理制度性力量对乡村社会的介入，以及社会、文化对村民主体性的影响等重要维度，进一步巩固脱贫成果，实现乡村振兴战略进程中易地搬迁移民与乡村社会情境的互嵌式发展。

（一）以县域为着力点，助推城乡融合发展

面对城乡发展不平衡导致乡村处于弱势地位且诱发易地搬迁移民适应性问题，应该打破城乡间的壁垒，促进城乡融合发展，谋求城乡间的"生态正义"，实现人与自然和谐共生。在促进城乡融合发展方面，以县域为单元、以县域为方法，应成为关键着力点。[①] 首先，在政策上构建"城乡融合发展机制"，加强顶层设计，促进相关制度的建立，推动城乡社会结构和关系的总体变革。其次，县域治理下的"产业—生态"融合发展下的协同振兴模式[②]值得借鉴，加大绿色技术的投入，促进乡村产业的转型升级。最后，开拓城乡公平贸易市场，构建城乡互惠的"绿色消费网络"，搭建公平贸易平台，缩短"层级化的长链市场"。[③] 总之，在很大程度上应追求一种社会经济发展模式[④]，助推乡村振兴迈向一种城乡间均衡发展、生态正义的实现道路。

（二）聚焦情境性需求，促进制度与生活的"互嵌"

面对发展主义的冲击所带来的易地搬迁移民适应性问题，要积极谋求制度与生活的"互嵌"。作为对"国家与社会"经典理论的创新性视角，"制度与生活"视角强调制度与生活的交互作用对于社会变迁实践具有更强的解释力。[⑤] 从某种意义上而言，易地扶贫搬迁与乡村振兴等政策是自

---

① 孔祥智、谢东东：《城乡融合发展面面观：来自县域的报告》，《河北学刊》2022 年第 2 期。

② 翟坤周：《新发展格局下乡村"产业—生态"协同振兴进路——基于县域治理分析框架》，《理论与改革》2021 年第 3 期。

③ 尚静、张和清：《贫困、环境退化与绿色减贫——一个华南村庄的社会工作实践案例研究》，《开放时代》2020 年第 6 期。

④ 赵环、高丽、徐选国：《"为社会的经济"：社会经济的西方传统及其中国路径》，《中国农业大学学报》（社会科学版）2017 年第 6 期。

⑤ 肖瑛：《从"国家与社会"到"制度与生活"：中国社会变迁研究的视角转换》，《中国社会科学》2014 年第 9 期。

上而下的制度输入，大多时候遵循一种"父爱主义的治理范式"①，这种发展主义逻辑忽视了易地搬迁移民乡土性文化和民族性基因。而中国的乡土社会，是以乡村为根基，以农民为主体发育而成的高度乡村文明，在总体上属于伦理本位的社会形态。② 费孝通先生也将中国社会结构称作"差序格局"的社会。③ 对于易地搬迁移民而言，就像吉尔兹所描述的一样："我们其实都是持不同文化的土著，每一个不与我们直接一样的人都是异己的、外来的。"④ 因此，在乡村振兴战略实施的过程中，首先，需要关注到易地搬迁移民的"地方性知识"，关注乡村发展面临的情境性问题和需求，遵循延续"文化"、挺进"现代"的思路，在传统与现代之间寻找连接和均衡策略，把易地搬迁移民的民族性留住的同时融入现代性的要素，并且在整个过程中避免对乡村地区进行发展主义的强势干预，强行对后发地区进行不合实际的现代化改造。其次，需要将国家制度与村民的日常生活实践进行勾连，关注易地搬迁移民的生活世界，寻求制度与生活之间的动态平衡，既在日常生活注入制度规则，又在制度规则实施时满足易地搬迁移民的美好生活需要。

（三）提升可行能力，加强易地搬迁移民主体性与社区公共性的"互嵌"

面对村民可行能力不足导致易地搬迁移民的适应问题这一主体性因素，注重农村集体与个体的互惠共生关系，激发乡村主体性与内生动力对乡村振兴具有重要意义⑤，谋求易地搬迁移民主体性与公共性之间的"互嵌"。主体性与公共性是中国社会思想史中复杂的概念，本文借助主体性与公共性的核心概念，旨在阐释个体与社会的深层嵌入关系。"主体性"指的是个人或群体的内在自觉⑥，"公共性"指的是个人基于理性或法律

---

① 徐欣顺：《民族地区易地扶贫搬迁：给予型政策与地方性秩序的张力研究——基于国家与社会关系的分析视角》，《黑龙江民族丛刊》2019 年第 2 期。

② 梁漱溟：《乡村建设理论》，上海人民出版社，2006 年。

③ 费孝通：《乡土中国生育制度》，北京大学出版社，1998 年。

④ 克里福德·吉尔兹：《地方性知识——阐释人类学论文集》，中央编译出版社，2000 年。

⑤ 卢祥波、邓燕华：《乡村振兴背景下集体与个体的互惠共生关系探讨——基于四川省宝村的个案研究》，《中国农业大学学报》（社会科学版）2021 年第 3 期。

⑥ 张法：《主体性、公民社会、公共性——中国改革开放以来思想史上的三个重要观念》，《社会科学》2010 年第 6 期。

而批判性地参与公共活动、维护公共利益和价值取向的精神。① 在乡村振兴战略实施过程中，首先，应该加强能力建设，将易地搬迁移民看成有优势、有能力的主体，注重易地搬迁移民能力的发掘，可以通过专业社会工作实践进行推动，将民族传统文化作为一个重要的切入点，以民族传统文化为依托实现能力的提升，促进易地搬迁移民间关系的改善，促进苗族文化的传承与保育，实现易地搬迁移民内生发展动力的提升。② 同时，进行能力建设离不开外力的推动，需要推动多方合力进行能力建设。注重协调、调动各种资源，进行资源链接，注重优质均衡，引入高校力量在乡村教育发展以及乡村整体发展等方面发挥作用③，促进易地搬迁移民素质的提升。其次，充分利用社区教育与服务的功能，注重培育村民的"公共精神"，促使易地搬迁移民进行社区参与，营造易地搬迁移民的社区意识；发挥社会工作在乡村振兴进程中社会资本的建构；④ 注重引导其观念的改变，引导其树立新的生活目标，逐步提升其参与感与自我价值感，谋求在乡村振兴背景下的搬迁新村的可持续发展。

总之，尽管当前我国已实现了脱贫攻坚的全面胜利，但刚走出绝对贫困的易地搬迁移民在迈向更高水平的乡村振兴进程中会面临着脱贫成果难以巩固、因各种因素导致返贫，以及处于绝对贫困向相对贫困转变的阶段，这些因素都会导致易地搬迁移民无法较好地适应乡村振兴发展进程。因此，将易地搬迁移民的适应问题纳入乡村振兴战略之中，对于促进脱贫攻坚向乡村振兴有效衔接与转换，实现乡村振兴目标而言具有重要理论和现实意义。本文所呈现的易地搬迁移民适应问题在一定程度上还具有广泛性，在应对这些问题的道路上还具有长期性和艰巨性，需要纳入当前乡村振兴战略议程之中。值得一提的是，我国"十四五"时期正大力推进乡镇（街道）社会工作站全面覆盖的重要举措可能成为回应上述问题的重要创新力量，这需要各地党委政府在顶层设计时更加聚焦以人为中心的城乡融合发展、立足情境需求、注重村民主体性与公共性的连接等要素，努力探索有效的乡村振兴发展模式。

---

① 李友梅、肖瑛、黄晓春：《当代中国社会建设的公共性困境及其超越》，《中国社会科学》2012 年第 4 期。

② 徐选国、王寒温、秦莲：《发展性社会工作介入民族地区易地扶贫搬迁移民社会适应的实践研究——以云南省 X 新村为例》，《实证社会科学》2022 年第 1 期。

③ 曹东勃、梁思思：《优质均衡：后脱贫时代乡村教育振兴之道》，《华东理工大学学报》（社会科学版）2021 年第 2 期。

④ 王思斌：《社会工作与乡村振兴中社会资本的协作再生产》，《社会工作》2021 年第 4 期。

行动者理论视角下农业专业合作社带农效果比较研究[*]

刘　杰　邢发艳^{**}

摘　要　益贫性是农业专业合作社的显著特点，带农是农业专业合作社的基本功能。学术界关于农业专业合作社带农效果的研究大多置于宏观发展视域下，缺乏对微观层面的合作社不同行动主体及主体间互动关系对带农效果影响的研究；同时，现有研究囿于经济维度的"增收—致富"效应，少有研究从非经济维度出发探讨合作社对农户权利和能力的提升效应。本文将研究视野聚焦于"行动者"，关注不同合作社类型中行动者之间的资源、权利能力以及互动关系的差异，试图在微观层面分析与把握不同行动者之间在互动过程中的交融、合作和冲突，并从家庭经济收益、决策参与能力、获取社会资本能力和抵御风险能力四个方面来比较不同类型的农业专业合作社的带农效果。

关键词　农业专业合作社　带农效果　行动者视角

一、问题的提出

2011 年，联合国在《合作社在社会发展中的作用和实施国际合作社年》中明确指出"农业专业合作社是一个天然具有益贫性的组织"。农业专业合作社是联结小农户和现代农业的一个重要纽带，是小农户为实现抱团发展而产生的互助性经济组织，其本质是把分散的农户联结起来，共同经营和发展产业，从而实现风险共担、利益共享的产业化联合体。益贫性

＊　本文为湖北省高等学校人文社会科学重点研究基地社会治安治理研究中心重大项目（2021A002）阶段性成果。

＊＊　刘杰，华中师范大学社会学院副教授；邢发艳，华中师范大学社会学院硕士研究生。

是农业专业合作社的显著特点，带农是农业专业合作社的基本功能。国内学术界围绕合作性带农效果展开了广泛研究，如刘同山、苑鹏（2020）认为农业合作社不仅能够增加农户的收入，在一定程度上缓解收入贫困，而且还能够提高农户的生活满意度，改善农户的社会交往，缓解社会性贫困，具有很好的益贫性。刘俊文（2017）利用山东和贵州两省贫困户的数据分析发现，在合作互助和政策扶持的双重红利下，农业专业合作社对促进贫困农户的增收有显著的正向影响。张梅等（2019）运用倾向得分匹配法（PSM）对黑龙江省 429 个贫困户数据进行分析，研究发现合作社扶贫对家庭人均收入有增收效果，对农户家庭的农业生产性收入、工资性收入、转移性收入均具有正向影响。李庆海、徐闻怡（2002）选取新疆棉花种植户数据进行分析，研究发现加入合作社对农户具有增收作用，而且合作社不同参与方式对农户增收效果的影响存在着差异，加入合作社实质上对高收入农户的增收作用最明显。

从总体上看，学术界关于农业专业合作社带农效果的研究囿于经济维度的"增收—致富"效应，少有研究从非经济维度出发探讨合作社对农户权利和能力的提升效应。同时，这方面的研究大多处于宏观发展视域下，缺乏对微观层面的合作社不同行动主体及主体间互动关系对带农效果影响的研究。在乡村振兴战略背景下，不同类型合作社中行动者之间掌握的资源和权利能力如何，以及形成了怎样的互动关系，不同类型合作社中行动者之间形成的不同互动关系在带动农户增收和发展层面如何，这直接关系着乡村振兴的质量和农民生活水平的提高和各项能力的发展。

本文将研究视野聚焦于"行动者"，关注不同合作社类型中行动者之间的资源、权利能力以及互动关系的差异，试图在微观层面分析与把握不同行动者之间在互动过程中的交融、合作和冲突，进一步分析其对农户的带动效果和作用。在带农效果层面，学术界关于合作社带农效果的研究大多聚焦于经济学意义上的增长，即从合作社促进农民增收的经济维度来分析其带农效果，忽视了农民在合作发展的过程中各项权利和能力的提升。阿马蒂亚·森（2002）曾指出，贫困必须被视为基本可行能力的被剥夺，而不仅仅是收入低下。森对贫困的分析，将注意力从收入这种特定手段，转向了人们有理由追求的目的，转向了可以使这些目的得以实现的自由，这有助于帮助我们深入地了解贫困和剥夺的性质和原因，使我们能够在更接近社会正义所要求的信息的层面上来看待贫困和剥夺问题。因此，本文基于行动者视角，探讨不同类型合作社中行动者之间互动关系的差异以及由此导致的对农户带农效果的异同，同时，本文对带农效果的衡量试图超越经济维度的"增收—致富"政策逻辑，进一步从非经济维度来关注农户合作发展过程中各项权利和能力的提升。

二、行动者视角下的合作社带农分析框架

以行动者为导向的理论来自社会学家诺曼·龙的著作《行动者为导向的发展社会学》，核心观点主要有三个：第一，以行动者为导向的研究方法采用的是一种从微观入手的研究范式，强调从行动单元进行分析来研究和解释宏观的社会结构与社会变迁。运用以行动者为导向的视角，可以使我们很好地洞察社会构建和重构过程，也有助于我们理解小范围内相互作用的社会设置或场所是如何与更宽泛的结构网络、资源场域、关系网络发生互锁的，同时，还促使我们反思一些重要概念，如"结构""微观—宏观"等。第二，以行动者为导向的研究方法提供了一种解释"特定社会形态是如何在人们的日常生活和生活世界中形成并运行的"的概念以及方法论框架，而不是提供有关社会和社会变化的一般性、普遍性的理论框架。[1]第三，以行动者为导向的研究方法，其目的不是发现一般或普遍的规律、过程或趋势，而是理解普通人（如农民、工人、企业家、官员以及其他人）是如何积极地形塑发展干预的过程和结果的。[2]从"个体行动者"的微观视角进入，则会发现个体普通人是如何进入这一发展过程，收获如何，最终如何形成对发展的自我体验、认识和评价的。具体而言，学术界多在"参与式发展"研究问题上应用这一发展社会学的微观视角，强调社会变迁中各个角色之间的互动，以此引申出社会角色在发展进程中的平等参与。[3]行动者视角试图通过理解个体动机、目的与兴趣来研究和解释社会现象，强调行动者与他人合作、冲突并共同建构起社会生活。

行动者理论能够很好地避免宏观结构方法无法解释社会生活异质性的缺陷，使有关发展干预的研究逐渐从只重视综合的、自上而下的政府规划过渡到重视地方层面的社会和政治的动态变化，注重社会行动者对干预的形塑和重塑过程。以行动者为视角观察农业专业合作社的带农效果，既要

---

① 叶敬忠、李春艳：《行动者为导向的发展社会学研究方法——解读〈行动者视角的发展社会学〉》，《贵州社会科学》2009 年第 10 期。

② 李春艳：《遭遇地方：行动者视角的发展干预回应研究》，社会科学文献出版社，2015 年。

③ 李小云：《普通发展学》，社会科学文献出版社，2005 年。

对合作社内行动者的角色功能有清晰认识，又要对合作社互动主体结构有清晰认识。策略分析是行动者研究常用的分析方法之一，强调不同类型的行动者如何发挥其能动性并运用其权力、社会网络等资源来采取行动并达到自己的目标。策略分析关注处于不同互动情境的行动者之间的协商、谈判甚至是斗争过程，探索他们寻求策略的空间以及内化外来干预的途径。用策略分析法来分析行动者的行为并不仅仅局限于对行为策略本身的简单讨论，而是将这些微观行为置于宏观结构中，通过理解个体动机、目的与兴趣来研究和解释政策或者项目的干预现象。正如诺曼·龙分析由于社会利益和社会经历的不同而导致的个体和群体之间经常发生的合作与冲突，目的在于揭示农业和社会的变化。本文以行动者视角切入合作社带农效果研究，试图超越当前研究的"增收—致富"分析逻辑，弥补发展社会学"模式研究""过于宏大而缺少聚焦"的缺憾，将研究视野聚焦于"行动者"，关注不同类型合作社中各行动者之间资源、权利能力和互动关系的差异以及由此导致的带农效果的不同。①

按照不同的分类标准，可以将合作社分为不同的类型。如刘同山等（2014）按照联合社的经营特点将联合社的发展类型归纳为生产型联合社、销售型联合社、产业链型联合社和综合型联合社四种。万俊毅、曾丽军（2020）按照成长时序、构成主体性质将合作社类型分为原生型合作社、公司从属型合作社和公司主导型合作社三种。已有研究对于合作社类型的划分给本文提供了重要的借鉴意义，按照合作社经营主体的差异，本文将合作社类型分为公司领办型合作社、农户自办型合作社和农户与公司合办型合作社。在三种不同合作社类型下，公司和农户作为合作社中的行动者，其在互动关系中掌握的资源、权利和介入合作社程度的强弱是存在差异的，若将互动关系类型化，则可分为三种互动类型，即"组织式互动""自治式互动"和"平衡式互动"。"组织式互动"中公司掌握大量的资源和市场信息，在合作社的经营决策过程中拥有较大的掌控权和话语权，公司通过提供原材料和培训指导等福利刺激动员农户参与合作社，农户作为理性经济人出于个人需求会存在一定的合作意向，但其在互动过程中发挥的作用较弱，对合作社重大经营决策的话语权缺失。"自治式互动"关系中，公司对农户以及合作社的控制和干预进一步弱化，农户在合作社运营过程中表现出很高的参与度，成为合作社的实际主导者，农户可以自由地

---

① 必须指出的是，本文聚焦合作社对农户的带动作用，因此对于诸如地方政府、村委会等其他行动者的关系与互动将另文分析。

选择不同的市场交易主体来对接销售，拥有较大的自主权，这种类型对合作社领办者的能力提出了更高的要求。"平衡式互动"中公司与农户在合作社之中处于相对平等的地位，相较于"组织式互动"，公司从主导转为向农户授权，农户可以将资金、土地等资产入股合作社成为股东，给予农户更多的话语权，农户在互动过程中主动性增强，参与程度也有所提高，能够对公司的生产经营决策构成一定影响。这是一种积极的互动类型，双方通过充分交流和协商实现对合作社的协同共治，相对平等地展开活动，联结合作比较紧密。因此，在上述三种不同类型合作社中，根据其行动者之间互动关系的不同，可以形成如图 1 所示的分析框架。

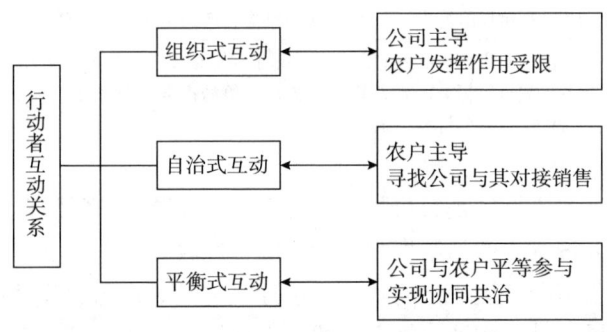

图 1　行动者互动分析框架

在上述三种不同的合作社类型中，不同的行动者互动关系会导致合作社带农效果的差异。在带农效果层面，诸多学者根据自身研究需要建立指标体系测度对农户福利情况进行分析。苑鹏（2013）从农户收入的变化、社会资本的变化和决策参与权的变化三个方面考察了不同农业产业化经营模式对农户福利的改善情况。王任等（2020）将社员能力分为信息获取能力、技术应用能力和需求表达能力三个维度，分析其对农户增收的中介效应。陈传静等（2017）从家庭经济收益、决策参与自由、社会机会与网络、用工忠诚度与履约保障、社会保障五个层面分析了不同规模经营模式下的农户福利水平。由此可见，合作社带农效应不仅应从经济收益方面来衡量，还应该关注合作社发展给农户带来的福利水平即权利和能力的提升。在现实中，关注农民权利和能力的提升也与乡村振兴倡导的"坚持农民主体地位，增进农民福祉"的发展目标高度契合。上述研究中家庭经济收益、需求表达能力、决策参与自由、社会资本、用工忠诚度与履约保障等指标体系给本文提供了极强的借鉴意义。合作社带农效果必然是多维度的，本文立足于我国合作社发展的实际情况，从经济维度和非经济维度进一步分析了不同合作社类型对农户的带农效果，非经济维度再细分成决策参与能力、获取社会资本能力和抵御风险能力 3 个维度，如表 1 所示。

表 1　合作社对农户带农效果的衡量指标

分析维度	指标体系	衡量依据
经济维度	家庭经济收益	劳务报酬、产品销售收入、入股分红收入
非经济维度	决策参与能力	参与生产经营决策的程度、需求与利益表达权
	获取社会资本能力	就业和培训机会、社会关系网络
	抵御风险能力	公司违约风险、产品市场风险、自然风险

注：此表中关于带贫效果分析维度的划分，是基于阿马蒂亚·森的可行能力视角。

资料来源：刘杰、戴丹、邹英：《基于可行能力视角的产业扶贫增能》，《河海大学学报》（哲学社会科学版）2020 年第 5 期。

经济维度主要指的是农户加入合作社所带来的家庭经济收益的变化，主要包括劳务报酬、产品销售收入和入股分红收入。农户在参与合作社生产经营的过程中会产生一定的收益，这种收益是农户与合作社的联结互动而产生的结果，是合作社功能发挥的最直接体现。非经济维度主要指的是农户决策参与能力、获取社会资本能力和抵御风险能力。决策参与能力是农户在参与合作社经营过程中对重大事项决策所拥有的话语权，主要包括参与生产经营决策的程度和需求与利益表达权。合作社运营过程中会涉及多方主体利益之间的博弈，相较于市场等其他主体，农户在其中处于相对弱势地位。因此，对于处在弱势地位的农户来说，能否充分有效地参与合作社生产经营决策并表达自身的需求与利益是衡量合作社带农效果的重要参考指标。获取社会资本的能力主要包括就业和培训机会、社会关系网络。合作社提供的各种培训活动有利于农户的人力资本积累，促进其与社会资本的利益联结和互动，能够在一定程度上扩大农户的社会关系网络。因此，农户获取社会资本的能力同样也是衡量可行能力的关键指标。抵御风险能力主要包括公司违约风险、产品市场风险和自然风险。在合作社发展初期，农户的抗风险能力普遍较弱，并且有着强烈的规避风险的意愿。因此，合作社对于农户抵御风险能力的作用如何直接关系着农户的生产经营收益，是农户可行能力的重要衡量指标。

三、不同合作社类型下行动者互动关系及带农效果

（一）公司领办型合作社行动者互动关系及带农效果

公司领办型合作社主要是指由龙头企业公司出资或者牵头创办的合作社，这类合作社经营模式实际上是在"公司+农户"的制度模式上演化而来的。其典型特征是合作社根据公司制定的生产标准（如生产品种、生产规模）来进行生产，公司为其提供品种、生产技术指导和产品回收等服务。在这种经营模式下，农户与公司之间形成一种雇佣关系，农户不再是独立的生产经营者，而是成为公司的"打工仔"，农户按照公司的生产规定来生产公司所需要的产品，公司再按照约定的标准对产品进行回收，公司成为农业专业合作社的主要出资者、实际控制者和分配规则制定者。[1]

"公司+农户"模式作为公司领办合作社经营模式的前身，其产生和发展给农户带来了较好的效益。这种模式在养殖业最为典型。在这种模式下，公司与农户签订订单合同，公司为其提供生产资料以及基础设施等服务，派专门的技术人员给农户的生产经营做指导，按照事先约定到期的标准对产品回收并支付给农户一定的报酬。这种模式首先是农户向公司提出生产经营申请，公司根据农户自身的情况以及生产条件来判定其是否符合公司的合作条件，然后为符合合作条件的农户建立账户并且签订委托养殖合同，在此基础上，公司按照农户养殖规模来收取一定金额的保证金。根据合同的约定，公司要为其提供良种、饲料、药品和技术指导等服务，最后，公司按照合同约定价格来回收成品。在"公司+农户"模式中，农户只负责生产环节，基本生产资料等都由公司负责提供，相较于"原子化"的农户独立自主生产经营，他们不用再自己思考决定生产什么，也避免了承担产品销售市场前景不佳或销售价格低于生产成本所带来的市场风险，因此有了稳定的预期经济收益，大大提升了农户的经济福利水平。

案例1：重庆市巴南区双河口镇塘湾村是市级贫困村，全村幅员面积8.7平方千米，辖7个村民小组、800余户2200余人。自减贫进入关键阶段以来，塘湾村开拓创新推动"黑猪代养"，充分利用重庆至象农业有限公司生态黑猪场地的资源优势，创办了黑猪养殖专业合作社，由村干部根

---

[1] 王亚飞、唐爽：《我国农业产业化进程中龙头企业与农户的博弈分析与改进——兼论不同组织模式的制度特性》，《农业经济问题》2013年第11期。

据每户贫困户房屋条件、劳动力以及养殖意愿等实际情况，"一对一"进行宣传指导，准确了解帮扶农户的发展意愿和发展能力，协助引导有条件的贫困户申请黑猪代养，扩大代养队伍，制定科学合理的代养计划，实现了农民增收。在重庆至象农业有限公司领办的黑猪养殖专业合作社中，公司无偿将黑猪猪苗交由有意愿和符合条件的合作社农户分散代养，公司与合作社农户之间签订代养供销协议，同时公司全程无偿对农户进行饲养指导，在合同期限内，按照高于市场毛猪价 1 元/斤的标准回购，并无偿上门收购。在农户代养过程中，由政府委托保险公司提供保险，如果黑猪仔在代养过程中死亡，那么委托代养的农户将会获得相应的补助。截至 2020 年 10 月，黑猪养殖专业合作社已在贫困户中成功发展两批共 69 头黑猪，创造纯收入 8 万余元，惠及贫困户 25 户，扣除饲养成本后，平均每头黑猪帮助贫困户增收 1200 元左右。

由案例 1 可见，"公司+农户"模式以订单合同的方式与农户建立市场联系，农户在生产经营过程中得到了良好的经济效益，公司为其提供生产资料以及基础设施等，在很大程度上降低了交易成本，相较于传统的小农经济，其生产经营规模不断扩大，收入水平大大提升。在农户经营过程中，公司向其提供先进的培训和技术指导服务，使其经营的专业化水平大大提高，公司以及农户的优势都得到了更大程度的发挥。除此之外，在这一过程中，农户的抗风险能力大大增强，保障了农户的权益。农户在个体经营过程中，容易面临市场风险和生产风险，无论任何一种风险的发生对原子化的农户来说都可能是灭顶之灾。但在"公司+农户"模式下，农户可以避免多种风险，农户只需按照公司标准进行生产，公司按照合同约定价格进行回收，在这一过程中农户的收益得到了很好的保障。但是我们不得不承认，农户与企业相比无疑处于弱势地位，企业掌握着大量的市场资源和信息，而农户掌握市场信息的来源和渠道非常有限，这种由身份地位的不平等所造成的信息不对称给予公司一定的谋利空间，即存在损害农户切身利益的可能性。再者，"公司+农户"模式实际上是由公司操纵着整个生产的经营决策权，农户在整个过程中听从公司的决策安排，其自身的决策参与能力和需求利益表达权受到极大限制。同时，双方所签订的交易合同随意性和非规范性特点比较突出，因此，双方的交易关系缺乏有效监督机制保障，交易过程具有较高的违约风险①。此外，"公司+农户"模式

---

① 刘杰、戴丹、邹英：《基于可行能力视角的产业扶贫增能》，《河海大学学报》（哲学社会科学版）2020 年第 5 期。

对农户来说存在一定的门槛，此种模式通常对农户的资金数量有较高的要求，这限制了缺乏资金的农户参与生产经营。农户不仅需要在这一过程中垫付高额保证金，而且需要按照公司规定在经营前期进行投资，这在一定程度上制约了缺乏资金的农户参与到合作中来。

在"公司+农户"模式的基础上，通过演变和创新发展了"公司+合作社+农户"模式，这种模式将公司与农户之间的关系更加明确化。它与"公司+农户"模式的不同点在于它通过合作社的形式将农民组织起来，实现了公司监督与农户群体自我监督的有效结合①。但是在公司领办型合作社中，公司仍旧处于领导者地位，而农户在合作社中服从公司的领导和决策，在合作社经营决策中缺少话语权，对公司决策的影响力十分有限，综上所述，在合作社中，农户和公司作为两个不同的行动者主体，两者之间形成了一种组织式互动关系，其互动关系如图2所示。

图2 公司领办型合作社下行动者互动关系

在公司领办型合作社下，公司与农户之间形成的组织式互动关系对合作社的带农效果产生了重要影响。从某种程度上说，合作社可以提高农户的组织化程度，从而降低了企业对农户的监管费用，而且通过合作社的形式，农户之间可以相互监督，减少了公司的交易成本。对于农户而言，相较于"公司+农户"模式，农户有了合作社的保障，不用再向企业缴纳高额保证金，只需要按照合作社的相关制度规定向其缴纳少量会费即可，大大降低了农户的垫付资金额度。在这一过程中，农户主要的收入是公司向其支付的工资即劳务报酬，通过加入合作社农户有了比较稳定的收益，经济福利得到大幅度提升。但是这种合作社类型对农户的经营能力有着较高的要求，在现实中，通常是一些规模经营专业大户或者经营管理能力较强的农户才有机会参与到合作社中，对于普通小农户来说，其经济福利难以惠及。

在决策参与能力方面，公司作为合作社的领导者和经营掌控者，在整

---

① 苑鹏：《"公司+合作社+农户"下的四种农业产业化经营模式探析——从农户福利改善的视角》，《中国农村经济》2013年第4期。

个过程中无疑处于强势地位，而农户被公司选择，其在合作社的重大生产经营决策上几乎没有话语权，合作社作为"集体民主"联结纽带，发挥的作用十分有限。农户在经营过程中处于被动状态，无法参与企业利润分配，难以改善"用脚投票"的局面①，需求和利益表达权受到限制。

在获取社会资本能力方面，公司向合作社成员提供专业技术培训等社会服务，农户通过接受公司领办合作社的技术和管理指导，其自身的经营管理能力得到提升。在公司领办合作社的经营模式下，农户的社会关系网络突破了原先地缘和血缘关系的纽带，在此基础上，增加了与企业的业缘纽带的联系，跳出了原有的乡村熟人社会关系网络，与企业建立了契约关系，拓展了其社会关系网络的广度和深度。

在抵御风险能力方面，公司领办型合作社的经营模式将原子化的农户组织起来，其产品市场风险和生产经营风险得到分摊，相较于传统的小农经济，农户的抗风险能力得到了大幅度提升。但是，在资本占据主导地位的现实背景下，农户谈判能力相对低下，往往面临着公司违约风险。这种模式对公司的依赖程度比较大，如果公司遇到经营危机可能会出现公司违约的情况，从而影响到农户利益的实现。② 倘若市场行情出现变化，公司可能会在逐利动机的驱使下，损害农户的权益，因此，公司违约风险是此种模式下农户不得不面临的一个挑战。

（二）农户自办型合作社行动者互动关系及带农效果

农户自办型合作社是在家庭联产承包责任制的基础上，同类农产品的生产经营者自愿联合起来进行集约化生产的一种合作社类型。农户通过加入合作社成为合作社社员或通过与合作社签订协议合作经营，实现风险共担、利益共享。③

相较于公司领办型合作社，农户自办型合作社的成员通常都是本地农户，农户通过民主管理和集体行动拥有很大的决策参与权和需求表达权，在很大程度上摆脱了公司的掌控和约束。农户不仅可以获得农产品销售收入，而且还可以通过土地流转、进入合作社务工等方式获得额外的经济收益，相较于公司领办型合作社，农户的收入渠道得到了拓宽。同时，在乡村熟人社会网络中，领办者通常与农户成员之间相互熟悉，有的甚至具有

---

① ③ 陈传静、张士云、江激宇：《福利经济学视角下规模经营模式探讨——以安徽省为例》，《农业现代化研究》2017 年第 3 期。

② 李德智、谢元态：《"公司+合作社"经营模式研究》，《经济师》2017 年第 9 期。

亲缘或血缘关系，在这种紧密的社区联结纽带的影响下，农户进入合作社的门槛通常比较低，这意味着一些年老、经营管理技能和文化水平低下的相对弱势农户也可以加入合作社，这为他们提供了更多的增收机会。这类合作社的领办者通常是村子里的能人（如村干部、种养大户、农民精英等），这类能人一般都有着较高的信誉和威望，并且有着较好的经营管理能力和合作理念，合作社发起人的这种品质和能力成为这类合作社健康成长的关键所在。[1] 合作社领头人将农户组织起来实行规模化生产经营，合作社向农户提供农药、肥料等基本生产资料，在一定程度上降低了农户的生产经营成本，提高了农民的经济福利。在乡村振兴背景下，合作社不断迅速发展，越来越多的农户自办型合作社集生产、加工、销售于一体，实现了纵向一体化发展，除此之外，合作社通过集约化、标准化和品牌化的发展，为农户带来了实实在在的收益。

案例 2：河南省信阳市浉河区浉河港镇郝家冲村是全省扶贫开发工作重点村，累计建档立卡贫困户 47 户 106 人，2016 年该村退出贫困村序列，2020 年实现贫困户清零。近年来，村子大力推进茶业旅游业融合发展，村民收入稳步增长，脱贫成效不断巩固提升。2021 年 7 月，该村又入选了"全国乡村旅游重点村"。信阳市浉河区陶金茶叶专业合作社是该村的一个规模较大、效益较好、辐射带动性较强的农户自办型合作社，于 2009 年 7 月 13 日成立，合作社现有茶园 1000 余亩，办公场所及生产加工厂房 1000 平方米，有专业技术人员 8 人，从业人员 108 人，辐射带动周边群众 100 余户。该合作社集茶叶种植、生产加工、销售于一体，合作社以高于市场一定价格对农户茶叶进行回收，对农户的生产经营提供技术指导、农药和肥料等生产资料，农户还可以在合作社务工获得劳务收入。在销售层面，合作社与多家公司达成合作，自由选择交易对象，销售渠道拓宽。经过多年的发展壮大，合作社极大地促进了当地经济发展，并为茶农提供了新的就业平台，提高了社员及周边农民的收入。合作社在进行传统茶叶种植、生产、销售的同时，积极探索创新发展，开展电商业务，积极与相关科研学术机构合作，实现了合作社创造的经济效益与社会效益最大化。自 2009 年 7 月合作社成立以来，共实现销售收入 1500 万元，共实现利润 300 万元。

通过案例 2 可知，在农户自办型合作社中，农户完全掌握着生产经营

---

① 苑鹏：《"公司+合作社+农户"下的四种农业产业化经营模式探析——从农户福利改善的视角》，《中国农村经济》2013 年第 4 期。

决策权，由于乡村熟人社会的影响，农户参与合作社热情较高，成为合作社的实际主导者，拥有较大的自主权，合作社集生产、加工和销售为一体，合作社领头人通过不同渠道对农产品进行销售，与不同公司进行对接，因此，在农户自办型合作社经营模式下，合作社与公司是平等和相互独立的交易主体关系，公司对农户以及合作社的控制和干预进一步弱化，合作社不受公司的约束，合作社通过与公司签订商品订单协议达成合作，同时，合作社可以选择与不同的交易公司进行合作。因此，在农户自办型合作社模式下，行动者之间形成的是一种自治式互动关系，其互动关系如图 3 所示。

图 3　农户自办型合作社下行动者互动关系

通过案例 2 可知，合作社领头人将分散的农户组织起来进行协作生产经营，降低了农户的生产成本，增加了其收益的渠道，农户不仅可以获得农产品销售收入，而且还可以通过土地流转、进入合作社务工等方式获得额外的经济收益，极大地增进了农户的经济福利。面对严峻的市场形势，农民以团体形式进入市场，增加了农民的市场话语权①，合作社成员的决策参与和独立自主性增强，成员占有剩余控制权和剩余索取权，这有助于提高成员生产的积极性、主动性与创造性。② 在获取社会资本能力方面，合作社给合作社成员免费提供相关指导，这对农户专业经营技能的提升有一定帮助。在乡村熟人社会网络中，农户之间在合作社成立之前已经存在着广泛的社会互动和情感联系，即拥有地缘或亲缘联系，通过加入合作社，农户之间除地缘和亲缘关系外，进一步建立起紧密的业缘联系，同时，合作社成员与不同市场交易主体进行对接销售，在很大程度上拓宽了其社会关系网络，农户可利用的社会资源增多。在抵御风险能力方面，农户分散经营需要其独立面临和承担自然和产品市场风险，但在农户自办型合作社引领下，农户虽然也要承担自然、产品市场风险和公司违约风险，但是通过合作社这一互助性的经济组织，在很大程度上农户承担的风险得到分摊，但是不得不承认，农户经营风险的存在也使农户收入水平具有不

---

① 李德智、谢元态：《"公司+合作社"经营模式研究》，《经济师》2017 年第 9 期。
② 王亚飞、唐爽：《我国农业产业化进程中龙头企业与农户的博弈分析与改进——兼论不同组织模式的制度特性》，《农业经济问题》2013 年第 11 期。

确定性。农户自办型合作社经营模式需要村庄精英带头组织引领，领头人往往应具备较高的人力资本，如拥有较多的投资资金、较高的威望和信誉、较好的组织领导能力、团结互助的合作精神等。

（三）农户与公司合办型合作社行动者互动关系及带农效果

农户与公司合办型合作社与公司领办型合作社最大的不同在于农户在合作社内控制股权，农户可以以资金、土地等资产入股合作社，拥有一定的剩余控制权和剩余索取权。相对于公司领办型合作社，农户在合作社中的自主性和话语权得到提升。合作社实行按土地保底和效益分红，社员参加合作社劳动并领取工资收入。① 在这种模式中，公司作为所有者和合作社经营管理者能够较好地控制农户的生产过程，能够在外部对农户进行监督，从而保证了产品的数量规模和质量安全。

案例3：重庆市丰都县三建乡以其独特的双鹰河冷水资源，在2018年招商引入社会资本重庆汉业特种水产养殖有限公司，与农户合作组建蔡森坝农业开发股份合作社，投资1500万元新建冷水鱼养殖基地。其中：农户以土地、水资源等入股股份合作社持股30%，企业以投入资金和技术持股60%，村集体以财政投入资金持股10%。项目采取"保底（600元）+361比例分红"的收益分配方式，并对村集体分配部分向蔡森坝村建卡贫困户和入股农户实行再分配。基地达产后预计年产值500余万元，带动蔡森坝村10余人务工增收3万余元，增加村集体分红收益不低于14万元。农民通过加入合作社，以土地、水资源等形式入股，得到了实实在在的收益。除此之外，三建乡还建设了蔡森坝苗木基地合作社，蔡森坝苗木基地总投资500万元，合作社由丰都典耘农业有限公司、重庆丰都农业科技发展集团有限公司、农户和村集体按照"334"比例合股组建，其中：农户以土地入股股份合作社持股30%、村集体以财政投入资金持股30%、企业以投入资金和技术持股40%。基地采取订单生产方式培育花椒、沃柑、桃、李、梨、马灌木等经济苗木，采取"保底（800元）+334比例"分红与农户建立利益联结。基地投产后预计年出苗100万株，实现综合收入500余万元，可增加村集体分红收益4万余元、入股土地农户保底收益14万元，带动蔡森坝村100余人就近务工就业，人均可实现增收1.5万元。

由案例3可以看出，农户作为合作社社员以及控股人，可以选出代表

---

① 梁红卫：《基于农民专业合作社的农地规模经营模式探讨》，《经济纵横》2010年第4期。

人组成理事会与公司一起对合作社生产经营重要决策进行协商，因此，在此种模式下，合作社架起了龙头企业与农民之间的桥梁。[①] 虽然绝大部分的生产经营决策权还掌握在公司手中，但是由于农户在合作社中控制一定的股权，公司在决策中不得不更多地考虑农户的利益和需求。公司和农户之间不再是公司领办型合作社模式下的劳务雇用关系，也不是农户自办型合作社模式下的市场交易主体关系，而是平等的利益共同体关系。因此，在农户与公司合办型合作社经营模式下，公司和农户作为合作社中的主要行动者，两者之间形成了一种平衡式互动关系，其互动关系如图 4 所示。一般情况下，参与此种模式的企业是小型公司，公司自身需要迫切发展，而且带动农户规模有限，国家扶持农业产业化经营的政策难以惠及它们。但是此种模式容易使农户与公司之间发生利益分歧，公司是以消费者需求为导向的组织，而农户是以产品销售收入最大化为导向的个体，因此，两者之间面临经营理念的冲突，不利于合作社的稳定发展。

图 4　农户与公司合办型合作社下行动者互动关系

由案例 3 可知，对于农户来说，农户与公司合办型合作社具有较好的经济效益，农户可以通过土地、资金等入股合作社获得入股分红收益，还可以以合作社社员身份在合作社务工获得工资性收入，同时，公司提供的生产资料等服务降低了农户的生产经营成本，因此，在此种合作社运行模式下，农户的经济福利有了很大的增进空间。除经济收益外，在决策参与能力方面，农户虽然在合作社中控制部分股权，但是相较于占据资本强势地位的企业，农户的谈判能力受到限制，在生产经营过程中农户只是部分参与生产决策，实际上大部分的生产经营决策权还是由公司进行掌控。农户与公司合办型合作社是由企业和农户代表共同管理经营，因此，公司在做出生产经营决策时不得不更多地考虑农户的利益和诉求，农户在这一过程中享有需求和利益表达权。在获取社会资本能力方面，农户能够以社员

---

① 周腰华、成丽娜：《新型农业经营主体组织模式与经营模式分析》，《学术交流》2019 年第 7 期。

身份在合作社务工获得就业机会，同时，公司定期或不定期地提供技术和管理指导，农户获得培训机会，提高了其生产经营管理水平。除此之外，农户摆脱传统的社区关系网络的束缚，在此基础上，其社会关系网络拓展到以业缘为纽带的市场层面，同时，在这一过程中农户之间的地缘关系也得以增强，可动用的社会资源增多。在抵御风险能力方面，农户容易面临公司违约风险和由交易过程中市场供求关系变化导致的价格波动所引起的产品市场风险，同时，也承担了部分生产经营风险，通常风险由公司和股东农户共同来承担。

四、结论与思考

行动者视角强调"舞台"的概念。不同的行动者对问题、主张、资源以及陈述等进行辩论和竞争的地方就是"舞台"。在不同类型的农业专业合作社中，不同行动者在"舞台"上的互动构建出不同的带农效果。在公司领办型合作社中，公司在合作社的经营决策过程中拥有较大的掌控权和话语权，通过提供原材料和培训指导等福利刺激动员农户参与合作社，农户作为理性经济人出于个人需求会存在一定的合作意向，但在决策过程中话语权缺失。在农户自办型合作社中，农户成为合作社的实际主导者，公司对农户以及合作社的控制和干预进一步弱化，合作社不受公司的约束，合作社通过与公司签订商品订单协议达成合作，合作社与公司是平等和相互独立的交易主体关系。在农户与公司合办型合作社中，公司与农户在合作社之中处于相对平等的地位，农户可以将资金、土地等资产入股合作社成为股东，农户有一定的话语权，农户在互动过程中主动性增强，参与程度也有所提高，能够对公司的生产经营决策构成一定影响，双方通过充分交流和协商实现对合作社的协同共治。但是不同合作社类型中行动者互动关系对农户的经济福利和权利能力的增进效果不同（见表2）。

表 2　不同合作社经营模式下的带农效果比较

分析指标	公司领办型合作社	农户自办型合作社	农户与公司合办型合作社
家庭经济收益	获得劳务报酬，生产经营成本降低	生产规模扩大，组织化经营，降低生产成本，增收渠道拓宽	获得入股分红、劳务报酬，增收渠道得到拓宽
决策参与能力	经营决策权由公司掌握，农户话语权不足	拥有主体性地位，掌握生产经营决策权	拥有部分生产经营决策权

分析指标	公司领办型合作社	农户自办型合作社	农户与公司合办型合作社
获取社会资本能力	获得技术指导和培训机会，社会关系网络拓宽	在地缘、亲缘关系基础上增加了以业缘为纽带的联系	获得就业和培训机会，社会关系网络拓宽，社会资源增多
抵御风险能力	面临公司违约风险	面临产品市场风险、自然风险和公司违约风险，但风险得到分摊	面临公司违约风险和市场风险，风险分摊

在公司领办型合作社生产经营模式下，农户实际上是公司雇用的打工者，农户按照公司的规定进行生产，公司向其支付一定劳务报酬，农户可以获得自己预期的经济收益，但在经营过程中农户完全遵从公司的掌控和指导，其决策经营能力不足，话语权丧失。农户与企业建立契约关系，社会关系网络的广度和深度得到拓展。但在公司占据主导地位的背景下，农户面临着公司违约风险。在农户自办型合作社经营模式下，组织化的生产经营方式降低了农户的生产经营成本，促进了农户增收。农户脱离了公司的束缚和控制，完全拥有独立自主权，其决策参与能力得到大幅提升。农户可以与不同市场交易主体对接销售，扩张了其可利用的社会资源。通过组织化、规模化生产，农户面临的生产经营风险和市场风险得到有效分摊。在农户和公司合办型合作社模式下，农户增收渠道得到拓宽，农户不仅可以以股东身份获得入股分红收入，还可以以合作社社员身份参与合作社务工获得劳务收入。合作社由公司和农户共同控股管理经营，农户在其中拥有部分经营决策权。农户享受公司提供的专业化服务，增加了其培训机会和就业机会，社会关系网络在地缘和亲缘关系基础上拓展到以业缘为纽带的市场层面。从整体上来说，公司和农户合办型合作社相较于前两者，使农户有了更广阔的收入渠道，让农民变股东，提升了经济福利水平，是一种效益较高且常见的合作社经营模式。

本文对于不同合作社类型带农效果的研究和分析来自笔者在调研过程中的案例积累和总结，是笔者对农业产业发展带农效益分析的进一步系统和深化。以行动者视角切入合作社带农效果研究，关注不同类型合作社中各行动者之间互动关系的差异以及由此导致的带农效果的不同，在合作社带农效果层面不仅考虑合作社给农户带来的经济效益，还进一步研究分析合作社给农户带来的非经济效益，即农户权利和能力的提升，这对于夯实乡村振兴根基、重构乡村社会公共性有着重要意义。①

参考文献

阿马蒂亚·森：《以自由看待发展》，中国人民大学出版社，2002 年。

陈传静、张士云、江激宇：《福利经济学视角下规模经营模式探讨——以安徽省为例》，《农业现代化研究》2017 年第 3 期。

李庆海、徐闻怡：《农民合作社对棉花种植户减贫增收的影响》，《世界农业》2021 年第 10 期。

刘俊文：《农民专业合作社对贫困农户收入及其稳定性的影响——以山东、贵州两省为例》，《中国农村经济》2017 年第 2 期。

刘同山、苑鹏：《农民合作社是有效的益贫组织吗?》，《中国农村经济》2020 年第 5 期。

刘同山、周振、孔祥智：《实证分析农民合作社联合社成立动因、发展类型及问题》，《农村经济》2014 年第 4 期。

刘晓靖：《阿马蒂亚·森以"权利"和"可行能力"看待贫困思想论析》，《郑州大学学报》（哲学社会科学版）2011 年第 1 期。

万俊毅、曾丽军：《合作社类型、治理机制与经营绩效》，《中国农村经济》2020 年第 2 期。

王任、陶冶、冯开文：《贫困农户参与农民专业合作社减贫增收的机制》，《中国农业大学学报》2020 年第 10 期。

苑鹏：《"公司+合作社+农户"下的四种农业产业化经营模式探析——从农户福利改善的视角》，《中国农村经济》2013 年第 4 期。

张梅、王晓、颜华：《农民合作社扶贫的路径选择及对贫困户收入的影响研究》，《农林经济管理学报》2019 年第 4 期。

---

① 刘杰、袁际燊：《后扶贫时代农村社区公共性困境及其重构》，《江汉大学学报》（社会科学版）2021 年第 3 期。

行动者网络视角下农业
社会化服务的本土实践

——基于小杨家庭农场服务联盟的个案观察[*]

吉　蓉　施从美^{**}

摘　要　构建农业社会化服务体系是推动农业规模化经营和实现农业现代化发展的主要动力。农村合作平台作为农业社会化服务的重要载体，它的本土化实践成为了当下农村发展的迫切需求和研究热点。江苏省 J 区小杨家庭农场服务联盟这一"政府—社会"互动的案例有一定的代表性，透过 J 区搭建的小杨家庭农场服务联盟的动态过程，基于行动者网络理论，可以总结出一条具有 J 区特色的农业社会化服务的本土实践路径。研究发现，这一路径由行动者、转译、网络三个要素构成，在这三个要素之中又包括具有一定权威的核心行动者、可转化为共同目标的强制通行点和多元主体间的利益协调机制。在核心行动者政府的主导下，农户、社会组织以及惠农企业通过问题化呈现、征召动员、利益协调、消除异议的基本转译过程，被纳入家庭农场服务联盟构建的网络之中，在多元互动的协调下达到稳定均衡的运作状态。

关键词　农业社会化服务　行动者网络　家庭农场服务联盟　多元互动

---

* 本文为国家社会科学基金项目"政府购买农业公益性服务的政策落实研究"（19BZZ086）的成果。

** 吉蓉，苏州大学政治与公共管理学院硕士研究生，苏州大学新型城镇化与社会治理协同创新中心助理研究员；施从美，苏州大学政治与公共管理学院教授，博导，江苏省新型城镇化与社会治理协同创新中心研究员。

一、问题提出

近年来，中央连续颁布多个"一号文件"，其中对"农业社会化服务体系"的构建与完善提出明确要求，文件强调加快转变农业发展方式，改造传统农业，提升农业现代化发展水平，创新农业适度规模化运营模式。2015年颁布的《深化农村改革综合性实施方案》，从国家政策制度层面，明确提出以家庭经营为基础的统分结合的双层经营体制仍是农业生产的重要力量，要通过构建新型农业经营主体，为农户提供周到便利的社会化服务，把农户经营引入现代农业发展轨道之上①。自党的十八大提出构建新型农业经营主体，全国各地不同类型经营主体不断涌现，为发展农业生产性服务，大力培育新型服务主体，支持农业服务企业、农民合作社等面向小农户的生产性服务提供了资源支持②。因此，为了更好地构建农业社会化服务体系，响应中央政策的号召，建立统一的农村合作平台，成为了现代农业发展的重要基础。

实际上，在农业社会化服务领域的经营过程中，尽管出现了各方资源未被充分利用、服务供给质量被严重制约以及各地方优势未得到充分发挥的问题，但也出现了一些效果良好的农业社会化服务的多元协作创新实践。江苏省J区作为全省唯一示范区，自2013年开始积极推进以适度规模经营为核心的现代农业改革与建设工作，通过建立带有区域性质的家庭农场服务联盟，将周边的家庭农场作为服务对象，引导"散户+大户"的有效合作。本研究通过J区S街道小杨家庭农场服务联盟构建的动态过程，试图归纳出具有当地特色的服务联盟共同体的运行机制，剖析服务联盟各主体之间的互动关系③，探寻具有本土特色的服务模式。

---

① 中共中央办公厅　国务院办公厅印发《深化农村改革综合性实施方案》，中华人民共和国中央人民政府官网，2015年11月2日，http://www.gov.cn/gongbao/content/2015/content_2955704.htm。

② 芦千文：《中国农业生产性服务业：70年发展回顾、演变逻辑与未来展望》，《经济学家》2019年第11期。

③ 陈文标：《家庭农场兴起背景下的农民专业合作社转型升级》，《农村经济》2014年第2期。

二、文献回顾与评析

（一）农业社会化服务概念的不断拓展

"农业社会化服务"是农业生产领域的新概念，首次在 1990 年发布的《国务院关于加强农业社会化服务体系建设的通知》中被提出。关于农业社会化服务的定义，主要是指社会化在农业生产环节上的表现，以家庭承包经营为基础，为农业生产包含产前、产中、产后三个环节提供服务的各类机构和个人所形成的网络和组织体系[①]。可以看出，20 世纪 90 年代，关于农业社会化服务概念的认知，虽然已经从农业服务角度确认农业社会化服务的概念，但仍未科学界定农业社会化服务的内涵，社会化服务内容局限在农业生产环节，此时正处在地方被动接受和内涵完善的阶段。2000 年以来，随着农村结构调整，城乡统筹发展的力度不断加大，对于构建农业社会化服务体系的迫切需求不断显现，中央文件中创新性提出"新型农业社会化服务体系"的概念，全国各地开始按照政策文件要求引入市场机制，此时的模式依照文件要求开展，是农村地区从被动接受到执行的过渡时期。2010 年，中央 1 号文件再次提出"农业社会化服务"，强调农业科技创新的重要性，全国已经出现了示范区和地方经验案例。此时对农业社会化服务的建设正处于各地自我探索、自我创新、自我建设的阶段，是从强制执行到主动创新的转变。

综上可以发现，农业社会化服务不是自古有之，而是经历了一个漫长的发展过程即"被动接受—强制执行—主动创新"（见表 1）。回顾我国农业社会化服务相关政策的发展历程，体现在服务领域不断扩展、服务对象不断兼顾、服务机制不断创新等方面[②]。现如今，随着家庭农场生产与大市场之间的矛盾不断深化，对社会化服务的需求更加迫切，因此各地需要探索符合自身发展特点的农业社会化服务体系，落实新型农业社会化服务体系。

---

① 仝志辉：《"去部门化"：中国农业社会化服务体系构建的关键》，《探索与争鸣》2016 年第 6 期。

② 康运河：《农机经营模式研究》，《农机化研究》2012 年第 2 期。

表1　1990年至今我国农业社会化服务相关政策及阶段特征

时间段	阶段特征	政策名称	主要内容
1990~2000年	被动接受	《关于加强农业社会化服务体系建设的通知》	关注农民增收，政策主要围绕小农户的需求，但有向规模经营主体需求转变的趋势
2000~2010年	强制执行	《关于积极发展现代农业　扎实推进社会主义新农村建设的若干意见》	关注农民增收、增效两个方面，整体需求围绕规模经营主体
2010年以来	主动创新	《关于加快推进农业科技创新　持续增强农产品供给保障能力的若干意见》	强调科技创新，开始兼顾小农户利益与规模经营主体需求

资料来源：宋洪远：《新型农业社会化服务体系建设研究》，《中国流通经济》2010年第6期。

（二）如何构建农业社会化服务

"农业社会化服务"一经提出就吸引了众多学者的关注，"如何落实农业社会化服务的本土化实践"成为学术界研究和各地实践的热点。综观目前国内对于农业社会化服务构建的研究，可以从宏观和微观两个角度进行综述。从宏观角度，有的研究试图从国家农业社会化服务政策变迁中发现政策演进轨迹[1]，有些则基于政府职能转变关注农业社会化服务中的政社互动关系[2]，将农户与现代农业相衔接，从理论、视角以及路径三个方面展开阐述[3]；从微观角度，有的学者聚焦多元主体的互动，关注社会组织、企业等社会力量参与农业社会化服务的供给模式和运作机制[4]；基于政府角度，有的学者围绕角色地位，将农业社会化服务体系构建过程中政府角色分为支持政策的提供者、信息平台的建构者、技术人才的培育以及资源整合的中介者[5]，有的学者则围绕政府职能，强调农业社会化服务本

---

[1] 高强、孔祥智：《我国农业社会化服务体系演进轨迹与政策匹配：1978~2013年》，《改革》2013年第4期。

[2] 李俏、王建华：《农业社会化服务中的政府角色：转型与优化》，《贵州社会科学》2013年第1期。

[3] 钟丽娜、吴惠芳、梁栋：《集体统筹：小农户与现代农业有机衔接的组织化路径——黑龙江省K村村集体土地规模经营实践的启示》，《南京农业大学学报》（社会科学版）2021年第2期。

[4] 蒋永穆、周宇晗：《农业区域社会化服务供给：模式、评价与启示》，《学习与探索》2016年第1期。

[5] 蔡宇玲、黄纯、王清云：《新型农业社会化服务体系建设中的政府角色定位——基于宁波家庭农场初步实践的调查分析》，《经营与管理》2016年第1期。

土化需要政府的职能优化，注重质量发展而不是数量①；基于农户角度，有的研究注重对农户需求的识别，对农户需要的农业社会化服务项目进行了阐述和排序，提出了农户最迫切需要的农业服务项目②；基于第三方社会力量角度，有的研究认为农业龙头企业能够通过组织模式和标准化生产有效降低农户生产风险，提高质量和竞争优势③；鼓励社会组织积极参与供给农业产品以及服务。这些研究都有一种共识，即通过不同的策略和路径构建农业社会化服务体系，实现政府与农户、社会组织以及企业在关系、利益以及结构等方面的相互协作。

上述研究十分丰富，在帮助我们更好地理解"农业社会化服务"内涵的基础上，也为我们建设农业现代化提供了来自宏观和微观上的优化路径和策略选择。然而，现有文献对农业社会化服务的研究大多从单一主体的角度，聚焦农业社会化服务体系构建过程中的单一主体的角色功能，鲜有学者从行动者角度，从基层本土实践的田野观察切入，探求农业社会化服务过程中多元主体的利益博弈和共同体网络构建。

三、理论视角与研究设计

（一）一个理论视角：行动者网络

行动者网络理论（Actor Network Theory，ANT）是由社会学家米谢尔·卡隆（Michel Callon）、布鲁诺·拉图尔（Bruno Latour）和约翰·劳（John Law）等提出④，之后被广泛运用于基层治理⑤、乡村治理⑥和城市治理⑦等研究领域之中。行动者网络理论的核心是三个关键概念：主体、

---

① 王焕祥、郎玫：《地方政府公共财政支出的制度特征及其效率——基于东中西部的实证比较》，《贵州社会科学》2014 年第 1 期。
② 庞晓鹏：《农业社会化服务供求结构差异的比较分析——基于农业社会化服务供求现状的调查与思考》，《农业技术经济》2006 年第 4 期。
③ 顾清：《试论新型农业社会化服务体系的构建》，《农业经济》2021 年第 11 期。
④ Mahring M, Kerl M, Montealegre R, "Trojan Actor-networks and Swift Translation: Bringing Actor-network Theory to IT Project Escalation Studies", *Information Technology & People* 17, No. 2, 2004.
⑤ 赵强：《城市治理动力机制：行动者网络理论视角》，《行政论坛》2011 年第 1 期。
⑥ 陈强强、窦学诚、王文略等：《基于 ANT 视角的葡萄酒产业链整合机理研究——以甘肃葡萄酒产业为例》，《中国农业资源与区划》2014 年第 6 期。
⑦ 汪雪：《基于行动者网络理论的历史街区更新机制》，《规划师》2018 年第 9 期。

转译与网络①。广义上的主体，包括人类和非人类，只要在网络关系创建过程中发生作用的主体都可以被看作是合作网络的行动者。主体由核心行动者和其他行动者构成，其中特别的是，核心行动者相较于其他行动者而言，在网络关系构建中发挥更大的作用。在形成稳定的网络关系前，不同行动者之间由于具有"异质性"，需要通过转译机制达到利益一致。所谓转译包括问题化、利益相关化、征召和动员四个主要环节。转译是行动者在网络关系中建构的一种微观机制，转译的方式就是将其他行动者通过征召和动员的方式一同进入网络关系之中，经过强制通行点达成多元主体的利益一致，即利益共识。因此，转译的实质就是理解各个行动者之间的利益并加以转化，从而让行动者相互协作或指向共识，这个过程充满了利益的磋商和观念的碰撞。进而，行动者网络是指核心行动者与其他行动者之间在共同的场域下进行平等协商、利益分配机制设计等活动，通过达成利益共识吸引异质性行动者参与到网络中，此环节关键在于达成共赢的"协议"。综上所述，本研究借助行动者网络理论，基于案例的现实实践构建如图1所示的分析框架，试图深描不同主体在家庭农场服务联盟构建过程的关系互动，强调核心行动者通过权威和问题呈现的方式达到强制通行点的关键作用，促使其他行动主体在征召和动员的情境下，加入行动者网络之中，进而结成利益联盟的动态过程。

本文之所以选择行动者网络理论作为理论支撑，主要基于如下考虑：一是能够运用网络结构范式分析的方法。针对研究对象的分析，更加注重对于农业社会化服务的建设过程中多元主体的结构与互动，展现基层政府、企业、农户和社会组织等多元主体并存的现实，避免以往研究仅关注单一主体所呈现出的社会关系不足的问题，同时将多元互动的动态过程得以呈现②。二是可以更好地嵌入当前中国农村社会基层的具体场域。通过对不同行动者进行问题化分析、强制通行点设置以及利益赋权等转移机制，深描农业社会化服务体系构建的实际状况。三是可以更好地关注核心行动者在农业社会化服务过程中的行为，从而揭示核心行动者在构建家庭农场服务联盟共同体过程中的作用。

---

① ［法］布鲁诺·拉图尔：《科学在行动：怎样在社会中跟随科学家和工程师》，刘文旋、郑开译，东方出版社，2005年。

② 谢元、张鸿雁：《行动者网络理论视角下的乡村治理困境与路径研究——转译与公共性的生成》，《南京社会科学》2018年第3期。

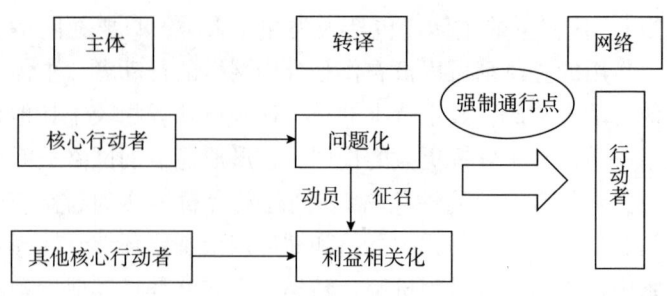

图 1　行动者网络理论框架

（二）研究设计

1. 案例选择

本项研究是一项关于农业社会化服务的个案研究。相对于追求案例本身的代表性，个案研究则更关注案例的典型性。作为农村微观场域的个案观察，个案研究的方法更能够深入田野经验事实，展现其中的细节①。本研究中的案例选择需符合两个特征：一是可进入性，能够掌握案例的农业社会化服务体系本土化构建的全过程，能够获取相对丰富的行动者资料；二是案例中需要涉及核心行动者、其他行动者要素，能够支撑行动者网络的构建。

2. 研究方法

为了能够翔实把握小杨家庭农场服务联盟形成前后不同行动者的互动过程，笔者于 2021 年 6 月 1~2 日，在江苏省 J 区 S 街道进行了调研。调研的重点与方法为：通过半结构化访谈的方式对 S 街道农业社会化服务模式下，街道、农户、企业以及社会组织之间形成服务联盟的过程进行回溯，访谈内容涉及 S 街道概况与当地农业社会化体系发展现状、家庭农场服务联盟构建前后当地农户生产服务的变化。其中，重点关注了服务联盟成立过程，不同行动主体之间的矛盾即利益博弈，运用参与式观察等方法收集第一手资料，观察家庭农场服务联盟的运作过程，并重点分析小杨家庭农场服务联盟所构建的多元主体间的利益协调机制。

---

① 谭华云、许春晓：《行动者网络视阈下红色旅游融合发展中的利益共生研究——以韶山红色旅游为例》，《广西社会科学》2016 年第 1 期。

四、案例发现：小杨家庭农场服务联盟

（一）行动者网络搭建的动态过程

基于行动者网络分析框架，本研究过程分为问题化和利益相关化两个阶段，展示 S 街道家庭农场服务联盟行动者网络从无到有的动态过程。

1. 问题化：确定核心行动者

行动者网络创建的首要环节是问题化呈现即确定核心行动者，它的主要任务是将构建行动者网络要解决的问题明确化，确定网络中的行动者以及各行动者的共同目标。相较于其他行动者，核心行动者应具备更多的资源优势、更高的权威性和更强的组织管理和协调能力①。因此，在行动者网络搭建的过程中首先需要明确核心行动者这一角色。确定核心行动者之后，核心行动者需要对其他行动主体面临的问题进行呈现，提出能够实现共同目标的强制通行点。

江苏省 J 区 S 街道共有 3.3 万亩耕地、148 家家庭农场，周边农户主要从事稻麦生产，是传统的农业生产地区。随着农业机械化发展，以及现代农业生产的现实性需求，如果每个家庭农场都需要配备与农业生产相应的农机具、库房、烘干机等生产机械以及场所，不仅会出现资源浪费、资金周转困难等问题，而且用地难问题也会相应出现，其主要涉及家庭农场的农机具存放、粮食烘晒、农资仓储等，现实需求与实际难题的矛盾对农业现代化生产存在极大的风险。

为了解决农户存在的现实难题，以及响应现代化农业发展的中央号召，各级地方政府针对农业社会化服务的政策不断出台，财政投入不断加大，江苏省 J 区则要求各街道、乡镇尽快完成土地流转和家庭农场规模化生产。J 区 S 街道积极响应区政府的政策号召和动员，在征召农户方面起到一定作用，其具备作为核心行动者的条件，并且在服务联盟建设的整个过程中具有权威性。在急切的农业生产现实需求和强大的农业激励政策推动下，J 区 S 街道开始思考如何能够满足所属区域内的 148 家家庭农场的社会化服务需求。因此，在创建之初，S 街道先是以土地确权登记颁证工作为契机，大力推进适度规模经营，完成了土地流转和土地规模经营农场

①　刘建国：《基于行动者网络理论的智能交通产业标准化战略研究》，《中国科技论坛》
2014 年第 2 期。

化等措施。

我们首先是借助土地确权登记来完成土地流转，这样之后的农场化和农场主本地化工作开展起来就方便很多。我们在每年的工作材料里也是提到了这个土地流转方面的成果，归纳为经验就是叫"四个 100%"，即土地确权登记 100%、土地流转 100%、土地规模经营农场化 100%、家庭农场主本土化 100%，这是当初的目标，也是我们目前取得的阶段性成果。(20210601S 街道农业负责人 C 主任)

C 主任提及隔壁市的农业社会化服务工作进展，主动提及了 J 区在土地流转方面的成果。通过调研发现，相较于隔壁 R 市的 40% 土地流转率，J 区的土地流转位于前列。也由于 S 街道前期准备工作的完善，才能够在土地确权登记颁证的基础上，引导农户将承包地委托给村集体，通过农村产权交易平台统一发包。S 街道根据生产布局规划将连片农田划分为适度规模的发包地块，为家庭农场的建立、综合性农事服务的推进提供了坚实的基础保障。

2. 利益相关化：多元行动者间的利益博弈

（1）资金压力：与当地龙头企业开展合作。小杨家庭农场服务联盟作为 J 区的农业社会化服务项目，区级财政有专项的资金拨款，但资金需要支持多个街道不同类型的农业服务项目，S 街道所在辖区内除了农场服务联盟建设外，还有农药补贴以及秸秆焚烧的环境治理需求。因此，区级的财政拨款对于小杨家庭农场服务联盟的建设来说显得十分微薄，更多的财政压力被下放到了街道（村镇）等基层单位。

我们财政资金比较有限，特别是具体到农业补助方面就更少了一些，目前区级财政补贴到农业的，用在农村环境治理的比较多，之前的农厕改造还有秸秆焚烧是我们财政支持较多的项目。现在的处理办法就是，比如区级我们提供一部分资金，不够的由乡镇（街道）自己补足，比例大概是 1∶1。也是地区问题，我们财政资金肯定是比不上苏南地区的。(20210601J 区农业农村局植保站站长笑称)。

为了解决 S 街道所面临的"参与项目需要资金投入，但村集体资金有限""农产品销售渠道少、农户利润低"等现实问题，调动所属辖区内农户的参与积极性，S 街道开始主动寻求市场机制的支持。最终，当地的龙头企业 X 公司依靠雄厚的资金实力、较高的专业能力和广泛的售卖渠道进入了 S 街道的服务联盟创建项目之中，也是 S 街道转移资金压力的方式创新。小杨家庭农场服务联盟的建设作为 J 区政策扶持的项目，X 企业对承接该项目表现出十足的兴趣，在该项目合作过程中，X 企业希望依靠家庭农场服务联盟的创新模式打响企业品牌，同时 X 企业凭借 S 街道的信任背书，在帮扶联盟发展运营之外，也能够获得政府财政每年给予的补贴，承担相关的政府购买项目，为 S 街道内的农户提供农业社会化服务。

因为农户缺少销售渠道，并且一个家庭农场单独进行销售，由于数量有限很难卖出高价。（政府）想要在 J 区内寻找合适买家，但由于专业性受限，太不现实。X 企业作为当地知名的米业公司，其资金雄厚、销售渠道广泛，并且具有较大规模的仓储能力，这些优势对于 S 街道的服务联盟构建具有重要作用。（20210601J 区农业农村局）

S 街道通过将 X 企业开拓市场需求的目的与家庭农场服务联盟的需求进行匹配和绑定，成功实现了对 X 企业的征召和动员。自家庭农场服务联盟项目创建初期，X 企业就采用了各种方式得到街道、农户的信任，扩大自身的市场影响力。除打开在当地的知名度外，X 企业统筹服务联盟的售后运营，运用自身的销售渠道为农户争取更大的收益。

（2）场地选择：寻求农户支持。农户在小杨家庭农场服务联盟的选址方面发挥了重要作用。但 S 街道面对农户征召和动员的过程并不是十分顺利，"场地选择"在服务联盟的建设过程同样是一大难点。为便于周围家庭农场以及散户的使用，家庭农场服务联盟需要选址在距离 S 街道家庭农场分布相对中心的位置。对于传统农业生产地区而言，找到一个未被占用的闲置土地空间，进行占地面积较大的家庭农场服务联盟建设十分困难。考虑到临时征用农户土地进行建设，从建设成本、沟通成本上来说都将耗费过多精力，S 街道最终决定在泽民农机社的基础上将其扩建为家庭农场服务联盟。泽民农机社的存在仅仅是在场地选择上解决了 S 街道的难题，但农机社的面积还无法完全支持和保障家庭农场服务联盟的运营。由于家庭农场需要配备烘干房、培训教室、机具库等占地面积较大的建设，库房面积将由原本的 250 平方米扩大到近 3000 平方米，在一定程度上需要对周边农户的用地进行征用。附近部分农户对自家的农田被征用强烈反对，并开始质疑家庭农场服务联盟的效用。为此，S 街道和村委会挨家挨户去做工作，宣传家庭农场服务联盟区别于农机社的功能和重要性。

这个过程还是蛮艰难的，我们选了几个周边乡镇的代表去做农户的工作，比如我们的 W 代表，他就是服务联盟一开始的牵头人，土生土长的当地农民，现在已经是我们的区人大代表了，在当地还是蛮有声望的。（20210601S 街道农业负责人 C 主任）

最后，在 S 街道工作人员以及周边乡镇代表的努力下农户都愿意授权签字，让渡了原先的部分耕地进行服务联盟仓库的扩建，提升了服务联盟的仓储能力。除了场地方面的支持外，农户还被动员参与了农忙时期的时间表安排，农户积极参与加入家庭农场服务联盟，真实反映自身需求。丰收时节，家庭农场服务联盟根据农户上报的时间安排表，有序地进入农户家中开展收割、存储工作，统一打包放至服务联盟仓库中，由企业联系销售渠道进行售卖。

（3）技术服务：社会组织介入。

单凭街道还是很难完全参与到服务联盟的建设，首先是不了解，其次就是没有人手和时间。让农户自己来做肯定不可能，其中专业门槛就有些为难我们农户。（20210601S 街道农业负责人 C 主任）

由于街道资源有限、农户受教育程度不高，家庭农场服务联盟共同体构建过程存在一定困难。现阶段，农业社会化服务大多承接给专业的市场化组织来运作，一方面，只有对街道内部存在的家庭农场进行组织，才能与市场社会化服务相衔接，然而市场经济组织对小农的组织化程度提出了非常严格的要求，需要分散在街道内的散户形成一定规模，采取统一经营管理模式；另一方面，除了农民的利益，街道、社会组织都有各自的利益需求，农民的自组织机制在协调私人利益和公益方面存在一定的困难。因此，在农业社会化服务中需要寻求一个中介机构进入该行动者网络中，提供专业化技术指导并且能够协调多元利益主体之间的矛盾。

我们街道的散户不多，但也有一小部分群体，他们如果想要市场化的服务，即使我们去提供补贴，对他们来说只是解决了资金问题。可是，同样一个品种，选什么品牌？同样功能的机器，是不是越贵越好？农药怎么洒，才能节约成本？这些一辈子都只是种地的农户是不清楚的。我们农业局一批专业出身的退休员工，也有在街道乡镇从事这方面服务的，后来我们的需求上来之后，才觉得有一个中介组织集中服务比较合适和高效。（20210601J 区农业农村局）

S 街道小杨家庭农场服务联盟的运营模式是"政府引导、村集体领导、社会参与、市场运作"，即由政府（S 街道）负责场地选址以及后续仓库搭建和硬件配置工作，之后通过政策吸引第三方社会力量参与，由专业化社会组织运作。因此，社会组织是经营家庭农场服务联盟的机构之一。Y 中心一直在 S 街道提供社会化服务，为辖区内的农户提供社会化服务，并与 S 街道建立了良好的合作关系。S 街道根据其专业能力和信誉，将家庭农场服务联盟委托给 Y 中心进行经营管理。其主要收入来源分为政府采购项目、财政补贴、服务项目费用等几个部分。

尽管农业的社会组织相对较少，但我们希望能够凭借自己的一技之长为服务联盟增一份力。当然，我们也发现农场农户遇到什么困难还是会直接跳过我们，找到街道反映需求或投诉。

可以看出，Y 中心在提供服务的过程中，能明显感受到农户始终信任的是 S 街道而不是自己。尽管前期 Y 中心在某种程度上得到了政府的背书以及农业服务的供给权，但由于教育差异以及环境约束，大多数农户对社会组织缺乏清楚认知，使初期 Y 中心并未获得农户的信任，进入该场域开展农业社会化生产服务显得十分困难。政府权威能够帮助 Y 中心进入陌生场域，提供资源支持，但无法真正实现农户、Y 中心双方关系的建构。因此，除了政府权威的作用外，更为重要的是利益关联拉近了 Y 中心与农户的距离。从初期 Y 中心为服务联盟中的农户提供农业服务，如种子的选择、秧苗的培育等，到后期农户会主动和 Y 中心的工作人员交流，主动探讨在农业生产方面所遇到的问题，农户们从 Y 中心得到了专业化的服务后，开始逐渐接受"外人"的介入。

（二）家庭农场服务联盟的运行机制及内部互动关系

家庭农场服务联盟在初始阶段采取相关措施征召动员了农户、社会组织以及当地龙头企业这些行动者参与到农业社会化服务网络之中，完成了家庭农场服务联盟构建前期人力、物力以及资金的准备工作。S 街道作为核心行动者利用资深的权威优势进行问题化分析，通过设立符合多元主体需求的强制同行点进行了转移，将各类主体征召到网络内部，让他们能够有效发挥自身优势，形成有效协力，S 街道成立的家庭农场服务联盟（以下简称服务联盟），为街道家庭农场的规模化生产提供了一个组织载体。

服务联盟的前身是一家农机合作社。在合作社成立初期，内部仅有 5 名工作人员、作业机械 15 台，服务面积仅有 1500 亩。随着规模化生产的需要，农机合作社服务对象单一，机具品种不齐全，经营环节缺乏，逐渐退出了历史舞台。为了解决"家家建晒场，户户要机房"的状况，在原先农机服务星级示范合作社的基础上，S 街道成立了农业服务专业合作社，为后期服务联盟奠定了基础。

服务联盟由村经济合作社组织引导，以农业服务综合体平台作为服务载体，资金来源为财政资金、村经济合作社资金以及家庭农场和其他社会资金。此外，服务联盟作为组织形式，包含家庭农场、合作组织和为农服务企业、服务联盟，为所在辖区内的家庭农场提供"七大服务"，分别是农业综合服务合作社、农机合作社、植保合作社、粮油产销合作社、农资统一集散点、新型职业农民培训点、智慧农业应用示范点、金融农业支撑保险服务点。如今，S 街道的小杨家庭农场服务联盟占地面积已达到近2000 平方米，拥有 2048 平方米育秧大棚，能够为周边 31 个家庭农场、5800 多亩农田提供服务，相较于前期农机合作社时期明显提高了服务面积和服务效率。

从泽民农机合作社到服务联盟，作为农业社会化服务平台，平台的更迭体现了行动者网络中的参与主体良性互动的图景，彰显了 J 区农业社会化服务体系本土化实践的成功。在共同目标"构建农业社会化服务体系"的引领下，处在行动者网络之中的各类主体，为了实现自身利益彼此展开频繁的联系和接触，进而结成服务联盟共同体，这一共同体的运作机制向我们展示了在现代化农业背景下农业社会化服务的互动关系（见图 2）。

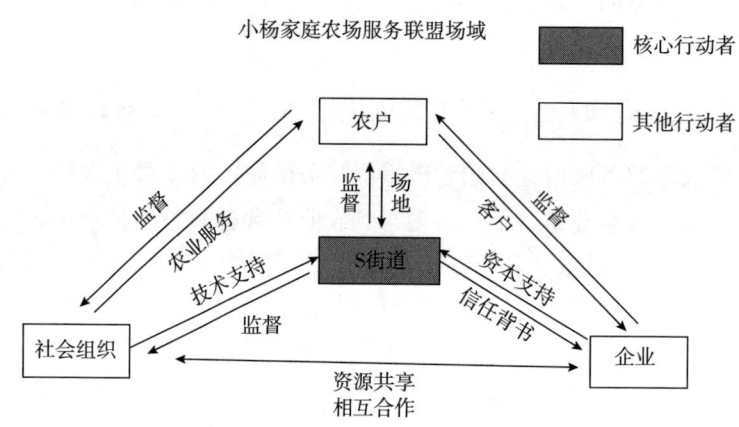

图 2　小杨家庭农场服务联盟共同体内部主体间互动关系

在 S 街道农业社会化服务共同体内部主体间互动可以视为由核心行动者牵头，其他行动者由于利益分配和资源依赖等原因被征召加入。家庭农场服务联盟共同体内部互动关系可以分为核心行动者与其他行动者的互动以及其他行动者之间各自互动两大类。S 街道作为核心行动者，在与社会组织达成合作的过程中，S 街道为社会组织提供项目资金、活动场地以及信任背书等资源，社会组织为家庭农场服务联盟的构建贡献了人力技术的支持；在与企业的互动中，S街道为企业提供了来自政治权威的信任背书，增加了企业的可信赖度，拓宽了企业的业务范围，而企业借助自身的销售渠道、人力资源以及规模效应，降低了家庭农场的经营成本；在与农户的互动中，S街道借助原先泽民农机合作社的信任基础，以及农业社会化服务这一共同愿景说服了农户对原有公共空间的让渡。在家庭农场服务联盟的共同体之中，其他行动者并不是只能通过S街道才能够进行沟通和交流，作为其他行动者也可以开展相互之间的交流沟通与合作。不同的行动者围绕同一目标的自由互动，可以不断增强服务联盟组织的运转效能。

五、家庭农场服务联盟构建的本土路径探索

通过案例发现，家庭农场服务联盟共同体的完成并不仅仅是行动者网络的搭建，而是形成了一个能够高效运转和主体间彼此信任的稳定网络。该服务联盟的建立，揭示了在行动者网络框架下农业社会化服务本土路径的内在机理，是一次农村社会的创新实践。本研究将家庭农场服务联盟共同体的完成归纳为两个部分：服务联盟共同体网络构建与多元主体利益协调。服务联盟共同体网络构建是农业社会化服务体系构建的第一阶段，在这一阶段中，不同利益追求的行动者从分散走向聚合，符合行动者网络理论所描述的构建过程。一个具有政治权威的核心行动者可以将现实需求转化为不同主体的共同目标并设置强制通行点，这是网络搭建能够成功完成的必备要素。多元主体间的利益协调是农业服务社会化、规模化生产经营的第二阶段，在这一阶段，之前已经搭建完成的服务联盟网络开始运行，不同行动者聚合在一起进行利益博弈并实现分工协作。多元主体的利益协调是否能够成功取决于搭建起来的服务联盟网络是否具备适宜的资源，以及核心行动者是否具备协调各方资源，进行资源网络的搭建和多方协作的能力。

（一）政府权威：发挥核心行动者的关键作用

在行动者网络中，不同行动者都围绕同一目标开展交流和互动。因此，在行动网络搭建的过程中，第一要素是目标明确的核心行动者，这也是服务联盟得以构建和发展的关键。核心行动者需要完成问题化分析和强制通行点设置，这项任务的完成离不开核心行动者的权威性。在S街道农业社会化服务本土化的过程中，具有政府权威的S街道在其中发挥了关键

作用。在行动者网络建构前期，S 街道需要对其他行动者面临的问题进行逐一呈现，以便将自身的目标与其他行动者的目标相关联，进而让其他行动者相信：只要作为网络中的一员，并通过政府（S 街道）的强制通行点，才能实现各自的具体目标以及共同目标。

在小杨家庭农场服务联盟构建的案例中，S 街道面临着一开始所组建的经济合作社，吸纳成员较少，发展不平衡的问题。为了解决农业社会化服务体系建立但效果甚微的问题，S 街道开始探索构建具有本土特色的农业社会化服务体系，真正实现服务农户的目标。S 街道在开展农业社会化服务本土化过程中，面对多方主体的利益博弈，其凭借自身的政府权威，极力协调各方主体的利益关系，将农户、社会组织以及企业纳入服务联盟网络之中。倘若没有政府权威的保障，农业社会化服务本土化过程就缺少了来自政府的政策支持和信任背书，在基层乡村场域中则难以持续发展。服务联盟共同体的完成并不局限在网络搭建的完成，此外还需要在不同利益主体之间维护结构稳定的关系，以保障服务联盟建成后能够顺利进入场域，为农户提供服务。每一个参与者进入合作网络都会面临一定的障碍①。此时，需要核心行动者具备政府权威的优势进行问题分解，呈现不同行动者之间的利益，使其他行动者有理由相信，通过协调手段和利益分配，能够消除进入合作网络的障碍和困难，通过加入网络并通过由核心参与者设置的强制访问点，可以获得预期的利益。

（二）资源依附：设定可转化为共同愿景的强制通行点

在行动者网络的搭建过程中，核心行动者的首要任务是设置基于共同愿景的强制通行点。所谓强制通行点是指核心行动者通过确定的目标对潜在的参与主体进行利益相关性分析，从而制定宣传和动员的具体措施。对于 S 街道而言，完成家庭农场服务联盟的建设工作，提升当地农业社会化服务水平，为周边农户提供便捷的农业服务是其设置的强制通行点。为了团结社会其他力量，S 街道需要使家庭农场服务联盟成为其他行动者的共同目标。在网络搭建中，强制通行点的设立需要核心行动者具备一定的权威性，仅依靠政治势能的强制权威还无法使服务联盟成为平稳运行的结构组织。因此，S 街道需要找到其他参与主体利益的耦合点，是处于行动者网络中的各参与主体实现自身诉求的必经之路或者是最佳路径。无论是街

---

① 王雪丽、彭怀雪：《非遗扶贫项目合作网络的创建过程与运行机理探究——基于行动者网络理论的分析》，《江淮论坛》2020 年第 3 期。

道、农户、社会组织还是企业，他们之间都存在着资源依附的关系，农户依赖于街道的政策扶持，而社会组织与企业也需要获得来自街道的信任背书，进而能够有效进入乡村场域内进行服务。如此，强制通行点才能成为行动者中多元主体的共同目标。在 S 街道的案例中，对于 S 街道、Y 中心、X 企业以及当地农户来说，建设服务联盟是实现各自需求的绝佳路径。因此，符合共同愿景的强制通行点才能称为有效，才能够吸纳其他参与主体通过强制通行点进入服务联盟网络构建过程之中。其他行动者通过与核心行动者进行资源交换、利益协调等方式获取自身利益，这是其他行动者进入网络构建过程的根源性动力。

（三）利益关联：构建多元主体间的利益协调机制

共同目标的确定仅仅是构建服务联盟共同体的一个开端，家庭农场服务联盟共同体主体紧密联结的关键在于利益协调机制。在行动者网络中，多元主体责任和利益关系往往难以协调。在该案例中的服务联盟网络构建过程中，农户的地位在现代农业体系中相对较弱，极易在街道、社会组织和企业的多方关系中被侵占利益。作为服务型的家庭农场服务联盟共同体，需要在组织小农户和土地整合过程中充分重视各方的利益需求，尤其不能忽视处在弱势地位的农户利益。因此，协调 S 街道、社会组织、企业和农户的责任利益关系异常复杂却十分重要。S 街道作为核心行动者与其他行动者之间存在着政治关联、资源依附和利益关联的情况，S 街道通过政治权威将异质性行动者纳入服务联盟网络之中，为我们展现了多元主体之间利益协调、资源互补的关系。一方面，S 街道作为核心行动者主动搭建了网络的起点，凭借政治权威的强制力量将各主体征召并动员起来；X 企业的加入弥补了区政府在资金和运营方面的不足；社会组织提供了农业技术和人力支持。另一方面，这些多元主体参与并非无利可图，他们同样能够通过服务联盟网络解决自身的利益需求：X 企业承担产前、产中、产后的服务供给，打响了自身品牌，社会组织进入乡村服务场域，赢得了当地农户的信任，获得了政府扶持。综上，从家庭农场服务联盟内部互动关系图谱可以看出，每个主体都能够从其他主体获得满足自身需求的资源，服务联盟网络承载了利益在不同主体之间的分配，体现了多元主体之间的政治关联、资源依附和利益关联的特征。例如，X 企业和社会组织能够通过 S 街道构建的合作网络进入服务场域，面向农户提供服务；同时 S 街道通过企业和社会组织的技术支持和资金供给解决了场域构建的基础需求，最后农户作为服务对象享受服务联盟所提供的惠农措施，降低生产成本。

六、讨论与展望

　　研究表明，小杨家庭农场服务联盟行动者网络的构建和运行，并非是单一主体推动作用下的结果，而是通过政府、农户、龙头企业以及社会组织等异质性行动者的共同作用，展现了我国农村基层场域的治理实践图景。S 街道在服务联盟网络中发挥了权威核心的作用，通过领导、协调、赋权等方式，将问题呈现并寻找不同行动者主体之间的利益共识，落实农业社会化发展的目标。当地龙头企业利用自身渠道优势，对农业产前、产中、产后的需求进行整合，为家庭农场服务联盟的发展创造了市场发展的平台，采用打包发售的方式为农户争取了更大的收益。在行动者网络的推动下，S 街道形成了"街道主导、合作经营、集体收益"的农业社会化服务体系。本文的研究意义在于探究 S 街道小杨家庭农场服务联盟的行动者网络构成和转译过程，对农业社会化服务体系的建设具有借鉴意义。显然，行动者网络结构并不是一成不变的，它会随着多元主体的利益需求而发生变化，在发展的不同阶段，各行动主体会出现不同的利益驱使，展现出不同的行动逻辑，因此，对于已经构成的行动者网络需要在适当的时机进行重构，使其更好地嵌入乡村，实现农业社会化服务本土化的愿景。此外，本研究的局限在于对 S 街道单个案例地进行调研，借助行动者网络理论，阐释家庭农场服务联盟构建过程中的多元利益协调机制，得出了农业社会化服务本土路径经验启示，本土路径探索的普适性还有待多案例的检验。未来研究可以扩充案例的数量，通过多案例的类比、对比分析，更加全面刻画农业社会化服务体系构建本土路径的探索，为构建农业社会化体系提供更加科学的理论指导和实践成功经验。

重建乡村文化共同体的基础与路径探析

于建琳　宣朝庆[*]

摘　要　相对于产业振兴、人才振兴、生态振兴和组织振兴而言，文化振兴是乡村振兴之魂。我国乡村自古便有共同体的属性，乡村依托其地域性、情感性与共同性而成为文化共同体，文化共同体是乡村共同体的重要样态。但近些年随着城镇化的快速发展及乡村人口大量外流，乡村文化共同体的基础被抽离，作为乡村文化重要载体的乡村文化共同体亟待重建。重建乡村文化共同体，需要在保留乡土优秀文化的基础上构造乡村独特的文化模式，通过打造乡村特色文化，再造乡村生活空间，唤起乡愁乡情，凝聚乡村居民集体意识，培育新乡贤，建立新乡约，推进乡村治理民众参与，共同实现乡村文化振兴。

关键词　乡村文化振兴　文化共同体　文化传承　乡村治理

一、问题的提出

2021 年 2 月 25 日，习近平总书记在全国脱贫攻坚总结表彰大会上正式宣告，我国现行标准下 9899 万农村贫困人口全部脱贫，脱贫攻坚战取得了全面胜利。在乡村摆脱绝对贫困的基础上，2021 年中央一号文件《中共中央　国务院关于全面推进乡村振兴加快农业农村现代化的意见》发布，提出民族复兴最艰巨最繁重的任务和最广泛最深厚的基础均在农村，要全面推进乡村振兴。随着我国小康社会的全面建成，社会需要的重点转向文化性需要，乡村振兴应实现乡村社会主体的文化觉醒，发现并利用好乡村文化的多重价值。[①] 文化在乡村振兴中发挥着铸魂的关键作用，

---

[*]　于建琳，南开大学周恩来政府管理学院社会学系博士研究生；宣朝庆，南开大学周恩来政府管理学院社会学系教授，博士生导师。

[①]　陆益龙：《乡村文化的再发现》，《中国人民大学学报》2020 年第 4 期。

广大农民的美好生活须建设新时代精神文明，乡村文化共同体的构建是一条振兴乡村文化从而实现乡村振兴的可行路径。但当前，乡村文化共同体的衰落是一个突出的问题。城镇化的快速发展及乡村人口的大量外流，抽离了乡村文化共同体的基础，近年来的热词"乡愁"正是文化共同体衰落的表现，离开了乡土文化的人们渴望回到文化中去。所以，乡村宗族文化、民间信仰实践等传统文化在某些地方呈现复苏态势，甚至成为热潮，恰是乡村生活秩序重构的重要体现。① 在文化转型的过程中，复古解决不了问题，应该重视在新的环境和时代要求下，重建文化共同体。

已有研究强调，文化振兴在乡村振兴中有着举足轻重的作用。文化、经济和组织一同构成乡村振兴战略得以实施的社会基础的三大维度，文化是乡村社会基础的精神层面。② 乡土文化是中华文明延续千年的本源，繁荣的乡村文化凭借其强大的感召力，可作为乡村振兴的黏合剂。③ 范建华、秦会朵（2019）认为乡村文化振兴既是对乡村文化衰落的积极应对，也为乡村民众实现美好生活提供充足的文化供给，亦有助于调节城乡文化发展平衡。吴理财、解胜利（2019）从文化治理的视角指出，乡村文化体系中的乡村文化产业、伦理文化、自治文化和农耕文化的建设分别与产业兴旺、乡风文明、治理有效、生态宜居的乡村振兴目标相耦合，推进乡村文化振兴可为乡村振兴提供文化推力和精神动力。文化振兴在乡村振兴中的重要性可见一斑。

如何实现文化振兴？作为乡村文化的重要载体，乡村文化共同体的重构是推动乡村文化振兴的可行路径。目前一些学者已经开始关注乡村文化共同体的塑造。如扈海鹂（2009）提出任何社会共同体都是文化共同体，乡村社会秩序的建构需要乡村文化的再认同；朱志平、朱慧劼（2020）以制度—文化分析框架梳理中国乡村共同体变迁的内在逻辑，提出要改变当前乡村"弱制度—弱文化"的状况，利用乡村文化振兴再造乡村共同体。在乡村文化共同体的建设中，乡村文化与城市文化并不是对立面，如范玉刚（2019）提出通过乡村文化复兴实现乡村文化与城市文化的良性互动，在中华民族的文化认同和"中国特色"的厚植中，建立"现代城乡文

---

① 夏当英、宣朝庆：《乡村生活秩序重构中的传统文化复兴——以皖南 H 镇为例》，《河北学刊》2018 年第 4 期。

② 吴理财、魏久朋、徐琴：《经济、组织与文化：乡村振兴战略的社会基础研究》，《农林经济管理学报》2018 年第 4 期。

③ 宋小霞、王婷婷：《文化振兴是乡村振兴的"根"与"魂"——乡村文化振兴的重要性分析及现状和对策研究》，《山东社会科学》2019 年第 4 期。

共同体"；李静等（2015）认为，应找寻促进城乡文化和谐发展的乡村文化资源，重新发掘乡村文化的内在价值，在城乡文化互动中建构以城乡文化认同为前提的新型"现代城乡文化共同体"。

已有研究关注对传统文化的发掘和乡村文化的再认同，本研究认为乡村居民因血缘、地缘而形成紧密交往关系，传统与情感联结交织，更易形成共同体，乡村文化共同体的构建有其理论和现实基础。为此，乡村应以其地域性、情感性与共同性为基础和依托，整合乡村资源，在保留乡土优秀文化的基础上构造乡村独特的文化模式，通过打造乡村特色文化，再造乡村生活空间，唤起乡愁乡情，凝聚乡村居民集体意识，培育新乡贤，建立新乡约，推进乡村治理民众参与，共同实现乡村文化振兴。

二、乡村文化共同体建构的理论与现实依据

乡村文化共同体建构的理论依据可从其内涵、价值与基本特性来看。斐迪南·滕尼斯（2010）强调共同体的默认一致（Consensus），即相互之间的、共同的、有约束力的思想信念，是作为一个共同体自己的意志。共同体相对于社会，更接近农村传统的人类群聚形式，是一种有机体，对应传统社会的理想类型。马克斯·韦伯（2005）认为人与人之间的持续性交往，极有可能会形成共同体关系。共同体有团结社会、建立良好社会一个人关系的重要价值，可以作为"一个温馨、温暖而又舒适的场所；在共同体中，我们能够互相依靠对方"。马克思（2009）指出，在传统社会的生活方式之中，总是包含了某种形式的共同体在其中，而现代资本主义生产方式则把这种作为传统社会生活方式之基础的共同体给破坏了，他致力于建构真正共同体，即"各个个人在自己的联合中并通过这种联合获得自己的自由"，共同体为个人的存在与发展提供依托，个人不是孤立的个人，是"社会的个人"。在当今时代，富有生机的、互相支持的和具有包容性的地方共同体可以帮助抵御个人主义时代的消极因素，有助于社会资本的发掘。① "文化共同体"同"民族共同体""经济共同体""命运共同体"等其他与共同体有关的概念提法一样，蕴含了一种集体主义的思想，有合作、交流、融合、发展之意。有学者认为"文化共同体"是生活在同一区域中的人们，因受相同环境的影响而在长期共同的生产生活经历中形成了

---

① 保罗·霍普：《个人主义时代之共同体重建》，沈毅译，浙江大学出版社，2009年。

相同或类似的文化理念、价值取向、行为规范和精神追求等。[①] 共同体中的个体在互动中共享着紧密的社会约束力以及共同的道德秩序。本研究认为，"文化共同体"既是共同体的一种表现形式，也是共同体的深层特性，是指享有共同的道德标准、价值观念、风俗习惯与文化活动等的人们所结成的群体，"文化共同体"中的个体对所属群体的文化有共同的认同感与归属感。正如 19 世纪的西方随着现代化进程的深入而产生了共同体的"失落"，当前中国农村也面临着共同体特别是文化共同体的"失落"，乡村面临着文化失序，亟须重建新时代的乡村文化共同体。

乡村文化共同体的重建有其现实依据。我国乡村自古以来就具有共同体的属性，以自然共同体为最初的主要样态，随着中华人民共和国的成立和计划经济的开展，乡村依托于人民公社具有了政治共同体性质，农民的依靠由家庭、宗族转向了党、政府和集体，但是在这个转变的过程中文化共同体基本还维持得住，大家还能按照一套自洽的文化生活在一起。自改革开放以来，随着工业化和城市化的纵深发展，乡村人口急剧外流，大量青壮年外出务工，新的文化不仅从外部冲击农村，也在内部开始瓦解文化共同体。据统计，2016 年我国农业生产经营人员年龄在 35 岁及以下的仅有 19.2%[②]，村庄的人口结构发生了很大变化，村庄作为自然共同体受到了现代化的挑战，曾经扎根在泥土中、流动性不强的状态发生了改变，村民的生活半径极速扩大，乡村功能发生了外移。乡村的现代化进程动摇了乡村原本的生活面貌与文化，乡村社会越来越倾向于个体化与原子化，这种"后乡土性"的结果，是乡村居民逐渐失去了共同体带来的安全感与归属感。尤其在人际交往与乡村治理方面，熟人社会的疏离化弱化了乡村和家族作为共同体的作用，共同体精神的缺失也致使近些年来村民自治陷入困境，因此整合乡村社会，重建乡村共同体确有必要。

共同体的本质中蕴含着文化共同体的特性，乡村居民共同的生活方式、风俗习惯、价值理念等均是乡村共同体的文化表达。作为乡村共同体的内核与实质，乡村文化共同体的重建为乡村文化振兴提供了有效路径，从而为乡村振兴铸就精神内核。因而，本研究从共同体及文化共同体的重建基础出发，探讨乡村文化共同体如何重建的问题，找回乡民们"失去的天堂"。

[①] 梁红泉：《农村文化共同体的建构与农村现代化的推进》，《云南民族大学学报》（哲学社会科学版）2017 年第 5 期。

[②] 《第三次全国农业普查主要数据公报（全国和省级主要指标汇总数据）》，国家统计局，2018 年 7 月 17 日，http://www.stats.gov.cn/tjsj/pcsj/nypc/nypc3/d3cqgnypchzsj.pdf。

三、乡村文化共同体的重建基础

共同体具有地域性、情感性和共同性。首先，共同体是在一定地域范围内聚集；其次，血缘、地缘、精神共同体等都有情感作用发挥；最后，共同体作为一个整体，成员分享共同的意志、价值观、文化习俗、信仰、道德传统、精神状态，共同体有统一的规范，包括法律及伦理范畴。乡村文化共同体是共同体得以形成与维系的根基，也是推动共同体发展的软实力。共同体的地域性、情感性及共同性，是乡村文化共同体的重建基础。

（一）地域性：生活空间与文化边界

乡村文化共同体，初始因地缘与血缘而结成，乡村居民享有共同的地域空间，在共同场域中进行生产生活，开展人际交往及社会活动。乡村既是乡村居民农业生产的空间，也是居民生活的空间。近年来，不少学者就乡村的衰落和乡村空间开展讨论。王晓毅（2019）指出，目前乡村衰落是因为作为融生产和生活于一体的乡村被单一的农业生产空间所替代，乡村振兴需要重建乡村的生活空间。麻国庆（2019）认为，面对乡村空心化的问题，要关注乡村的空间结构，通过空间社会文化秩序的重构来调适乡村发展。乡村居民扎根乡村生活，其基底是乡村文化，包括居民生活方式的选择、人际关系的处理、社会活动的开展等，形成了乡村区别于城市的独特面貌，这种生活生产的独特空间，是乡村形成共同体包括文化共同体的基础。

地域性意味着乡村有其独有的场域，与外界存在区隔，即边界。村落有社会边界、文化边界、行政边界、自然边界和经济边界，这五种边界高度重合时，乡村居民比较容易保持共同的文化和社会认同，五种边界的开放和分化过程，也是乡村现代化的过程。[①] 其中，文化边界即村民对其村民身份的认同与对村庄生活价值的看重。[②] 在现代化和城市化的冲击下，乡村边界在模糊与分化。在城乡融合发展的新形势下，乡村吸收了城市的生活方式、消费文化等新的文化内核，但仍保有乡村独特的生活方式和邻里交往关系。因此，文化边界作为共同体的深层面向，使乡村仍得以维系为共同体成为可能。文化作为思想和行为的一以贯之的模式，其形成中产

---

① 李培林：《村落终结的社会逻辑——羊城村的故事》，《江苏社会科学》2004 年第 1 期。

② 贺雪峰：《村庄的生活》，《开放时代》2002 年第 2 期。

生不同的动机或意图，使不同的文化特性被整合为不同的文化模式，生活在同一种文化模式下的人，具有共同的文化认同。文化认同既是文化共同体形成的基本前提，又是文化共同体形成的重要结果。这种群体性的共识配合了人类行为的价值取向与行为准则。乡村共享同一的生活生产空间和生活方式，有相近的人际交往方式与处世规则，乡村居民对这种乡村文化的共识和认同，促进了乡村文化共同体的形成。

（二）情感性：情感记忆与精神追求

城镇化的扩张把大量乡村精英人群与年轻劳动力吸引进城镇，这在一定程度上既影响了乡村经济结构，更抽离了乡村文化的重要力量，造成文化共同体的解体。这些人奋进现代化的进程，在经历了工业化和城市化的熏陶后，被迫丢弃了既有的文化生活，对过去的文化既倍感自卑，又恋恋不舍。中国自古就是乡情强烈的民族，对过去的恋恋不舍便是乡村居民植根于乡土而滋生的乡土情怀。这种社会集体意识汇聚为"乡愁"，充分表明了乡村的情感记忆仍留有充分空间。这种独特情感的认同和归属感，为乡村文化共同体的重建提供了重要依托。

从乡村居民的个人需求来看，乡村文化共同体的情感性特质，符合乡村居民精神追求的需要。"合群"是中国人恒久的内心需求，人的社交、安全和地位的需求，需要在"群"中，即共同体中，才能得以充分满足。乡村受到现代多元文化的冲击后，现代化和市场化带来的不确定性和不安全感，破坏了乡村居民原有的精神慰藉，使乡村居民更易产生对乡情的强烈怀念和认同。共同体就是一个满足居民社会需要的"群"，乡村文化共同体为个人提供了向社会和他人寻求情感慰藉和精神满足的途径。村民在文化上有共同的认同，建立互信互赖的人际关系，和睦相处，形成一股合力，将为乡村振兴提供强劲的内在动力。

（三）共同性：道德规范与价值信仰

费孝通（1985）在《乡土中国》中提到，现代社会是陌生人组成的社会，凡事必要讲个明白，因而产生法律，而乡土社会是从熟悉得到信任，这种熟悉的信任是大家共同的规矩使然。共同的规矩，便是共同的道德规范。随着城镇化迅速发展，曾经的乡土社会发生了深远变化，个人的原子化已由城市扩展到乡村，乡村的熟悉以及因之产生的信任在瓦解，乡村边界逐渐开放与分化。但乡村居民仍在血缘、地缘的基础上有着互助的传统、一致的伦理规范。婚丧嫁娶、建房添丁等乡村居民生活中的各种大事小情，都遵循着一套既定的规则和伦理开展，这套既定的伦理规范，框定了乡村居民和睦相处的准则。乡村共同的道德规范和价值信仰成为乡村文化共同体之共同性的突出体现。

传统乡村作为血缘共同体和地缘共同体，伦理道德的要求对乡村居民来说格外重要。乡村共同的道德伦理内在于人际关系中，是人和人关系的行为规范，指导着乡村居民的行为决策和发动行动的态度，使个人服从于社会秩序的行为内在化为个人动机。乡村共同体作为一种小传统的产生与维系，形成并融入乡村居民的生活中。这种"小传统"成为传统中国社会的"小共同体"，它受大共同体本位的制约，现代化的过程体现为对传统共同体纽带的消解。① 正因为在受传统支配的乡村社会里，人们更会遵守习俗，根据常规行事，共同的道德规范和价值信仰，有助于应对这种传统纽带的消解，维持作为"小传统"和"小共同体"的乡村共同体。

总之，在乡村社会，因血缘、地缘的关系，人与人之间存在密切交往的基础，"阡陌交通，鸡犬相闻"的环境下，乡村居民在日常的社会互动中，更易形成所谓的"小传统"，尤其是道德规范和价值信仰，在法律之外形成一种相互约束的交往状态，并将其内化为个人行为指南，统一的乡村文化共同体得以形成并维系。

四、乡村文化共同体的重建路径

在商业文化对传统文化的冲击下，传统乡村被撕裂，乡村振兴需要从传统的文化内核出发，生成一套符合新时代要求的乡村文化，建设新时代乡村精神文明。从乡村文化共同体的地域性、情感性和共同性视角，本研究提出应以乡村特色文化的传承和建设为支点，再造乡村居民的生活空间，加强乡村居民的情感归属，凝聚乡村集体意识，通过培育新乡贤、建立新乡约，推动乡民积极参与乡村治理，建构带有新时代中国特色的乡村文化共同体。

（一）再造生活空间：打造乡村特色文化

乡村生活空间承载着乡村居民的经济、社会、文化等活动，是乡村居

---

① 秦晖：《"大共同体本位"与传统中国社会（中）》，《社会学研究》1999 年第 3 期。

民日常生活的载体，乡村文化是乡村居民生活的重要精神层面。乡村人口因对城市生活的向往而大量外流，其一大原因是乡村社会生活的匮乏，而乡村社会生活的匮乏反过来更造成了人口外流。乡村衰落的根源，是作为融生产和生活于一体的乡村被单一的农业生产空间替代，乡村需要重建生活空间。[①] 从乡村文化振兴的角度来看，生活空间的再造，需要扭转乡村社会文化生活衰落的局面。乡村传统文化在现代文明的冲击下，面临着支离破碎的危机。文化的差异性极其丰富，而每一种文化模式都是选择的结果。本研究提出通过挖掘优秀的乡村特色文化，打造新时代的乡村生活空间，这需要在传统乡村文化中取其精华，传承优秀文化，形成乡村独特的文化模式，促进乡村的文化认同，推动形成新时代的乡村文化共同体。

首先，完善乡村公共服务体系，丰富乡村居民文化生活。近年来，我国乡村文化环境虽得到极大改善，特别是文化基础设施建设加快，但乡村文化生活仍不够丰富，主要体现为文化投入不足、文化设施利用率不高、文化设施分布不均衡、文化产品吸引力不足等。我国乡村文化领域的主要矛盾表现为乡村人口日益增长的美好文化生活需要与供给不平衡不充分之间的矛盾，文化供给要适应农村居民对美好文化生活的需求，形成以政府为主体，多元配合的有效供给体系。[②] 以前的乡村文化以乡村居民的自给自足为主，近年来政府和社会加大了供给力度，一方面，供给需要切实贴合乡村居民需求，避免设施产品成"摆设"；另一方面，城镇化快速发展下，乡村生活不应是城市生活的复刻，应保有乡村独特的生活文化。2016年第三次全国农业普查数据显示，我国仅 41.3% 的村有农民业余文化组织。[③] 应积极鼓励乡村居民自组织的文化活动，形成乡村不同于城市的文化吸引力，丰富文化生活，增强文化认同。

其次，传承优秀民间风俗与传统技艺。民俗文化是某一群体所特有的，一旦消逝，因为其大部分内容的非实体性，便难以再获得和接续。近年来，随着我国市场经济的快速发展，乡村被城镇化渗透，乡村文化受到冲击，最显见的便是民间风俗与传统技艺的流失。民俗是民间日常生活的横向呈现与纵向流动，也是容易使乡村居民产生自豪感、认同感和归属感的文化标记，具有重要的文化和社会意义。应加强对优秀民俗与传统技艺

---

① 王晓毅：《乡村振兴与乡村生活重建》，《学海》2019 年第 1 期。

② 徐勇：《乡村文化振兴与文化供给侧改革》，《东南学术》2018 年第 5 期。

③ 《第三次全国农业普查主要数据公报（全国和省级主要指标汇总数据）》，国家统计局，2018 年 7 月 17 日，http://www.stats.gov.cn/tjsj/pcsj/nypc/nypc3/d3cqgnypchzsj.pdf。

的传承，保留民间文化基因，进而影响乡村居民精神世界，加强文化认同。

（二）唤起"乡愁"回归：凝聚乡村集体意识

随着城镇化的扩张，大量乡村年轻人和精英离开乡村，在一定程度上造成了乡村文化主体的缺失，是乡村文化振兴的重大阻碍。乡村文化共同体的重建，需要唤起人们的"乡愁"，唤回乡村居民的"乡情"，运用根植于乡村居民心中的情感记忆，促使离乡的居民回到乡村，共同建设乡村，形成共建共享的乡村文化共同体。

如前所述，情感性是乡村文化共同体重建的重要基础。这种情感逐渐带有文化性，有学者将这种"乡愁"称为一种中国式的"文化乡愁"，指对农村山水田园、溪流湖泊、村落生活、风味饮食、民风民俗、乡土建筑等"乡土要素"有一种天然亲近感的情感状态。[①] 乡村可以充分挖掘、激发当代年轻人"文化乡愁"的各要素，发展乡村民宿、旅游、乡土产品等文化产业，使乡村更具吸引力。

同时，乡村文化共同体的重建，也要凝聚乡村居民的集体意识。当前的中国，在市场经济与科学技术飞速发展的背景下，文化与精神建设已经滞后，文化堕距显现，体现在人们日常生活中的，便是社会公德缺失、职业道德沦丧、个人与金钱至上价值观的宣扬等。乡村本是一个更"讲人情"的社会，但如今的乡村，邻里关系日趋疏远，过于注重自我的"个人中心主义"逐渐显现，村民之间的攀比、浮躁、个人利益至上等不良乡风严重损害了乡村内部团结稳定，乡村居民集体意识的凝聚迫在眉睫。要加强居民的人际责任感培养，增强乡村居民之间的责任态度和担当，找回曾经的热情、互信、互赖的乡村氛围，凝聚乡村集体意识，塑造文明乡风。

（三）推进乡村治理民众参与：培育新乡贤，建立新乡约

《乡村振兴战略规划（2018—2022 年）》中提出要建立健全自治、法治、德治相结合的乡村治理体系，其中，乡村自治是基础。乡村自治是在新时代创造一种新的生活方式，让乡村居民能自主决定并管理好自己的事务。乡村居民是乡村振兴的主要参与者和受益者，应借助乡村文化共同体的构建，推进乡村治理的民众参与，激励乡村居民的自治热情，增强自治

---

① 胡小武：《市场理性与文化乡愁：乡村振兴战略中的青年镜像与群体心态》，《中国青年研究》2019 年第 9 期。

能力，建立良好的乡村自治体系。乡村自治热情与能力的提高，又反过来推动乡村文化共同体的建构，实现良好自治的乡村，便成为了乡村文化共同体。当前中国，随着义务教育的普及，乡村居民识字率很高，再加上各种文化思潮的影响，乡村居民自主意识显著增强，这些正是提高乡村自治水平、重塑乡村文化共同体的有益条件。

培育新乡贤，是促进乡村居民参与治理的重要途径。国家"十三五"规划纲要中提出，要加快建设美丽宜居乡村，培育文明乡风、优良家风、新乡贤文化，2018 年《中共中央　国务院关于实施乡村振兴战略的意见》中也明确指出，要形成民事民议、民事民办、民事民管的多层次基层协商格局，积极发挥新乡贤作用。在乡村自治建设的过程中，最必不可少的是人的力量的参与，尤其是有智识的精英对乡村建设的投入。强调社会责任是中国知识分子的传统品格①，发掘塑造新时代的"新乡贤"投身于乡村治理和建设，可为乡村振兴奠定人才基础。新乡贤与传统士绅、地方精英、民间权威既一脉相承又有很大区别②，传统乡贤主要是告老还乡的士绅、当地权威或精英等，新时代接受现代化教育的地方精英，通常留在城市发展，乡土精英数量不足。新乡贤的群体构成并不存在明确的界限，自愿为家乡做贡献的社会主义建设者皆可成为乡村振兴的重要力量，包括优秀扶贫干部、大学生村官、老党员、老干部、传统的宗族族长、返乡创业精英等。乡村治理需要新乡贤回乡带领家乡谋发展，引导建立乡村自治组织和村规民约，建设乡村文化，在本土文化的基础上创新文化产业，共建乡村文化共同体。同时，在乡村文化振兴方面，新乡贤可以作为"上通下达"的中间渠道，一方面帮助乡村居民表达文化等诉求，另一方面向乡村居民传递阐释相关思想政策。

在培育新乡贤的同时，建立符合新时代需求的新乡约是推进乡村治理民众参与的另一有效途径。乡村自治是中国古已有之的传统，传统中国比较知名的乡约是北宋蓝田吕氏兄弟定制的吕氏乡约。吕氏乡约以儒家伦理为核心，将儒家礼之思想作为社会民众自我管理的规范，推行德业相劝、过失相规、礼俗相交和患难相恤，是中国最早的乡民自治公约，也是乡村自治的伟大实践。传统乡约注重道德教化与人文关怀，倡导有组织地开展民间自治与互助，乡约引领下的乡村民众是相关的，人生是互依的。乡村

---

① 宣朝庆：《平民儒学与乡村建设——以明代泰州学派为中心的分析》，《孔子研究》2007 年第 3 期。

② 李晓斐：《当代乡贤：理论、实践与培育》，《理论月刊》2018 年第 2 期。

的治理应以伦理规范为重要基础，促进乡村居民彼此相劝向上，摒弃生硬粗暴的管理方式。在乡村振兴的新时期，乡村自治的组织是从最初的萌芽逐渐茁壮成长的组织，这个组织的建立，需要有乡村的自发意识，这个自发意识是乡村思想意识进步的结果，既是乡村文化共同体建立的前提，也是乡村文化共同体形成的结果。新乡约的建立既应符合社会主义核心价值观，又应主动适应当地民俗习惯，目标是启迪乡民自发自觉建设乡村，改善和促进乡村社会整合。

五、结语

中华文明根植于农耕文化，乡村是中华文明的基本载体，是中华文化的活化石。乡村振兴要统筹推进经济建设、政治建设、文化建设、社会建设、生态文明建设和党的建设，其中文化建设是铸乡村振兴之魂，乡村文化共同体的重建可以为乡村经济发展注入内生动力，为乡村现代化提供文明支撑，为乡村治理提供有效路径，使乡村文化共同体成为推动乡村振兴的有力法宝。

韦伯学派的社会学观点认为，现代化就是"合理化"，是全面的理性的发展过程。现代化发展伴随人的现代性的实现，是人的素质的转变，现代化不仅是经济现代化，更重要的是一种心理态度、价值观和生活方式的改变过程，即精神发展与文化现代化的过程。就此而言，构建怎样的乡村文化共同体，值得深入探索。乡村文化是数千年来乡村居民带有价值取向的选择的结果，同时它又塑造着乡村居民个体及其行为。家庭、邻里与村社中的个人，在形成血缘共同体与地缘共同体的基础上，享有共同的生活空间与文化认同，分享共同的情感记忆与精神追求，进一步形成共同的价值信仰，遵循一致的良好道德风尚，塑造紧密团结、共谋发展的文明乡风，形成良性运行的乡村文化共同体，为乡村振兴提供文明支撑。

乡村现代化需要文化现代化，乡村振兴需要文化振兴，通过打造乡村特色文化，再造乡村居民的生活空间，借助乡村的情感性，唤起乡情与乡愁，凝心聚力，推进乡村居民在新乡贤的带动下，在新乡约的规范下，共同参与乡村治理，形成乡村文化共同体。这一共同体一经形成，共同的情感、观念和准则将使乡村民众聚合在一起，激励更多力量发展乡村，实现乡村文化振兴。

参考文献

范建华、秦会朵：《关于乡村文化振兴的若干思考》，《思想战线》2019 年
　　第 4 期。

范玉刚：《乡村文化复兴与乡土文明价值重构》，《深圳大学学报》（人文
　　社会科学版）2019 年第 6 期。

斐迪南·滕尼斯：《共同体与社会：纯粹社会学的基本概念》，林荣远译，
　　北京大学出版社，2010 年。

费孝通：《乡土中国》，生活·读书·新知三联书店，1985 年。

扈海鹂：《反思乡村文化的走向》，《中国社会科学院报》2009 年 6 月
　　4 日。

李静等：《城市化进程与乡村叙事的文化互动》，中国社会科学出版社，
　　2015 年。

刘海江：《马克思实践共同体思想研究》，中国社会科学出版社，2016 年。

麻国庆：《乡村建设，实非建设乡村》，《旅游学刊》2019 年第 6 期。

马克思、恩格斯：《马克思恩格斯文集（第一卷）》，中共中央马克思恩
　　格斯列宁斯大林著作编译局编译，人民出版社，2009 年。

马克斯·韦伯：《社会学的基本概念》，顾忠华译，广西师范大学出版社，
　　2005 年。

齐格蒙特·鲍曼：《共同体》，欧阳景根译，江苏人民出版社，2003 年。

王晓毅：《乡村振兴与乡村生活重建》，《学海》2019 年第 1 期。

吴理财、解胜利：《文化治理视角下的乡村文化振兴：价值耦合与体系建
　　构》，《华中农业大学学报》（社会科学版）2019 年第 1 期。

朱志平、朱慧劼：《乡村文化振兴与乡村共同体的再造》，《江苏社会科
　　学》2020 年第 6 期。

乡村振兴视域下农村"双留守"家庭老人生活困境破解策略*

冯 元 冯 曙**

摘 要 在农民工外出规模快速扩展的背景下，"留守老人+留守儿童"的"双留守"家庭中的农村留守老人需要同时应对居家养老和照顾家庭的双重任务。因而他们面临着多重生活困境，主要表现在：家计提升与家庭伦理情境下无可选择的孙子女照顾责任；教育改革与知识更新情境下难以胜任的孙子女学业辅导；家庭变动与个体老化情境下难以应对的经济窘困；照顾粘连与服务短缺情境下难以承受的身心压力。这些困境严重影响了他们的老年生活质量和孙子女照顾品质。"十四五"时期，需要将公共服务供给、社区服务体系建设和乡镇社会工作站建设与乡村振兴战略有效配合，重视家庭为本的福利政策创新和专业服务供给，重视农村留守老人的人力资本开发利用，为他们构建在地化社会支持网络，从而破解他们的生活困境，为他们构建"老有所用、老有所乐、老有所养"的乡村生活环境。

关键词 农村留守 留守老人 留守儿童 社会福利 社会工作

一、引言

2017 年，民政部、公安部、财政部等九部门联合下发《关于加强农

---

* 本文为湖南省社会科学基金重点项目"乡村振兴背景下农村留守儿童隔代家庭照顾风险与福利治理路径研究"（项目编号：20ZDB017）的阶段性成果。

** 冯元，博士，湖南师范大学公共管理学院讲师，湖南省民政厅"禾计划"乡镇（街道）社会工作站建设项目专家指导组成员；冯曙，湖南省浏阳市镇头镇人民政府。

村留守老年人关爱服务工作的意见》指出"农村留守老年人问题是我国工业化、城镇化、市场化和经济社会发展的阶段性问题，是城乡发展不均衡、公共服务不均等、社会保障不完善等问题的深刻反映"。由此，农村留守老人作为一类特殊群体被纳入国家关爱保护体系中，如何改善和提升其生活与养老品质则成为推进农村公共服务和养老服务进程中的重点议题。2019 年，《国务院办公厅关于推进养老服务发展的意见》进一步明确了加强农村留守老人关爱保护的基本原则和举措。国家统计局《2019 年农民工监测调查报告》数据显示，全国农民工总量为 2. 91 亿人，其中外出农民工 1. 74 亿人，分别比上年增长 0. 8%和 0. 9%。[1] 在农民工大量外出的过程中，不仅会出现老人留守农村，而且会出现儿童留守和妇女留守。全国妇联课题组 2013 年的测算数据显示，我国农村的留守儿童有 6102 万人，留守妇女有 4700 万人，留守老人有 5000 万人。[2] 2018 年，民政部动态监测数据显示，全国农村留守儿童下降到 697 万人，其中 669 万人由祖父母或外祖父母照顾，占农村留守儿童总量的 96%。[3] 由此可见，当前农村留守儿童的主体家庭形态是"留守老人+留守儿童"的日常生活和家庭照顾结构。进而值得关注的是，这类农村留守老人要同步承担"居家养老"和"照顾家庭"两大任务，因而他们相比于一般的农村老人面临更加多元和独特的生活困境。2021 年国家发布《中共中央　国务院关于全面推进乡村振兴加快农业农村现代化的意见》，2022 年又发布《"十四五"城乡社区服务体系建设规划》，为破解这类"双留守"家庭的农村留守老人生活困境提供新的制度空间和实践路径。本文将重点分析这类农村留守老人面临的生活困境，并提出相应的应对策略，以供实务界参考。

二、文献回顾

自改革开放政策实施以来，农村剩余劳动力向城市转移所形成的农民工进城大潮涨势持续至今，但受制于城乡二元经济体制分割和城市社会福利制度排斥的双重困境，所衍生的留守儿童、留守妇女和留守老人的农村

---

[1] 《2019 年农民工监测调查报告》，国家统计局，2020 年 4 月 30 日，http：// www. stats. gov. cn/tjsj/zxfb/202004/t20200430_ 1742724. html。

[2] 叶敬忠：《农村留守人口研究：基本立场、认识误区与理论转向》，《人口研究》2019 年第 2 期。

[3] 《2018 年农村留守儿童数据》，民政部，2018 年 9 月 1 日，http：//www. mca. gov. cn/article/gk/tjtb/201809/20180900010882. shtml。

"三留守"群体规模也同步扩大，他们在家庭照料、生活保障、权益维护、社会参与等方面面临的诸多困境和问题自 2000 年左右开始受到学术界的关注。① 学术界指出在一些农民工外出务工规模比较大的农村地区，已然出现了"386199 部队"担当农村社会主体力量来维持农业生产和农村生活。② 学术界对农村留守老人的生活状况的研究，基本可以分为问题取向和优势取向两种分析观点。

（一）农村留守老人问题取向分析观点

就这一观点立场而言，学术界主要关注到农民工外出和隔代照顾给农村留守老人带来的各种负面影响。杜鹏等（2004）认为，农村留守老人在子女外出后难以获得持续性的生活照料和精神关怀、经济供养，同时要肩负料理家务、接手农事、照顾孙代、打理人情等事务，致使他们的生活处境令人堪忧。农民工外出后的子女监护和教育责任"上移"至居家留守的祖父母，而这些农村留守老人因自身监护能力、文化水平、教育技能、身体健康等方面的局限难以扮演好隔代照顾的角色。③ 比如农村留守老人缺乏适合孙子女身心发展特点和适应现代教育发展规律的家庭教育方法，习惯依据自身经验进行教育引导和家庭照顾，导致农村留守儿童在心理健康、营养均衡、行为规范、社会化进程等方面面临问题。④ 农村留守老人因体能弱化和技能过时在劳动力市场上的工作机会较少且所得收入也较低，致使他们在市场性分配中处于末端，同时他们在农村孝道文化衰弱和家庭资源代际下沉双重影响下在家庭性分配中也处于末端。⑤ 农民工进城务工所得收入首先要用于保障在城市中的房租、交通通信、进城子女上学、日常生活等开销，其次寄回农村老家的资金也主要保障房屋建改、人情往来、留守子女上学等，而留给留守老人支配的资金比较少。⑥

在农村留守中，老人的经济来源主要依靠自身务工性收入、保障性收入以及子女供养性收入，由于务工性收入和供养性收入受市场环境影响存

① 段成荣、周福林：《我国留守儿童状况研究》，《人口研究》2005 年第 1 期。
② 赵强社：《农村养老：困境分析、模式选择与策略构想》，《农业经济问题研究》2016 年第 9 期。
③ 叶敬忠：《农村留守人口研究：基本立场、认识误区与理论转向》，《人口研究》2019 年第 2 期。
④ 陕西省妇联：《农村留守儿童现状及工作情况调研报告》，《中国妇运》2019 年第 12 期。
⑤ 王冠中：《转型期中国农村家庭功能弱化与农村基层党建创新》，《探索》2006 年第 5 期。
⑥ 高瑞琴、叶敬忠：《生命价值视角下农村留守老人的供养制》，《人口研究》2017 年第 2 期。

在不稳定性，而诸如养老金等保障性收入属于社会福利而具有低水平性特点，当这些收入同时用于留守老人自身养老和留守儿童照顾时则易出现"入不敷出"乃至陷入经济贫困境地。① 农村的公共服务体系尚不健全，缺乏针对留守老人的文化体育活动场所、社会服务组织和专业服务人员，而子女外出务工时又无法向留守父母提供"在场"性的日常陪伴和情感交流，导致留守老人的精神生活比较单调贫乏。② 温兴祥（2016）等研究指出农村留守老人在子女外出后因接手孙子女照顾任务而严重影响其健康状况，这些留守老人的自评健康较低，抑郁程度增加，且容易患关节炎、胃病和肺病这些反映客观健康状况的劳损型慢性疾病。

（二）农村留守老人优势取向分析观点

就这一观点立场而言，学术界注意到子女外出务工和隔代照顾能够给农村留守老人和家庭带来积极影响。在工业化和城市化、现代化加速推进的过程中，农村资源和劳动力大规模向城市转移的同时，城市的商品化也加速席卷农村社会和家庭，而农村生产资料与生活资料被强制商品化。③ 农村家庭生活已然被全面商品化，最直接的表现是农村家庭在日常生活必需品、教育、医疗、住房、交通等方面的资源和服务基本需要经由货币媒介才能得以获得，因此多数农村家庭的外出务工行动是面对家庭不断增长的消费压力和货币需求而经由家庭深思熟虑后做出的理性决策。④ 农村留守老人为接手孙子女照顾和家务操持，能够为子女外出务工提供后盾支持，化解他们原本需要面对的携带未成年子女入城后的照料压力和经济成本增加等难题，同时隔代照顾能够加强留守老人与外出务工子女及留守儿童的情感联系，激发和增进子代和孙代对祖代的孝道心理和赡养意识，促进留守的代际团结和亲情联结。农村留守儿童的能力、智力和认知水平会随着年龄增长和受教育程度的提高而得到提升，他们能在不同成长阶段适度地面向留守老人发挥劳务协作、生活陪伴、照料服务、情感支持、文化

---

① 万兰芳、向德平：《精准扶贫方略下的农村弱势群体减贫研究》，《中国农业大学学报》（社会科学版）2016年第5期。

② 魏利娇、李晨阳、曹玉迪：《农村留守老人生命质量》，《中国老年学杂志》2019年第1期。

③ 亨利·伯恩斯坦：《农政变迁的阶级动力》，汪淳玉译，社会科学文献出版社，2011年。

④ 宋凤轩、孙颖鹿、朱碧莹：《新古典家庭决策模型下的农村留守老人养老模式选择》，《东岳论丛》2021年第3期。

反哺和代际联结等角色作用。①

穆光宗（2017）指出隔代照顾是现代社会应对家庭结构核心化与家庭功能脆弱化的一种能够让年轻父母放心、宽心和安心的儿童照顾模式，是一种通过优化家庭资源组合以应对现代家庭抚育危机的理性选择，不少老人能够有效运用自身充裕的时间投入、鲜活的生活经验、良好的品性休养、丰富的人生阅历、科学的抚育技能将孙子女照顾好，进而促进自我价值实现、晚年生活圆满和家庭代际团结。在当前社会中，农村留守老人不论是主动还是被动承担自身养老和孙子女养育与教育职责，在客观上对减轻农村家庭养老负担做出了贡献，特别是一些留守老人通过劳动性收入和储蓄性消费来提升自我养老的做法，为农村养老方式提供了一种有别于"养儿防老"传统观念下形成的依赖性养老方式的新路径。②

通过以上文献梳理，可以看出学术界对于农村留守的留守老人的生活研究主要在老人养老和隔代照顾两条主线上展开，并产生两种不同的学术观点。从问题化的维度而言，农村的留守老人在身心健康、休闲娱乐、经济收入、隔代照顾方面都面临不同程度的困境和问题，特别是对留守老人的传统养老模式产生了冲击。但从优势化的维度而言，农村的留守老人在承担隔代照顾过程中促使自己的晚年生活更为丰富多彩，促进了其"老有所用"和"家庭共建"的价值，自身的隔代照顾参与能够减轻子女负担和家庭压力，而其所做出的家庭贡献能够增进代际团结以及借此获得受照顾孙子女的"反哺"。事实上，学术界已经注意到对于"双留守"人口及其现象，要一分为二地辩证看待和研究，不能采取问题化乃至污名化取向，也不能持以盲目乐观的态度。许传新（2017）指出，要更为整体性和深层性地揭示农村隔代照顾家庭问题，既要关注社会结构变迁，也要关注隔代家庭系统变动，采取行动研究取向，促进农村隔代照顾家庭的理论研究与政策跟进。

三、研究设计与研究过程

当前学术界针对农村留守人口的研究主要有实证主义和人文主义两种

---

① 吴翠萍：《农村隔代家庭的养老功能——基于留守儿童养老支持的分析》，《安徽师范大学学报》（人文社会科学版）2018 年第 5 期。

② 李俏、陈健：《变动中的养老空间与社会边界——基于农村养老方式转换的考察》，《中国农业大学学报》（社会科学版）2017 年第 2 期。

取向，其中人文主义研究取向不讲求社会现实的代表性和分析广度，而是关注社会现实的典型性和分析深度，它有赖于研究者通过观察和访谈收集丰富资料进行剖析和诠释①。留守作为一个特定的空间和场域，承载着农村留守老人和留守儿童的共同生活，并在这种互动性生活过程中实现老人的养老生活和儿童的家庭照顾，因而具有内在的丰富性和多样性。为了深刻理解这类"双留守"家庭的农村留守老人生活实际困境，探讨相关服务策略，本研究于 2018 年 7~8 月采用实地观察和半结构访谈方法，根据立意取样原则在农村留守儿童规模超过 70 万人的湖南省 LY 市 Z 镇的 J 村、B 村和 S 村选取了 24 户"双留守"家庭的留守老人进行研究。2021 年 12 月至 2022 年 1 月，研究者对部分留守儿童家庭进行了回访。在实地调研过程中，研究者先经由村委会获得本村留守儿童统计信息表，然后邀请村儿童主任作为向导依据名单信息逐一入户初访，判别留守儿童家庭和征询研究参与意愿。在此之后，由研究者独立进入研究对象的家庭中开展正式访谈和观察。在征得同意的情况下采用手机和录音笔进行录音，然后由研究者在当地大学生的协助下对录音进行转录、核对和分析。整个研究过程严格遵循无伤害、保密和知情同意等研究伦理。

四、农村留守老人生活困境分析

LY 市的 J 村、B 村和 S 村位处湖南中部地区，周边有沪昆高速和武广高铁经过，地理区位优势明显，对外交通条件便利，当地传统产业以种植水稻、油茶等种植业和养猪、牛、羊等养殖业为主。受制于传统产业产出规模小、利润空间低、劳动投入高等因素，当地社会经济发展相对缓慢而农村家庭收入增长日益艰难，因而相当多的青壮年劳动力离开本村镇到外省市乃至国外务工，由此产生"单亲外出"和"双亲外出"留守儿童家庭比较多。经过实地观察和质性访谈资料分析发现，这些"留守老人+留守儿童"的"双留守"家庭中的农村留守老人在日常生活和家庭照顾中主要面临以下几个方面的困境。

（一）家计提升与家庭伦理情境下无可选择的孙子女照顾责任

祖代照顾孙代的"隔代照顾"，既可理解为一种世代延续的家庭伦理

---

① 叶敬忠：《农村留守人口研究：基本立场、认识误区与理论转向》，《人口研究》2019 年第 2 期。

义务，也可理解为家庭应对工业社会劳动力市场化的家庭决策。本调研地区的农民传统家庭收入主要依靠种田和养猪，但因近 20 年土地管理松动背景下农民废田建房运动扩展以及农村交通与公共设施建设规模扩大等因素影响，人均耕地锐减至不足 0.5 亩，加之粮米价格持续走低和花木苗圃培植不断扩展，导致水田种植面积和务农人员逐年减少。此外，养猪在 20 世纪 90 年代是这一地区的农村家庭经济收入支柱，但受制于种猪价格和饲料药品价格上升、环保准入标准提高以及猪瘟肆虐风险影响，导致养猪业萎缩为当地极少数养殖专业户坚守的家庭事业。传统乡土社会中依靠"种植+养殖"的家庭生产模式就此逐步消解。然而，市场化和商品化不断卷入农村生活，导致农村家庭在教育、医疗、住房、交通以及人情礼俗、日常生活方面的消费需求和经济成本不断提升。因而，当地农民除少部分留村发展外，多数人流向城市和外地探求新的就业机会和收入增长途径。凭借地理区位和交通便利条件，当地农民主要流入长沙、武汉、深圳、珠海、广州、东莞等城市工作。基于农村经济形势变化的共识，多数受访者表示接手孙子女的照顾工作是在"挣钱养家"的这个共识性家庭目标下做出的家庭决策，因为这样可以让孩子们的父母"腾出手"到外面务工，以提高家庭的收入和生活水准。但也有一些留守老人表示接手照顾孙子女是一种世代相传的"家庭义务"，认为老人有义务协助子女照顾孩子。在现实的家计维持需要和传统的家庭伦理价值引导下，农村留守老人在是否接手孙子女照顾的决策上，一般都处于"无可选择"的境地。对于一些"年龄还轻""还有精力""身体还吃得消"的留守老人而言，在接手照顾孙子女的看法上相对比较积极，认为这有助于家庭团结和家庭发展。但也有一些留守老人认为这限制了自己的发展机会，有的留守老人表示因为要照顾孙子女限制了自身外出务工的机会和选择。对于那些接力照顾多个孙子女或同时照顾多个孙子女的留守老人而言，比较容易感受到"照顾倦怠"。一些多子女家庭，留守老人需要接力棒式地帮助多个子女家庭照顾孩子，因而有的留守老人在 40~70 岁一直"照顾孙子女"，也有的留守老人要同时照顾两个以上的孙子女，也有的老人需要在城市和乡村之间开展"流动式"隔代照顾。在这个过程中，留守老人好似"熬灯"，自身的体力、精力和耐力在照顾孙子女的过程中一点点被"熬干"。在访谈中，多数留守老人比较认可自身所做出的牺牲，但也期待在自身养老生活和孙子女照顾上有一定的自由选择权以及"照顾喘息"机会。

（二）教育改革与知识更新情境下难以胜任的孙子女学业辅导

家庭是儿童成长与社会化的第一场所，均衡的营养供给、舒适的居住环境、良好的卫生习惯、正向的人际交往、温暖的心理关怀是儿童健康成长的基本要素。而照顾孙子女是"双留守"家庭的留守老人日常生活的主要内容，因而留守老人要替补孩子父母"离场"后的角色，接替父母对孙子女的日常起居、营养、健康、安全、学习、心理健康等多个方面进行照顾。调研地经济社会发展基础相对较好，受访家庭居住的房屋多数都是近20年新建楼房，家庭生活设施配置比较齐全，能够适切孩子的日常生活和成长需要。在营养健康方面，调研地的农村留守老人多具有一定的育儿经验和健康管护知识，加之《湖南省中小学生命与健康教育指导纲要（试行）》和《农村义务教育学生营养改善计划》等政策的实施直接提升了学校与家庭在儿童营养健康、生命安全方面的照顾能力。多数农村留守老人表示在孙子女的健康、营养、安全方面照顾比较到位。少数隔代照顾家庭反映在解决孙子女"挑食"问题方便操心比较多，也有个别隔代照顾家庭反映在孙子女独自居家时发生过孩子"误食蚊香"和"跌倒床下"的风险性事件。农村留守老人反映最为突出的共同问题是自身难以为孙子女的学业辅导提供支持。20世纪90年代开始的撤点并校运动，导致农村学生在村、乡（镇）上学的格局被打破，大量农村生源上移至城镇，而农村教育资源分布不均衡更加凸显。在国家全面推进素质教育和中小学生减负的行动中，家庭教育的参与与校外培训机构教育，成为现代教育体系的重要组成部分。农村留守老人普遍感到受制于自身受教育水平偏低和中小学课程内容迭代更新加快等因素，难以胜任孙子女的学业辅导责任。一些60岁以下接受过初中及以上教育的留守老人表示基本胜任辅导小学四年级以下的课程，而一些65岁以上文化水平低的留守老人表示在孙子女学习上"难以帮上忙"。多数农村留守老人意识到"教育改变命运"的重要性和紧迫性，但面临自身受教育水平有限，教育制度变革加速，现代信息和知识更新迅猛等多重挑战，在孙子女的家庭教育和学业辅导方面越来越显得"有心无力"和"难以胜任"。他们更多的是对孩子的作息习惯和学习行为上进行督促和引导，而在孩子的学习方法指导、学习内容监测、学习过程管控、学习效果评估等方面所发挥的作用比较小。一些留守孩子在学业方面，主要通过父母远程支持、请教老师、咨询朋辈和查阅电子工具等方式来实现。在孩子照顾和学业辅导过程中，不少农村留守老人表示"隔代亲"所导致的"不服管教"以及"手机网瘾"问题非常难解决。在调研中发现，少数留守儿童由于过早或过多使用手机、平板、电话手表等电子产品而出现"沉溺电子产品"的问题，这促使他们比较容易丧失对学习的动力、兴趣和信心，进而衍生出厌学和逃学行为问题。

（三）家庭变动与个体老化情境下难以应对经济窘困

如前文所述，农村社会的商品化卷入加速了农村家庭对增长收入的现实需求和应对经济贫困的家庭压力。农民工外出务工的初衷在于获得更好的就业机会和收入增长，以保障和改善家庭生活状况，以及为子女谋求更好的教育机会和成长空间。从受访的留守家庭来看，"双留守"家庭的收入主要来源于自己劳动所得、子女支持和社会保障。在多数"双留守"家庭中，家庭的经济分担是典型的"一家两制"机制，一般而言，家庭建（购）房、装修、购车以及孩子的学费主要由在外务工的父母承担，而家庭的日常开销、孩子的零用以及人情往来则主要由祖父母（外祖父母）承担。在实施"一家两制"的家庭中，需要维持父母和祖父母都有相应经济能力这两个前提条件才能得以运行。这好似"挑扁担"的原理，扁担两头的箩筐都要有力量，才能保持挑扁担的人均衡前进的步态。事实上，作为一个家庭，必然要面临成员老化、婚姻变动、意外事故和市场变动等因素带来的多重风险。在调研中发现，部分留守家庭因外出务工子女遭受市场变动、婚姻变故、职业发展不畅等风险无法向家庭提供经济支持，导致留守老人陷入"独木难支"的境地。还有的家庭重叠了留守老人患病、丧偶、衰老等困境，导致家庭经济处于极其窘迫的状态。农村留守老人反映家庭的大宗消费支出主要是人情往来、孙子女上学、疾病防护治疗以及家庭债务偿还，而老人自身的物质消费和休闲娱乐的消费很少。在受访家庭中，有多个家庭同时遭遇了留守老人丧偶及自身患病、外出务工子女离异及工作不稳定等多重风险，导致家庭经济十分紧张和生活水平下降。一位老祖母谈到自家情况时难以抑制内心的痛苦，自己的女儿在外出务工时与同厂的一位男孩"未婚先孕"，在孩子出生前在男方老家办了"喜酒"但未到民政部门登记结婚，当时国家实施的是"一胎"计划生育政策，在"重男轻女"思想影响下男方在女儿出生不到 2 个月后就将母女赶回了娘家。孩子的妈妈在娘家将女儿养育到 11 个月就到外省打工去了。后来又在打工地结婚并生育一个孩子。此后 10 多年，外孙女完全由外祖父母抚养，孩子的父母从未来看望过孩子和提供任何经济支持。外祖父母考虑到外孙女要"长期住下"和保障其与乡邻孩子居住条件"保持一致"，便借钱修建了楼房。由此欠下大额债务，家里主要靠外祖父的木工手艺挣钱养家和还债。外祖母说孩子上学临时要用钱时会向邻居借或者请老师延缓时间。在调研中，存在一定数量的"双留守"家庭在经济上处于窘困状态，他们在政策上不属于原建档立卡户，也不属于低保户，但存在经济收入不能同步匹配消费需求的状况和压力。因为随着照顾时间增长，老年人的身体老化程度也在增加，甚至一些老年慢性病和并发症会变得更为严重，这将进一步限制老年人的经济收入能力和增收途径。

（四）照顾粘连与服务短缺情境下难以承受身心压力

农村留守相比于普通家庭的显著差异在于其家庭结构存在"阶段性"或"持久性"的不完整状态。家庭结构上的不完整或缺失会导致家庭功能上的障碍和损伤。在实地调研中发现，一些留守家庭在结构上具有完整性和融合性，因而其留守家庭的生活品质比较高。比如留守老人双方年龄偏轻且身体健康、关系和谐，都同时留守在家，这样一来留守老人可以有效"临时接替"亲职角色为孙子女提供照顾和社会化情境，同时留守老人能够合理配置人力资源开展家庭照顾、农业生产以及收入性劳动，并形成稳固的情感支持系统。此外，在外务工的父母夫妻关系和谐，家庭联系紧密，务工收入稳定，这样一来他们不仅能够为留守家庭提供持续的经济支持和情感关怀，保障留守老人和留守儿童的生活品质和情感连接，也能在不同时段通过返乡探亲、就业或接请留守子女和留守老人入城"短暂生活"等方式提供"隔代照顾喘息"。在这种家庭角色结构完整和家庭关系结构通畅的留守家庭中，我们观察到老人养老和隔代照顾能够并然有序地运行。然而，对于角色结构不完整和关系结构不通畅的留守家庭而言，留守老人面临巨大的"身心压力"，这种压力表现为对自身老化患病的不可控、对隔代照顾能力弱化的担忧以及实际的隔代家庭生活压力。在结构不完整的留守家庭中，自我养老和孙子女照顾全部上移和挤压在留守老人身上，一些家庭结构缺失的留守家庭演变成祖孙"相依为命"的局面。特别是祖孙"两人户"家庭中，留守老人面临"不敢老、不敢病、不敢放手"，必须提供全时段、全过程隔代照顾的"照顾粘连"危机。一些留守老人表示在 65 岁以前对自己的养老生活和孩子的家庭照顾不会太担心，因为这个时段自己的"身体不会出大的毛病"，也能够"挣些钱"。但他们"怕变老"，老了"自己看病要花钱，孩子读书要花钱，但自己越来越难挣到钱",因而担心失去经济收入能力后"养不起"孙子女。除来自身体老化和经济收入能力下降的压力外,"双留守"老人的家庭还面临巨大的精神压力。他们时常担心孩子的安全和学习问题,特别是父母离异或病亡家庭,留守老人特别担心孙子女出现性格和行为问题。

五、乡村振兴视域下破解农村留守
老人生活困境的基本策略

全面乡村振兴战略的实施,为乡村建设和振兴提供了强大的动力和资源保障,也为解决"双留守"家庭的留守老人养老服务问题和留守儿童关爱保护问题提供了重要契机。自 2016 年国家启动农村留守儿童关爱保护专项行动以来,各级政府纷纷采取相应的措施加强对农村留守儿童的关爱和保护工作,一方面,制定了留守儿童和困境儿童安全保护、生活保障、监护加强、教育帮扶等方面的政策,从制度层面织起关爱保护网;另一方面,通过设立儿童福利行政组织,组建社区儿童福利人才队伍,购买社会工作专业服务,动员志愿服务力量等方式促进留守儿童专业服务发展。可以说,这项工作在保障留守儿童的基本物质生活和生命安全方面取得明显成效。但现有政策与服务侧重于以留守儿童为中心提供救助、保护和干预服务,未能足够重视以留守家庭为整体系统设计政策和服务的重要性。2017 年,民政部等九部门联合下发《关于加强农村留守老年人关爱服务工作的意见》,通过整合家庭、社区、社会组织与政府资源提升农村留守老人的关爱保护水平。如果将留守老人与留守儿童关爱保护政策和服务进行有效整合,则能够构建以农村留守为整体单位的福利输送体系。诚如政府和学术界都注意到留守人口问题是我国工业化、城市化与现代化中的阶段性问题,是城乡发展不均衡、公共服务不均等、社会保障不完善等问题的深刻体现。因而需要承认农村人口留守现象将会阶段性地存在的前提下,通过构建家庭福利供给体系的方式来增强农村"双留守"家庭的功能和韧性,提升留守老人的居家养老质量和留守儿童的家庭照顾品质。

(一)加快构建农村"双留守"家庭支持性福利政策

我国传统文化中一直有"尊老爱幼"的优良传统,但由于在现代家庭中老人的权威性被消解,而儿童的中心化被强化,"赡养老人"的优先性被远置于"关爱儿童"的后端,家庭资源的配置往往是集聚性地下沉至孙代。尤其是在当前将接受优质教育视为孩子未来提升社会地位、获取经济财富与改变生活方式的重要通道的社会情境中，所有家庭被卷入集体性"教育焦虑"中，如在教育机会上害怕"教育落后"，在教育过程中深感"教育重负"，在教育结果上担心"教育无能"。① 无论是普通家庭还是农村留守，都将家庭重心集聚在孩子的教育上，而无形中忽视甚至剥削了老人的家庭福利供给。因此，在政策制定与实施过程中，应瞄准农村"双留守"的家庭结构和家庭需求，将政策目标立基于老人养老和隔代照顾功能上，从政策上探索"菜单式"和"家庭式"服务清单。凸显留守的主体性和鼓励其根据家庭需要来选择福利和接受服务。比如创新政府购买服务政策，规划和设计农村留守项目采购目录，以引导专业服务力量和公益服务力量围绕"隔代照顾者—受照顾者"家庭系统提供整体性服务方案。再比如在创新公共服务政策中，一是可考虑将留守老人养老状况探访纳入留守儿童家访制度中以监测留守整体状况。二是可考虑在通信、交通、旅游等政策中设置针对农村留守的优惠性或免费性产品开发和使用条款。比如为农村留守提供高铁乘车优惠券，以鼓励家庭性联系和纾解隔代照顾"粘连"压力。因为一些农村留守老人为了照顾孙子女和节约经济成本，一方面常年不能从隔代照顾中"抽身半步"，另一方面也无机会进城探望在外务工子女，致使隔代照顾压力超负和家庭情感疏离松散。三是可考虑从社会投资和资本建设视角设置农村留守小额信贷，运用金融手段支持有需要的家庭度过家庭经济困境和预防陷入贫困。

（二）提供切合农村"双留守"家庭动态需要的专业服务

留守与流动所对应的是农民工在城乡间移动的方向和时长。按照 2016 年的统计标准是将农民工父母连续外出务工时长标定为 6 个月，但在 2020 年"儿童福利信息动态管理精准化提升年"专项行动中将父母连续外出务工时长标准调整为 3 个月。在时长标准下调、交通通信技术快速发展的社会变迁背景下，单个留守儿童的政策性身份会随着父母在外出与返乡间的频次与时长的动态切换而呈现动态变化，比如一个留守儿童家庭，在新型冠状病毒肺炎疫情期父母居家状态下则不能将孩子认定为留守儿童，一旦在疫情后期复工复产后父母进城返岗连续工作 3 个月以上，则孩子的身份又要回位到"留守儿童"。列举这一例子是要指出农村留守是一种社会建

---

① 杨小微：《中国家长教育焦虑的问诊、探源与开方》，《人民论坛》2019 年第 12 期。

构的产物,在开展专业服务时必须结合政策精神瞄准家庭实际情况和真实需要。特别要关注从生命历程视角挖掘"留守经历"影响,从生命周期视角关注"动态发展"需要,从类群差异视角考虑"留守家庭"特质。① 在当前农村的公共服务仍然十分匮乏的情境下,在农村快速引入专业社会工作人才队伍和服务是推进留守专业服务的重要路径。整合大数据、云计算、人工智能等技术,借助社会工作的专业智慧在乡村振兴战略背景下整合面向农村留守老人的心理疏导、健康管理、文化休闲、社会参与、康复护理等各种专业服务资源和社会支持网络。比如在湖南省 2069 个乡镇(街道)推开的"禾计划"乡镇社会工作服务站建设项目中将留守儿童社会工作服务列为重点任务的做法具有较好的创新性和借鉴性。这种扎根于乡镇乃至社区的专业服务,能够保持服务的持续性和专业性,并切合留守儿童家庭的整体性和长期性需要。再如在四川泸州市心源社会工作服务中心当地民政部门的支持下于 2017~2020 年持续在合江县几个重点村开展"悦尔童行·情暖乡村"留守儿童童伴计划等项目,着力以留守为单位开展服务和打造儿童友好社区。

(三) 构建农村"双留守"家庭老人在地化社会支持网络

农村公共服务网络建设仍然比较薄弱,因为专业性的社会服务组织的外部引入和本地培育还处于初探阶段,而被各类行政性事务围困的村委会力量也无力于公共服务供给。原有的以民政、残联、妇联、老龄委等为主体提供的条线型服务具有碎片化和非均衡性特点,且具有明显的政策短期性和成效快生性弱点,导致资源配置效率低和服务脱离需求靶心等问题。② 当前,国家针对农村老人和农村留守老人制定了系列养老服务政策,但受制于农村基层社会组织数量少、规模小、服务弱的现况,诸多养老服务在最后一公里被大幅"洒漏"而无法输送至老人。培育在地化老人服务互助组织、公益组织和专业组织是最为可行的路径。首先,要鼓励和支持乡镇、村建立老年协会或留守老人互助组织等,探索将具备资质的老年协会纳入政府购买服务承接主体序列,充分发挥老年人自组织的协调、支持和互助作用。其次,要依托基层党组织、村民自治组织充分挖掘乡镇、村两

---

① 叶敬忠:《农村留守人口研究:基本立场、认识误区与理论转向》,《人口研究》2019 年第 2 期。

② 余成龙、冷向明:《"项目制"悖论抑或治理问题——农村公共服务项目制供给与可持续发展》,《公共管理学报》2019 年第 2 期。

级的公益服务力量，培育面向农村留守的在地化公益服务组织，鼓励他们开展家庭探访、老人陪伴、儿童学业辅导、儿童临时照顾等志愿服务。最后，要引入和培育社会工作服务机构、社会心理服务机构、康复护理服务机构等专业组织，整合政府、市场与社会资源推动这些专业机构承担农村留守的监测、服务、评估等工作。[①]

（四）在乡村振兴中加强农村"双留守"家庭老人人力资源利用

在乡村振兴战略的推动下，乡村的农业、工业和服务业得到快速发展，为农村留守老人提供了更加广阔的就业创业和社会参与机会。对于具备劳动能力和社会参与条件的农村留守老人而言，他们不仅是"不领薪酬"的家庭照顾者，也是乡村振兴的重要参与者和人力资源。在实地调研中，在双亲隔代照顾者系统健全的家庭中，祖父（外祖父）一般都会从事相关农业生产、在地务工及商业经营活动等，从而成为留守家庭生活的主要经济支撑者。而祖母（外祖母）一般主要负责孙子女的日常照顾和管理，有些祖母（外祖母）还会在兼顾家庭照顾的同时参与"打零工"。比如靠近 B 村和 S 村的 Z 镇有生态环保科技园区和食品工业园区，这两个园区入驻了 117 家企业，还分布了 7 家以上的烟花鞭炮厂，提供了近万个就业岗位。受访家庭中有多个家庭的留守老人就在 Z 镇的工业园区或烟花鞭炮厂工作，这为他们提供了比较稳定的收入来源，也能在"离土不离乡"的条件下更好地照顾家庭。J 村所属的乡镇以农业经济发展为特色，种植蔬菜和栽培苗圃花卉是主要产业形态，而这类产业属于劳动密集型的产业，平时需要大量的劳动力参与施肥、除草、治虫、养护以及收种工作，但这些工作的技术要求低、劳动工期短，非常适合农村留守老年女性参与。因而，J 村受访的家庭中有多位女性隔代照顾者在兼顾照顾孙子女的同时，还会到私人或合作社的菜地、树林、禾田、茶园、花圃打工，以补充家庭收入和提升自身的经济自主权。随着《关于加快推进乡村人才振兴的意见》《关于"十四五"公共服务规划》《"十四五"城乡社区服务体系建设规划》等政策和规划的实施，国家需要向农村留守老人人力资源开发利用提供理念更新、政策宣讲、教育培训、技能提升、岗位开发等有助于农村老年人就业创业的政策支持和服务跟进。同时，促进乡村托育、助残、养老、日间照料、心理疏导等社区服务机制与老年人人力资源开发使

---

① 王思斌：《社会工作与乡村振兴中社会资本的协作再生产》，《社会工作》2021 年第 4 期。

用机制的有效衔接。

参考文献

杜鹏、丁志宏、李全棕：《农村子女外出务工对留守老人的影响》，《人口研究》2004 年第 6 期。

穆光宗：《让隔代抚养回归慈孝之道》，《人民论坛》2017 年第 12 期。

温兴祥、肖书康、温雪：《子女外出对农村留守父母健康的影响》，《人口与经济》2016 年第 5 期。

许传新：《农村隔代照顾研究状况及其趋势》，《华南农业大学学报》（社会科学版）2018 年第 1 期。

"金融下乡"的实践逻辑

——基于桐县"南庄"的案例分析[*]

吕　方　颜晓婷　祁缨缨[**]

摘　要　发展农村普惠金融是带动金融资本下乡助推乡村振兴的重要路径。过去 20 多年间，知识界围绕"金融下乡"的知识逻辑和实践逻辑，形成了政策主义解释、市场主义解释和关系主义解释三种理论视角，但既有研究无法解释缘何政策环境、金融需求、社区团结等因素具有高度相似性的社区，"金融下乡"的成效却差异显著。简言之，"金融下乡"的实践逻辑尚有"隐秘维度"有待揭示。基于对桐县"南庄"普惠金融十余年波折起伏的发展演变案例的深入考察，本文尝试从特定国家与社会关系形态所形塑的乡村产业和乡村金融的共生发展实践逻辑，这一更具整体性的知识框架来阐释"金融下乡"的实践逻辑。研究发现，社区共同体要素奠定了互助金融的社会基础，产业发展则紧密关联着互助金融运行状况，当产业与金融的共生关系陷入危机时，国家统筹政策、金融等各类资源扶持乡村发展，此时，乡村社区的治理水平及与基层国家之间的关系决定了乡村社区的资源获取能力，并影响着产业发展和金融运转的质量与水平，即从过程视角提炼的"统合式乡村发展干预模式"。这一发现不仅具有学理上的价值，同时对于全面乡村振兴战略实施具有重要的现实意义和政策启示。

关键词　乡村振兴　金融下乡　统合式发展干预　国家与社会

---

[*] 本文是国家社科基金一般项目"国家减贫行为对差异化减贫需求的回应能力建设研究"（项目编号：19BSH067）的阶段性研究成果。

[**] 吕方，华中师范大学社会学院，教授；颜晓婷，华中师范大学社会学院；祁缨缨，中国石油大学克拉玛依分校工学院。

一、问题的提出

民族要复兴，乡村必振兴。众所周知，农业农村现代化离不开金融支持，"强化乡村振兴金融服务"是中央 2022 年全面推进乡村振兴重点工作之一[①]；然而从世界范围来看，现代金融存在着明显的城市偏向，相对于城市工商业部门，农村农业领域获得的金融服务和金融支持可谓少之又少，尤其是在中国独特的城乡二元结构背景下，"金融不下乡"的问题更显突出[②]。在减贫与发展领域，广有共识的是，贫困群体往往面对着"金融排斥"的现象[③]，增强金融服务的普惠性质，则无疑有助于提升贫困人口的自我发展能力[④]。鉴于此，普惠金融作为重要的减贫干预手段，得到了众多政府组织和非政府行动主体的青睐。在中国的国家乡村政策体系，特别是扶贫政策体系中，普惠金融手段占据着重要的板块[⑤]，在过去数十年的实践中，总体上取得了积极的成效，积累了一些模式和经验，但如何完整理解金融下乡的实践逻辑，仍有众多未解之题。作为对现实需求的理论关怀，知识界围绕着如何推动"金融下乡"的议题开展了丰富的讨论，形成了政策主义解释、市场主义解释和关系主义解释三种研究途径，为我们理解该命题的复杂实践问题和样态，提供了富有启示性的理论工具。

持政策主义解释观点的研究者认为，解决农村金融困局，离不开政府

---

① 新华社：《中共中央　国务院关于做好 2022 年全面推进乡村振兴重点工作的意见》，中华人民共和国中央人民政府官网，2022 年 2 月 22 日，http：//www.gov.cn/zhengce/2022-02/22/content_ 5675035. htm。

② 王曙光、王东宾：《双重二元金融结构、农户信贷需求与农村金融改革——基于 11 省 14 县市的田野调查》，《财贸研究》2011 年第 5 期；胡宗义、刘亦文：《金融非均衡发展与城乡收入差距的库兹涅茨效应研究——基于中国县域截面数据的实证分析》，《统计研究》2010 年第 5 期。

③ 李建军、韩珣：《金融排斥、金融密度与普惠金融——理论逻辑、评价指标与实践检验》，《兰州大学学报》（社会科学版）2017 年第 4 期；Kempson E. and Whiley C. , *Kept out or Opted out？Understanding and Combating Financial Exclusion*，Bristol：Policy Press，1999a；A. Leyshon and N. Thrift，"Financial Exclusion and the Shifting Boundaries of the Financial System"，*Environment and Planning A*，No. 7，1996.

④ 丁志国、谭伶俐、赵晶：《农村金融对减少贫困的作用研究》，《农村经济问题》2011 年第 11 期。

⑤ 杜晓山：《小额信贷的发展与普惠性金融体系框架》，《中国农村经济》2006 年第 8 期；黄承伟、陆汉文、刘金海：《微型金融与农村扶贫开发——中国农村微型金融扶贫模式培训与研讨会综述》，《中国农村经济》2009 年第 9 期；李伶俐、周灿、王定祥：《中国农村扶贫金融制度：沿革、经验与趋向》，《农村经济》2018 年第 1 期。

动用管制手段，促进金融下乡。相对于传统自给自足的社会形态而言，在快速的经济社会转型中，乡村变迁衍生出农户在多层面的金融需求，而由于农业经济的低积累性（低水平均衡），仅依靠乡村自身的力量是难以有效组织起能够满足实际需求的金融体系的[①]。另外，金融运行的内在逻辑决定了金融排斥的现象必然存在。借助罗纳德·科斯的交易成本（TC）思想，便不难发现，对于金融机构而言，开设并维持一个金融网点的运转是必然要花费成本的，无论这个网点的规模大小。如果维持这个金融服务网点所产生的收益不足以覆盖其成本，则理性的行动者自然会选择不开设（或者关闭）这个网点。与此相应的是，城市工商业较为活跃，面向城市工商业的金融服务更为有利可图，特别是对一些具备良好成长性的经济部门。因此，乡村在市场体系下俨然成为金融上的无价值者。想要促进"金融下乡"，则必然需要加强政府的干预。这一思想成为乡村金融干预的基本理念，特别是在凯恩斯主义思想的指引下，众多政府机构和非政府组织推出了各种版本的金融管制和金融干预计划。其内容则主要包括设置政策性的金融机构（非营利性质的金融机构）、对利率的管制、对农户的利率补贴，以及规范民间的非正式金融活动[②]。可以说，上述思想时至今日依然是普惠金融（Inclusive Financial）的根本理念，产生着广泛而深刻的影响[③]。

政策主义的观点面对着来自市场主义观点的深刻挑战。继承新自由主义的思想内核，后者认为如果加强政府对金融体系的干预，则必然会导致扭曲金融市场的"价格信号"，因此真正重要的是"把价格搞对"。以"俄亥俄学派"为代表的市场主义观点认为，在政策主义的干预举措下，受到管制的"利率"不能真实地反映资本的价格，因而必然会影响资本的动力，削弱金融体系的储蓄动员能力[④]。同时，干预主导下的政策性金融，

---

① 王彬：《中国农村金融体系的功能缺陷与制度创新——基于贵州省毕节地区农村金融实践的理论思考》，经济科学出版社，2011 年。

② 马勇、陈雨露：《农村金融中的政府角色：理论诠释与中国的选择》，《经济体制改革》2009 年第 4 期。

③ Beck T., Demirgüç-Kunt A. and Levine R., "Finance, Inequality and the Poor," *J Econ Growth* 12, 2007, pp. 27-49；Corrado, Germana and Corrado, Luisa, "Inclusive Finance for Inclusive Growth and Development", *Current Opinion in Environmental Sustainability* 24, 2017, pp. 19-23.

④ 马勇、陈雨露：《农村金融中的政府角色：理论诠释与中国的选择》，《经济体制改革》2009 年第 4 期。

对农村内生的金融活动形成了挤压效应，不利于农村金融市场的发育①。此外，由于政策性金融往往采用自上而下的行政分配方式，地方利益构造对稀缺资源的分配产生着明显的影响，由于精英俘获现象广泛发生，真正贫困的群体反而难以得到金融福祉的阳光雨露②。干预主义农村金融的无效率还体现在弱化了贫困人口的内生动力，扭曲的资源配置不但没有真正激发农户的自我发展能力，反而在浪费资源、形成呆坏账的同时滋长了依赖心理。因此，真正要紧的是，将一厢情愿的干预举措束之高阁，让利率能够反映真实的资本定价，从而促使市场运行起来，带动乡村金融的繁荣。20 世纪 80 年代以来，新自由主义的思潮席卷全球，但其实践成效却乏善可陈，似乎又回到了问题的原点。

与经济学家关注金融市场规制的方式与程度不同，社会学家则从乡村金融运行的经验现实出发，强调金融下乡的社会基础，认为乡土社会的熟人场景和关系网络有助于降低金融运行的交易成本，从而可以发展出"另类"的乡村金融模式。从卡尔·波兰尼"嵌入"③ 概念出发，继承格兰诺维特、科尔曼、布迪厄、普特南等对社会资本的理解，研究者指出经济活动是在特定的社会场景（场域）下发生的，对社会结构、关系网络、文化观念、思维方式等社会性要素的分析，对于准确解释经济活动何以发生、如何运转是必不可少的。特别是，在对非正式金融的研究中，既有研究强调村庄共同体、社会信任、关系与社会资本、地方性知识、区域性文化等因素对于降低小规模金融组织（如标会）运行风险、稳定金融秩序所具有的积极价值④。从交易成本的视角出发，以社区共同体和关系构造为基础的金融活动组织形态，能够充分利用熟人社区的信息流通量，从而降低因为信息不对称而衍生的高额交易成本⑤。实践层面，不仅农村非正式金融广泛利用了关系主义的运营策略，一些社会企业性质的金融公益组织也对社区资源保持了足够的关注，在鼎鼎大名的"格莱珉"银行模式中，甚至

---

① 朱超：《农村金融体系发展中的政府干预——以印度为例》，《经济与管理研究》2007 年第 1 期。

② 孙良顺、周孟亮：《小额信贷机构使命偏移研究述评》，《西北农林科技大学学报》（社会科学版）2014 年第 3 期。

③ 寸洪斌、曹艳春：《"市场"与"社会"关系探究：社会政策研究路向思考——基于卡尔·波兰尼的"嵌入性"理论》，《思想战线》2013 年第 1 期。

④ 胡必亮：《村庄信任与标会》，《经济研究》2004 年第 10 期。

⑤ 邸玉玺、郑少锋：《社会网络和交易成本对农户生产性正规信贷的影响》，《西北农林科技大学学报》（社会科学版）2022 年第 1 期。

在关系网络的基础上搭建更为紧密联系的互助式"小共同体"。类似的做法，在国内小额信贷机构也屡见不鲜，如中和农信所推动的农村金融项目。

通过简要的梳理，可以看到，既有研究强调"金融下乡"中政府角色、市场机制和社区共同体等因素的作用，并着重讨论了三者的边界，如政府作用的边界和市场机制的有效性问题，这些观点有助于我们思考促进"金融下乡"助力乡村振兴的路径和方法。但问题在于，既有研究更多是规范性的讨论，对"金融下乡"的实际过程关注不足，特别是难以解释经验层面不同案例中"金融下乡"实际成效的差异。例如，实践中我们常常会发现，在控制了政策环境、交易规则和社区共同体属性等因素的条件下，依然会有一些村落的农村金融比其他村落发展得更好，主要体现在金融规模和金融运行质量等诸方面。那么，是否存在既有研究中没有充分揭示的其他关键因素发挥了作用？如果存在，"金融下乡"成效的差异应当如何理解？本文正是围绕着上述问题的一项尝试性知识探索。在接下来的讨论中，我们将首先提出一个关于"金融下乡"实践逻辑的解释框架，继而以桐县"南庄"乡村金融十余年变迁的案例呈现该实践逻辑的关键机制，最后讨论理解"金融下乡"实践逻辑的知识意义和政策意义。

二、解释框架："金融下乡"的实践逻辑

历史地看，中国农村金融经历了从无到有、逐步发展的过程。知识界将农村金融发展脉络划分为如下几个阶段：第一，中华人民共和国成立以后，国家确立了城市优先、工业优先的发展战略，农村人民公社制度为工业和城市发展做出了重要贡献。这一时期，由于国家垄断性配置各种社会资源，独立的农户经济是不存在的，因而乡村金融也就无从谈起。第二，20 世纪 80 年代，国家启动对经济欠发达地区的帮扶计划，补贴性的政策性信贷已经作为帮扶手段发挥一定作用。第三，"八七"扶贫攻坚期间，在先行学者的积极倡导和国际发展组织的推动下，小额信贷模式开展了系列试点项目，成效得到了官方的认可，并逐渐成为国家减贫政策体系的重要组成部分。第四，2000 年以来，"改革农村金融体制""改善农村金融服务""强化乡村振兴金融服务"等字眼连续多年出现在中央"一号文件"中，标志着国家通过大规模的改革举措，试图借用金融手段加强对农业农村的反哺。这一时期，金融与产业资源的整合利用逐渐成为政策设计

的基本要素之一①。第五，党的十八大以来，"金融下乡"进入了一个全新的阶段，在中央部署的以脱贫攻坚为代表的惠农惠民发展实践中，逐渐形成了"政、企、银、农、地"统筹发展模式。细言之，在这一时期，惠农发展干预的实践更为成熟，表现为统筹运用政策、金融、土地等多重资源和要素，与乡村社区发展的实际需求及社区和农户的主体参与紧密结合，因地制宜地推动农业、农村发展面貌整体性改善，同时促进农民增收和需求回应。换言之，这一时期，"金融下乡"不再是单兵突进，而是被纳入整个国家乡村发展干预的整体制度框架下进行谋划和实施。这种做法，将资本、劳动、土地等要素一起纳入以县域及基层社区为治理单元的规划体系中，以期避免之前碎片化政策干预的绩效困境②。

就此而言，充分理解"金融下乡"的实践逻辑，离不开对农村金融发生和运转的经验场景进行深入细致的考察。特别是在新时期国家主导的统合式乡村发展阶段，对"金融下乡"的准确认识，不能脱离整个国家乡村治理的制度背景和国家与乡村关系的实践样态来理解。这或许对既有关于"金融下乡"的视角构成了有益的补充。在本文中，我们将从整个国家乡村治理的制度设置出发，探究新时期金融下乡的实践逻辑。需要说明的是，强调统合式乡村发展干预，并不是否认关于金融下乡的政策主义、市场主义和关系主义视角的价值，而是将目光更加聚焦在"金融下乡"的实践情境及其实际成效，从过程性的视角揭示"金融下乡"的实践逻辑。

具体来说，"金融下乡"的实践逻辑视角侧重于讨论税费改革以来，在国家乡村治理体系统筹运用各类资源推动乡村改革发展的背景下，社区治理状况本身、社区与国家（地方国家）关系，如何影响"金融下乡"的可能性及其实际效果。其中有几个议题至关重要：第一，社区治理状况的好坏，影响到社区社会资本的质量和交易成本的高低，从而对社区金融市场的产生、运行和成效产生着影响。第二，社区治理状况的好坏，影响着外界对社区发展的信心，特别是政府和市场主体对社区发展的预期，从而间接决定了各类资源下乡的意愿。第三，积极的社区治理变迁，能够重塑国家与社区的关系，改善乡村社区发展的制度环境，带动资源下乡和社区资源的集聚，优化金融下乡等过程的实践基础。下面，我们将基于桐县

---

① 王曙光：《告别贫困——中国农村金融创新与扶贫》，中国发展出版社，2012 年；宁爱照、杜晓山：《新时期的中国金融扶贫》，《中国金融》2013 年第 16 期。

② 吕方：《精准扶贫精准脱贫百村调研·金龙坪村卷：社区治理与脱贫攻坚》，社会科学文献出版社，2019 年。

"南庄"的案例分析，来说明与讨论"金融下乡"实践逻辑的经验表达和知识与政策启示。

三、案例概述：桐县"南庄"的乡村金融变迁

桐县"南庄"位于豫东平原，属于省定贫困村，该村辖 8 个村民小组，共 396 户 1686 人。选择"南庄"作为研究案例，主要是因其走在农村普惠金融发展的前列，并在 2004 年至今十余年间呈现阶段性的成效差异，构成了新时期理解金融下乡实践逻辑的有效样本。

2004 年，"南庄"村"两委"在驻县挂职"三农领域"专家学者的帮助下成立了"南庄"综合合作社，合作社下设大米杂粮加工厂、资金互助部、供销部、植保部和豆腐豆芽加工坊等部门。作为合作社的一项基本业务，资金互助主要以服务社员为目的，旨在向社员提供低成本、高质量的金融服务。访谈中我们发现，"南庄"资金互助部的发展并不是一帆风顺的。资金互助部于 2004～2005 年发展状况较好，在 2006～2012 年的七年间发展遇到了较大挫折，基本处于停摆状态，自 2013 年起又逐渐恢复发展并持续向好。

（一）"入场即高光"

"南庄"地处开封桐县，是一个颇具典型意义的中原村落。2003 年以前，"南庄"农业经济以传统粮食种植为主，由于农业生产效益较低，不少村民外出务工。2004 年，在桐县挂职的知名"三农"专家到"南庄"调研，指导该村发展合作经济。按照当时的构想，"南庄"的合作经济涵盖了生产加工、销售、金融等板块，形成较为完整的社区合作经济生态闭环，并且在发展中融入城乡互助、生态农业、社会经济等先进乡村发展理念。具体来说，"南庄"合作社下设大米杂粮加工厂、资金互助部、供销部、植保部和豆腐豆芽加工坊等部门（见图 1），其中，资金互助为种养加等产业发展提供资金支持，产业兴旺则能够保证整个体系有序高效运行。不难发现，在整个社区合作经济的体系中，资金互助部是非常重要的单元，对体系运行发挥着不可或缺的作用，同时也会受到整个合作经济体系运转状况的影响。

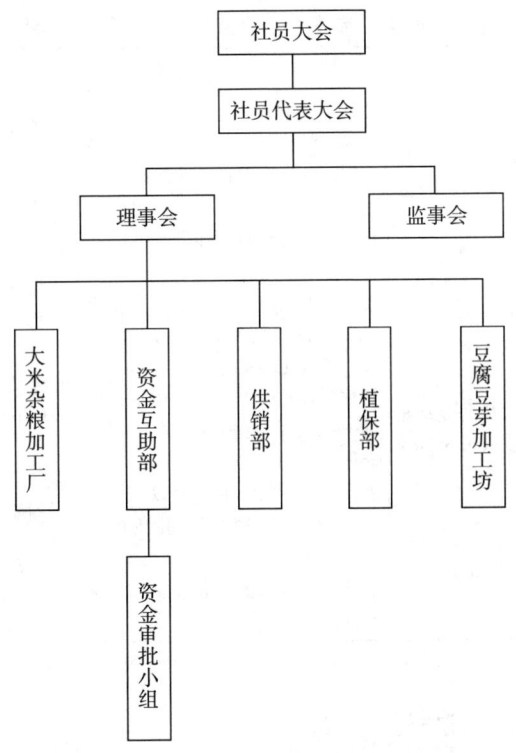

图1 桐县"南庄"综合合作社组织架构

在具体操作层面，资金合作社采取自愿合作的原则。村民可根据自身意愿和能力选择是否加入资金互助合作社，并根据自身财务状况缴纳股金，每股为30元，在认缴股金后享受按照认缴互助金额不超过10倍的标准获得生产性贷款的权益，当时共有200余户村民入社，筹集互助金3万余元。资金合作社的借款流程简易，仅需合作社社员本人填写贷款申请书，由一户村民担保，再由理事会审查借款人信用及借款用途，通过集中讨论决定是否借款，如果审核无疑则当天便可放贷（见表1）。随着社区合作经济生态搭建完整，特别是在合作金融的支持下，"南庄"生态经济发展渐有起色，加上"专家参与"的持续智力支持，"南庄"在短时间内便发展成为桐县乡村发展的明星村，各种观摩考察络绎不绝，同时也带动了更多外部资源特别是政策资源进村。整个体系进入良性运行的状态，虽然中间也经历过一些挫折，如因为盲目发展食用菌产业导致合作社资金出现呆坏账，一度影响了村民信任和资金合作社运转，但整体向好的趋势是有目共睹的。在后文中，我们将更进一步具体阐述这一时期"南庄"合作金融运行的实践逻辑。

表 1　桐县"南庄"资金互助部风险防范机制

借贷前期（制度保障）	借贷中期（设计保障）	借贷后期（还款保障）
1. 严格风险杠杆管理：股金（注册资本金）放大倍数不得超过 10 倍（股金放大倍数＝吸收的互助金/股金） 2. 对单一成员发放的互助金金额不得超过总股金的 5%且不允许超过个人缴纳互助金的 20 倍 3. 前十大户发放的互助金总额不得超过股金的 30% 4. 根据不低于吸收的互助金总额的 10%和不低于股金总额的 10%提取互助金流动性准备和股金流动性准备 5. 按照发放互助金额的 1%和 5%分别计提一般准备和互助金损失准备	1. 入社审核制度： 审核社员信用。将诚信、道德方面有问题的农户排斥在外； 审核社员状态。入社成员必须要结婚，年龄在 60 岁以下 2. 风险担保制度： 借款一万元以下，与本社交易无不良记录，信用评级无不良记录，担保无不良记录； 借款一万元以上两万元以下，要有 1~2 名社员担保，并负担保责任； 借款两万元以上五万元以下，要有 2~3 名社员担保，并负担保责任； 借款五万元以上，应采取部分资产抵押	1. 借贷时长较为灵活，可以选择短期无息借用、按月还息、到期归还本金的方式 2. 借款回收社员一律到本社营业场所柜台办理 3. 借款到期符合展期条件，（有还款能力和还款意思）的应及时办理展期，展期最长不得超过一年 4. 借款逾期，由信贷员和客户经理负责催收 5. 对于恶意不归还到期借款的，担保人承担连带责任，本社进行催还，必要的进行法律诉讼

（二）停滞"骨牌"效应

然而，好景不长，自 2006 年起，该村在经营方面出现了一系列的问题，回想起来这些问题之间似乎颇有些"骨牌"效应。最早出现的问题是，南庄盲目上产业项目导致经营风险蔓延到合作资金安全方面。2006年，四户农家从资金合作社每户借贷 3000 元用于发展食用菌，这 12000元占当时合作社资金总量的 40%；然而，由于没有很好地掌握食用菌种植和管理技术，大棚食用菌出菌率低，借贷农户可谓血本无归，相应贷款也就成了"坏账"。由此，其余社员认为资金互助不但没有让他们获得想要的回报，反而持续亏损，人们纷纷要求退出合作社，不愿意继续将自己的钱存入资金互助，认为资金互助不过是"骗人的东西"。同时，由于市场变动，既有的几个产业也陆续出现了经营困难，雪上加霜的是政府陆续在村内推行的几个发展项目也遇到了不适应的难题。社区经济发展的窘迫状况，引发了村民对合作社信心的动摇，特别是质疑政府资金在村里面的使用和分配存在不公正的问题，继而导致了干部与村民间的罅隙。一时间，既往的明星村为矛盾所纠缠，很多工作的动员与执行面临较大困难，从而也就更难争取到外部环境的支持。

（三）整装再出发

虽然"南庄"在几年的时间里不断探索新的产业和发展模式，但整体来看，成效是不够理想的。其主要原因在于村庄内部难以形成有效的社区团结，社区发展存在着较高的交易成本和动员成本，进而影响了外界对"南庄"的评价与发展信心。2012 年开始，桐县重新审视"南庄"的发展思路和模式，希望能够通过系统性改善以助力"南庄"重新整装上阵。值得注意的是，这一时期国家精准扶贫的治贫方略逐渐明晰，并且提出了"精准脱贫不落一人"的要求。可想而知一开始的工作并不容易，县乡级干部通过耐心细致地走村入户，与村民面对面真诚交流，充分表达了县乡级政府的支持态度，希望能够重拾村民对发展的信心。在反复沟通后，"南庄"互助合作社以"粮食信托"的形式重整旗鼓，即入社村民将大米、杂粮等农产品折款作股有息存入合作社，并享有按需依规用款权益。2013 年 7 月 26 日，基于"粮食信托互助社"，"南庄"合作社资金互助部正式成立，当天入社成员共达 150 多户，存入资金逾 150 万元。时至今日，合作社已覆盖周边 14 个村庄，共计成员 961 户，资金总额达 2520 万元，现有贷款金额达 1894 万元，为合作社成员的发展提供了资金支持，强有力地推进了合作社大米、杂粮、快乐猪等产业的发展。此后，在当地政府支持下，"南庄"积极调整发展思路，选准发展项目，产业发展逐渐走上良性发展的道路。至 2016 年，合作社的营业额翻倍增长，达到了 130 万元，合作社提出将 60%的利润分红给成员，近 10%的利润用于公益事业建设。"南庄"资金互助积极发展公益惠民，推动产业优化升级，探索出了一条重生态、重合作、低消耗、自循环的城乡互助型生态农业发展道路。

显而易见，"南庄"金融合作的发展呈现出一个"N"形发展历程。从经验层面来看，我们感兴趣于何以"南庄"的合作金融发展会历经波折？这种变动的原因何在？为了探寻问题的答案，我们驻扎于"南庄"，对合作社理事长、资金互助部股东、驻村干部、村"两委"干部和村民进行了深入的访谈，并将政府文件、部分二手资料作为重要参考依据。经研究我们发现，已有的政策主义解释、市场主义解释和关系主义解释视角或许不足以全然揭示"南庄"合作社资金互助部从"行"到"不行"再到"行"的发展轨迹——在整个发展过程中，政策环境与市场机制较为稳定，而金融组织模式、村庄的社会关系网络、金融需求等社区共同体要素并没有发生实质性变化，究竟是何种力量在影响着"南庄"合作社资金互助部运行状况？简言之，"金融下乡"的实践逻辑尚有"隐秘维度"有待揭示。

四、统合式乡村发展体制与普惠金融

回望"南庄"社区产业和互助金融十余年的发展历程，很容易辨识出前后相继的几个阶段。然而，从学理层面来看，各个时期影响互助金融体系运转的关键因素却具有相对的稳定性，从这种稳定的关系中，或许可以理解"金融下乡"的实践逻辑。

（一）互助金融的社会基础

"南庄"的互助金融滥觞之基础在于社区共同体的构造，特别是其熟人社区的性质，能够极大地降低"信息成本"。这与既有的关系主义解释不谋而合[1]，同时还应看到社区能人的作用，以及社区与外部环境（包括政府、学者、外部市场等因素结成的"行动者网络"），对于互助金融的发生产生了重要影响。前文已述，商业金融机构实际上缺乏"金融下乡"的动力和能力，很大程度上乃是由于组织成本和信息成本的问题；政策性金融政策，亦往往由于难以掌握准确的需求信息而出现分配的效率困境。反观以互助为核心的社区合作金融，则充分借用了社区的共同体性质和权威结构。

在社区熟人共同体中，互助金融的区域原生性使其对资金需求方的信用、家庭背景、贷款用途及偿还前景较熟悉，从而有益于其在花费搜寻信息成本较少的情况下对贷款项目进行正确评估[2]。以"南庄"金融合作社为例，访谈中合作社的理事长告诉我们，之所以互助金融能够运转起来，恰恰得益于其"嵌入"长期形成的共同社会网络之中[3]，从而降低经营风险。

---

① 相对而言，政策主义解释和市场主义解释更多属于规范性的讨论。而当我们深入到实践层面，会发现无论是政策性金融还是市场性金融，社区共同体的资源对其良好运行都不可或缺，因此在这里我们不做抽象讨论，而是聚焦于实际发生层面。

② 张阳：《农村资金互助社发展困扰：法律父爱主义及其治理》，《湖南农业大学学报》（社会科学版）2019 年第 20 期。

③ 蔡洋萍、谢冰：《我国农村普惠金融内生化发展机理、障碍及对策研究》，《金融与经济》2016 年第 2 期。

俺们村都是熟人，谁爱赌个钱，谁好好干能挣钱，我们心里清楚得很，那些不好好干活的，爱赌钱的，俺们根本不让他们进合作社，给他们借钱风险太高了，那就是竹篮打水一场空。而那些好好干活的、品行端正的、符合标准的，才允许他们进合作社。只要这些人有借钱的需求，来我们资金互助部，按照流程，简单地审核一下资金用途，就能立马把钱批下来。

——"南庄"合作社理事长访谈，2020 年 11 月 11 日上午

同时，社区共同体的信任和声望机制，对资金互助社员的履约行为产生了较为有效的激励和约束。社区共同体与生俱来的信任机制、声誉机制促进了农户的履约行为，可以说，在长期的交往和互动中，履约行为本身就是社区生活的法则。用"南庄"资金互助部负责人的话来说，履约方面，互助金融与商业金融完全不同，可以基本不用担心违约的问题。

不还钱这个不用担心，我们之间都熟悉得很，谁要是逾期了，我给他打个电话问一下情况就行，或者大家见面的时候，就随便提一下"你那个合作社的钱该还了"，一般都能还，几乎不会出现不还钱的现象，因为他一旦不还钱，很快整个村就都知道了，名声也就臭了，以后他还怎么在村里待。

——"南庄"资金互助部负责人，2020 年 11 月 12 日上午

此外，社区权威对于合作金融的有效运行具有积极效应。特别是在一些乡村社区，能人领办合作社同时也兼任村干部，于是出现了技术、经济、政治多重权威集于一身的状况，对于村庄运行产生着举足轻重的作用。特别需要指出的是，乡村权威同时还联结着社区内外，代表社区争取外部的资源，并将争取到的资源在社区成员之间分配。"南庄"综合合作社的理事长由时任村支部书记 Z 担任。有干劲、有技术、有担当、年富力强的 Z，不仅在村里面颇有威望，有担当能负重，同时也是乡里、县里的名人，颇能争取地方政府的支持。

总之，"南庄"金融合作社得以有效运转的社会基础体现在熟人共同体、社区文化与社区规范，以及社区权威的共同在场。但这些因素及其相互作用，只能够解释"南庄"金融合作社得以"兴起"的原因，却无法

充分阐明十余年间"南庄"金融合作社发展的曲折历程。

（二）统合式发展体制与"金融下乡"

既然已有的知识无法充分揭示"南庄"互助金融发展的波折经历，那么不妨从整体性回溯"南庄"十多年的发展历程，观察其中的关键性事实，提出新的解释。显而易见，从"南庄"的案例来看，社区互助金融的运转状况似乎与社区产业发展（至少是产业发展的预期）是紧密联系的。这中间的关联并不难理解，首先与消费金融不同，生产性金融源于产业发展的需要，社区产业发展的向上态势以及农户的积极预期，对金融产品的活跃具有基础性作用。但并不是只要有预期就能够保持整个体系运转的顺畅，恰恰是产业项目如果遭遇风险，必然波及互助金融的运转。依此视角观之，之所以从 2006 年开始，"南庄"互助金融经历了 8 年多的曲折甚至停滞，原因恰恰在于盲目上产业项目，以及市场变动所带来的产业风险，影响到社区居民的预期和信任，进而对互助金融运行质量产生影响。特别是，连带出现的干群矛盾对社区团结构成较大挑战，也进一步影响了社区争取外部资源支撑产业发展的能力。

如果从政府视角来看，税费改革以后，乡村基层政府组织逐渐显现出"支持型政权"的特点[①]，负责将国家惠农政策落实落地，其中，通过政府引导和扶持促进乡村社区建设与发展是重要的方式，具体的方法除了政府直接的投入以外，还包括引导城市工商业资本下乡。如果从基层政府所处的制度环境和治理情境出发，会发现基层政府一方面承担着促进乡村发展的任务（在当时的条件下，至少是打造若干样本）；另一方面要避免资源下乡的过程"落地"不畅，甚至引发新的社会矛盾[②]。"南庄"的互助金融，虽然从形式上看主要是借助社区合作的方式运转，但政府的资金和政策扶持在整个发展过程中同样发挥着非常重要的作用，特别是涉及水、电、路、网等产业发展基础设施建设项目，以及一些产业发展项目。可以想见，社区盲目发展产业及社区资源分配所产生的社区"治理危机"，必然会蔓延到政府与社区之间的关系；换言之，如果村庄被理解为"问题村"，则很难争取到政策支持的阳光雨露。相应地，产业与金融之间原本

---

① 吕方、向德平：《"政策经营者"："支持型政权"与新乡土精英的崛起——基于"河村"案例的研究》，《社会建设》2015 年第 3 期。

② 吕方：《治理情境分析：风险约束下的地方政府行为——基于武陵市扶贫办"申诉"个案的研究》，《社会学研究》2013 年第 2 期。

的共生关系也因而发生了危机。

党的十八大以来，脱贫攻坚成为"三农"工作领域的重中之重。这一时期，国家主导的乡村发展干预呈现出更为完备和成熟的"统合式"特征。一方面，鼓励社区参与到发展项目的设计中，并充分发挥市场主体的作用，避免过度行政干预，以提升发展的有效性；另一方面，各部门资金乃至社会力量在进入乡村的过程中，不再是单兵突进，而是加强了统合与统筹，即根据社区发展的多元需求和资源禀赋，统筹"政、企、银、农、地"形成综合性的回应方案。相应地，金融下乡的实践逻辑亦需要置于这种新时期的统合式发展干预模式之下理解。前文已述，在统合式发展干预的闭环中，政府和社会资源供给、乡村发展和乡村治理呈现出彼此互联、互相依存互相影响的状况，社区治理水平甚至决定了各项资源下乡的意愿和实际产生的效果。对照"南庄"的案例，不难发现，2013年"南庄"的整装再出发聚合了上述多重过程；并且，桐县在精准扶贫过程中推动"南庄"社区团结重整的努力，在其中扮演了关键的角色。在调研中我们发现，虽然"南庄"干群之间的遗留矛盾依然没有得到全部化解，但在第一书记和驻村工作队的努力下，在桐县加强基层党组织建设的举措支撑下，统合式发展干预模式内涵的诸种关系逐渐理顺，随着外部资源的密集落地，"南庄"的产业和金融焕发新姿，呈现出蓬勃发展的状态。正是在逐渐走出既往"骨牌"困境的过程中，南庄整体发展面貌得以重塑，产业、金融、社区治理进入良性互促的新局面。

五、总结与讨论

随着乡村振兴战略的实施，国家在普惠金融领域投入大量资源，基本建立了农村普惠金融体系，完善农村金融制度的创新，发挥了农村金融对农村产业发展的助推作用。本文尝试从特定国家与社会关系形态所形塑的乡村产业和乡村金融的共生发展实践逻辑，这一更具整体性的知识框架来阐释"金融下乡"的实践逻辑。重新认识新时期金融下乡的实践逻辑，不仅具有学理上的价值，同时对于全面乡村振兴战略实施具有重要的现实意义和政策启示。如果我们的认识依然停留在政府干预、市场作用等关于普惠金融的规范性讨论，而对金融下乡的实践脉络不能充分阐释，则无疑会限制我们的理论想象力和智力服务能力。

"南庄"的社区金融主要以合作金融的形式来组织，或许并不足以完整代表新时期金融下乡的整体状况，但即使考虑到政府主导的金融扶贫和其他市场主体的普惠金融服务，关于"统合式发展干预模式"与金融下乡实践逻辑的讨论依然具有解释力。即无论是社区内生的合作金融，还是政府或社会力量主导的普惠金融，都无法脱离整个乡村发展体制而得到单独的理解。甚至，在数字普惠金融时代，金融下乡的实践逻辑依然不会完全被技术逻辑所取代。推而论之，如果我们承认本文关于"金融下乡"的实践逻辑的讨论，以及关于"统合式发展干预模式"的解释，那么很具现实价值的是，在乡村振兴时代，通过综合性的干预策略，促使社区治理、社区产业、社区文化诸领域进入良性互促的形态，对于社区谋划振兴发展具有突出重要的意义。而上述观点，无论从政府行动者视角，还是从社区行动者视角来看，都是具有一定价值的。

人民美好生活需要视角下农村政社 协同弃耕阻断机制研究

——基于甘肃省 L 县的调查*

朱天义　黄慧晶**

摘 要 随着新冠肺炎疫情突袭而至，耕地弃耕阻断机制能够高效运转，不仅事关乡村振兴战略有效实施，也是保障国家粮食安全的重要路径。以往部分地方弃耕阻断机制由于单纯强调政府弃耕政策的作用，忽视了农民需求多样性、小农户生产经营能力短缺等因素，致使耕地弃耕阻断效果不高。本文以 L 县农村耕地弃耕阻断的实践经验为基础，采用个案研究、非结构化访谈等方法，在剖析 L 县几十年耕地弃耕阻断实践基础上提出以人民美好生活需要为核心的农村弃耕阻断机制。以人民美好生活需要为核心的农村弃耕阻断机制以小农户在农村发展中的美好生活需要为导向，从提升农户的农业产业技术革新能力、农产品市场流通体系建设能力和农业发展带头人经营能力等方面切实让群众在农业产业发展有获得感，从而彻底解决当地耕地被抛荒的问题。以人民美好生活需要为核心的农村耕地弃耕阻断机制实施效果受到农村社会基础条件（乡村社会的自组织能力、村民传统的种植习惯和思想观念）、政府组织情境要素（主政官员追求政绩的动机、政治激励的共同作用）的影响。

关键词 乡村振兴　土地撂荒　以人为核心　协同治理

---

* 本文为国家社会科学基金青年项目"人民美好生活视域下乡村振兴战略高质量发展机制研究"（21CKS038）的阶段性成果。

** 朱天义，江西师范大学副教授、硕士研究生导师，江西新时代文明实践研究中心研究员；黄慧晶，江西师范大学政法学院硕士研究生。

一、"颓垣败地"：部分地方弃耕阻断机制为何低效？

在工业化、城市化进程中，受土地利用边际规律的影响，土地弃耕撂荒是全球范围的普遍现象。2004 年 3 月 30 日，《国务院办公厅关于尽快恢复撂荒耕地生产的紧急通知》（国办发明电〔2004〕15 号）下发；2008 年、2011 年等年度，农业部办公厅均下发通知，要求各省调查并上报耕地撂荒情况。从政策文件上来看，我国弃耕撂荒现象在 21 世纪初就较严重。谭术魁（2001）认为，弃耕就是农地被放弃耕作，处于一种撂荒状态。冯艳芬等（2010）认为，从行为主体的角度出发，弃耕是耕作者（通常是农户）放弃对土地耕作的一种土地利用行为决策。农户弃耕是农户对土地利用的一种行为方式，会受到自然、社会、经济等多种因素的影响。反之，弃耕对自然、社会等也会造成一定的影响。如孙嘉伟等（2021）认为草地草甸弃耕地弃耕年限越长，其不仅丰富度和生产力方面会低于天然草地，而且生态恢复也需要更大的时间尺度。耕地撂荒会减少区域粮食播种面积、降低农田生产潜力，进而造成区域粮食产量的下降。[①]甘肃省大部分地区气候干燥，干旱、半干旱区面积占总面积的 75%。干旱、半干旱区本身植被恢复速度就慢，长期的弃耕撂荒会导致土壤肥力下降等一系列难以逆转的问题，这在一定程度上就改变了粮食生产的环境资本要素，最终会导致粮食产量的下降。[②]

新冠肺炎疫情在全球发生以来，粮食安全与农业议题引起全球关注。习近平总书记也在"十四五"规划和党的十九届五中全会公报中重申"藏粮于地、藏粮于技"战略。本文基于 L 县的调查发现，有些地方耕地弃耕阻断效果明显，产业逐步进入高效发展状态，而其他地方则陷入低效、停滞的状态。那么为什么会出现这种现象？哪些因素致使农村弃耕阻断机制陷入低效运转状态？本文采用文献研究法发现，以往研究多将上述问题归结为五种原因。

---

① 李雨凌、马雯秋、姜广辉、李广泳、周丁扬：《中国粮食主产区耕地撂荒程度及其对粮食产量的影响》，《自然资源学报》2021 年第 6 期。

② 李升发、李秀彬：《耕地撂荒研究进展与展望》，《地理学报》2016 年第 3 期。

(一) 既有的农村弃耕阻断机制为何低效运转

1. 政府耕地补贴等经济手段效果欠佳

我国政府为了保护耕地、鼓励农民继续耕种,采取了耕地保护的补贴政策。但资金的扶持力度不足,农民的实际需求仍无法得到满足,土地弃耕撂荒问题无法得到扼制。某些地区存在资金下放分散问题。相对于价格不断攀升的肥农资产品,补贴资金不足大多数务工人员半个多月的薪酬。由于耕地面积核准困难、政府补贴政策宣传不到位等,实际补贴农户数值失真。而且不同地方的耕地保护监督机制也存在缺陷,补贴发放过程中可能存在基层工作人员套取、虚报、冒领补贴资金的行为。上述问题掣肘了政府耕地补贴政策的激励效应,使农村土地弃耕撂荒现象难以通过补贴方式解决。[1]

2. 土地流转政策难以根治问题

土地流转政策的直接目的即促进农村土地流转,克服家庭分散经营引发的低效率问题,实现土地集约化经营效益。但随之而来的是土地流转利益主体的虚化、土地流转形式的分散。另外,土地流转中介组织无序、相关保障体系缺乏等问题,在很大程度上影响了土地流转政策的实施效果,在土地碎片化严重的地区表现得则更加明显。[2] 要加快现代农业的发展步伐,离不开对农村土地流转制度与政策的深入改革与不断创新。从社会现实来看,土地流转对农民实际效益的取得和土地弃耕阻断的整体情况存在很大的局限性。农业土地的流转受到许多因素的影响,一个关键的因素就是土地供求双方的农户决策行为,中国农户的家庭经营化、兼业化、传统土地保障观念等社会现状也表明,在土地流转的政策下,非农就业并不必然导致农地流转,实现弃耕阻断。[3]

3. 政府强制手段往往适得其反

土地撂荒根本上是农民基于成本收益计算后的理性行动结果。一方面,由于未全面考虑农村土地的实际情况,政府以维护粮食安全为目的对耕地抛荒的严格监管注定是低效的。[4] 政府将政策强制向下推行,导致各

---

① 李璐:《山东省耕地地力保护补贴改革问题研究》,山东大学硕士学位论文,2020 年。

② 张国磊、陶虹伊、黎绮琳:《"零租金"交易可以降低农地抛荒率吗?——基于粤中 B 村的调研分析》,《农村经济》2021 年第 1 期。

③ 曹建华、王红英、黄小梅:《农村土地流转的供求意愿及其流转效率的评价研究》,《中国土地科学》2007 年第 5 期。

④ 黄少安、李业梅:《耕地抛荒和政府监管的理性认识》,《社会科学战线》2021 年第 1 期。

村镇为了完成上级政府的任务与目标，只得采取"应付式"行动，例如，农民以粗放耕作应对。在此种"应付式"行动的影响下，农村的土地撂荒问题被短暂地遮蔽了，但并未从根本上解决土地撂荒问题，而且造成大量资金和劳动力资源的浪费。这样看来，政府的政策措施显得没有必要，也难以执行。另一方面，当政府的强制性政策、措施与当地实际相背离，村民容易对政府其他政策产生抵制心理，不利于政府其他政策的顺利实施，并且与农民产生离心力，不利于形成共同认知，反而容易产生反作用。①

4. 小农户经营难以实现弃耕阻断

我国最大的国情农情就是小农户为主并将持续相当长的一个时期。② 小农户直接满足自己消费而不是为了获利的需求特点，决定了小农户生产要素简单，产业链条很短，小农户农业要素投入特性及其规模始终较小。③ 但小农户资金、技术紧缺，又难以获得市场信息，风险和成本实际上并不低。利益驱动的经济因素无疑是影响农民对耕地态度的首要因素，城镇化进程加快、耕作效益低、外界不可控等因素都会造成农产品利润低，弃耕是小农户权衡收入与产出后做出的理性选择。

5. 资本下乡频频折戟沉沙

从 1995 年提出土地经营权流转承包机制到当下中央强调鼓励引导资本下乡，我国政府始终在引导资本向乡村流动。④ 但大部分工商资本下乡后企业经营亏损、"跑路烂尾"，还有很多企业转变土地用途，致使土地"非粮化"，既影响土地质量又威胁粮食安全。⑤ 出现上述状况，一是因为政府边界不清，好心办坏事；二是乡村社会要素市场无法支撑企业要求，而企业又盲目决策；三是"强资本—弱农户"的格局导致资本与农户之间产生不平等的关系。以上种种导致政府引导资本下乡阻断弃耕的机制难以奏效。

综上所述，以往文献将农村耕地弃耕阻断机制出现差异化的结果归因为如下几个方面：第一，政府采取的柔性政策不能满足小农户生存发展的

① 李欣宇：《土地整治新增耕地弃耕成因及对策建议》，《中国集体经济》2019 年第 5 期。
② 魏后凯、苑鹏、芦千文：《中国农业农村发展研究的历史演变与理论创新》，《改革》2020 年第 10 期。
③ 彭万勇、谷继建：《小农经营、衔接难表征与深层根源辨判——兼论小农户与现代农业发展有机衔接路向选择》，《世界农业》2020 年第 12 期。
④ 高晓燕、赵宏倩：《工商资本下乡"非粮化"现象的诱因及长效对策》，《经济问题》2021 年第 3 期。
⑤ 周振：《工商资本参与乡村振兴"跑路烂尾"之谜：基于要素配置的研究视角》，《中国农村观察》2020 年第 2 期。

需要；第二，以小农经营为主的乡土实情无力克服市场风险而撂荒；第三，行政强制手段难以根治耕地抛荒问题；第四，资本下乡引发新的治理问题制约了弃耕阻断机制的效果。

（二）新思路：以人民美好生活需要为核心的政社协同弃耕阻断机制

在扬弃以往研究思路的基础上，本文基于 L 县的调查发现造成农村耕地弃耕阻断出现差异化结果的根本原因在于以往弃耕阻断机制仅将目标锁定在提升农村生产力，但忽略了精准实现农村群众的真实需求和提升他们的自主发展能力。L 县以人民美好生活需要为核心的农村弃耕阻断机制恰恰是化解耕地被撂荒的根本途径。以人民美好生活需要为核心的农村弃耕阻断机制（见图 1）主要包括如下内容：

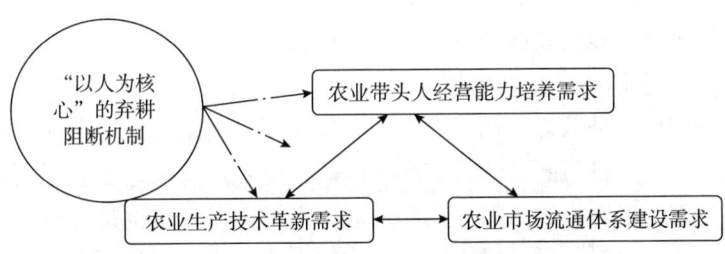

图 1　"以人为核心"的农村弃耕阻断机制结构

1. 发展带头人经营能力的需求

传统的小农分散经营不仅无法有效整合和利用市场需求信息，而且无法应对农业产业化发展中潜在的金融和市场风险。农户的组织化程度对农村弃耕现象具有明显抑制作用[1]，提升农村社会的集体经营能力可以有效地阻断农户弃耕。在农业产业集体经营中，领袖或积极分子发挥着重要作用。社会责任感、团体压力、个人利益、制度排斥[2]以及社会关系网络[3]等是促进积极分子或领头人产生且影响其行动选择的重要影响要素。因

---

[1]　冯国强、李菁、孙瑞、陈志杰、张思远、任晓丽：《村庄组织化程度能抑制农地抛荒行为吗?》，《中国人口·资源与环境》2021 年第 1 期。

[2]　盛智明、蔡永顺：《私人利益与公共行动：集体行动中积极分子的参与转变——基于 A市业主领袖的考察》，《东南大学学报》（哲学社会科学版）2017 年第 1 期。

[3]　蔡起华、朱玉春：《关系网络对农户参与村庄集体行动的影响——以农户参与小型农田水利建设投资为例》，《南京农业大学学报》（社会科学版）2017 年第 1 期。

此，农村弃耕阻断要取得实效就必须培养一批真正懂农业、爱农业和会经营的领头人队伍。这就需要政府与社会协同培养农业经营主体。通过农户本身解决弃耕阻断问题，可以最大限度地减少政府政策在农村产生的应激反应，维持社会的稳定。

2. 革新农业生产技术的需求

整体提升辖区农业产业技术水平，促进农业可持续发展是贫困地区县域政府推进农业产业发展的重要目标之一。要使土地能为广大的小农户带来经济效益，不能想当然地自上而下强推现代化生产。小农户受文化素质、对新型农业技术的采纳意愿[1]等因素的影响，强制推行现代化生产，相当一段时期内会让他们感觉到无所适从，甚至产生逆反心理。这对于通过革新农业生产技术达到增加农作物产量的目标是不利的。此外，信贷投入规模不足[2]、农业经营主体的经济绩效[3]等条件都限制了新兴农业产业技术在贫困地区的推广。为此，需要动员涉农企业、合作社、农户等主体协同参与政府主导的农业产业技术革新行动。

3. 提升市场拓展能力的需求

农民弃耕，是因为土地无利可图。如果可以满足农民的需求，农民愿意种地，耕地弃耕阻断自然就实现了。而要使农户从土地上获利，不仅需要革新技术，提高作物产量，让作物进入市场进行交易也是促进农户增收的重要一环。也就是说，以小农为主体的经营模式如何与大市场对接成为制约农业发展的关键要素。依靠政府的积极建构，贫困地区现代化的农业市场流通体系日臻成熟，多元经营主体进入到村庄，在小农户与大市场之间搭起沟通的桥梁。致富能人等乡村治理精英凭借出众的经营能力、市场信息把控能力和雄厚的资本将小农户与市场衔接，可以促进农业产业化发展[4]。

要让国家的宏观政策和乡村的乡土实际结合，利用乡村现有的关系网络，将国家政策和资源转化为农村实际需要的农业技术、农业科技人员、

---

[1] 杨兴杰、齐振宏、杨彩艳、黄炜虹：《农户对生态农业技术采纳意愿及其影响因素研究——以稻虾共养技术为例》，《科技管理研究》2020年第1期。

[2] 魏昊、夏英、李芸、吕开宇、王海英：《信贷需求抑制对农户耕地质量提升型农业技术采用的影响——基于农户分化的调节效应分析》，《资源科学》2020年第2期。

[3] 程士国、普友少、朱冬青：《农业高质量发展内生动力研究——基于技术进步、制度变迁与经济绩效互动关系视角》，《软科学》2020年第1期。

[4] 韩旭东、王若男、郑风田：《能人带动型合作社如何推动农业产业化发展？——基于三家合作社的案例研究》，《改革》2019年第10期。

商品流通市场，才能让小农户凭借自身资源实现现代化转型，当广大小农户拥有了技术、劳动力和产品市场，农户就拥有了话语权，农户与资本的关系也就转变成了"强农户—弱资本"，资本与农户不对等的关系得以改变，双方的关系也能缓和。

二、新时代农村弃耕的政社协同阻断机制的分析框架

耕地弃耕多发或低效化经营是影响农村经济稳定发展的重要因素。要保证弃耕阻断机制真正发挥实效，治本之策不在于"强"，即依靠行政强制的方式勒令民众复耕。而在于"柔"，引导农民、社会力量等参与到农业发展中来，形成政社合力，阻断农户弃耕，真正提升农业的竞争力和可持续发展能力。基于此，本文尝试构建"社会镶嵌—制度环境—治理结构—策略行动"（见图 2）的分析框架来回答上述命题及其逻辑。

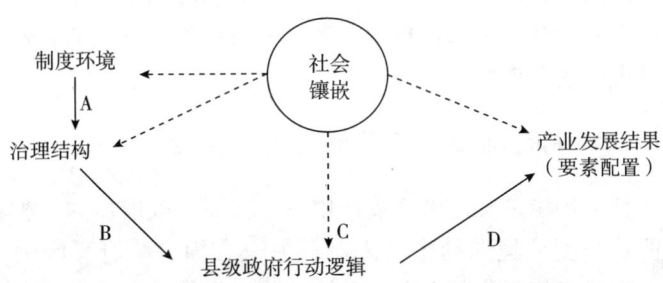

图 2　"社会镶嵌—制度环境—治理结构—策略行动"分析框架

（一）社会镶嵌：政府行动的社会基础

那么，在日益高度复杂的制度环境下政社之间的互动是如何进行的？社会镶嵌是指社会上已经存在的价值规范、传统、习俗与非正式制度或规范。① 当政府的发展目标与乡村社会的需求及发展条件相匹配时，政府与众多社会力量就会对发展的目标及规则形成认同，从而形成合作关系共同维护制度的稳定。DiMaggio 和 Powell（1983）认为，由于组织之间复杂的经济社会联系以及组织对外部世界的资源依赖，组织之间在沟通中出现同

---

① B. Uzzi，"The Source and Consequences of Embeddedness for the Economics Performance of Organization：The Network Effect"，*American Sociological Review* 61，No. 4，2001.

质化趋势。当官僚组织被社会大众视为效率最高的组织后，其他组织也会采取相同的组织形态，无论这些组织形态和结构对于他们来说是不是有效率的。组织将通过强制的、规范的和模仿的机制与其他组织在形式和组织实务方面趋于同质化。当县级政府的行动目标与农村社会需求以及实际发展条件相冲突时，农村多元社会力量就可能对政府产业政策目标及规则产生排斥，提出革新制度的需求或者采取不参与态度，迫使政府政策制度发生变迁。从上述理论脉络我们检视政府作为正式制度的执行者不仅受到既有正式制度的约束，而且还受到乡村社会非正式制度的约束和影响。青木昌彦（2001）在《经济体制的比较制度分析》一书中也提及即使能够从国外借鉴良好的正式规则，如果当地非正式规则由于惰性不能很快变革，新旧制度之间必然会发生激烈的冲突，其最终结果就很可能是制度的无效或者低效率。县级政府的作用就在于协调正式制度与非正式制度的关系，以促进政府政策的落地。县级政府对企业间网络的掌控，意味着政府对市场情势的掌握能力，而政府对乡村社会非正式制度系统的掌握意味着政府能够获取最真实的社会需求信息，二者已经被视为理性化的官僚国家是否能有效管理市场的要件之一。[①]

（二）宏观制度环境下基层政府的自主性

政府在制度环境中发挥着双重作用。一方面，政府作为一种正式的组织，受到所处制度环境的约束与限制；另一方面，政府又区别于其他组织，政府作为游戏规则的制定者，会给其他组织的生存与发展带来冲击。

首要考察的便是政府科层组织内部上下级的互动如何导致制度规则的出台及实践逻辑。在推进乡村发展的过程中，国家的发展战略和政策导向塑造了各级政府抓农业产业化的基本发展理念和发展策略。改革开放以来，虽然中国产业发展的政策都是由中央政府来制定的，但改革的具体发展路径则是地方政府试验性探索和地方间竞争的结果。部分县市随着主导主政官员观念的转变而进行强制性制度革新，突破以往"路径依赖"的困扰。在乡村产业发展过程中，县级政府往往会依据当地的经济社会条件灵活执行中央的政策，并确定政府与市场主体、社会公众等互动关系类型。

---

① B. R. Schneider and S. Maxfield, "Business, the State, and Economic Performance in Developing Countries", In Ben Ross Schneider and Sylvia Maxfield (eds.) *Business and the State in Developing Countries*, Ithaca: Cornell University Press, 1977, pp. 7-11.

（三）治理结构与策略行动者

组织理论新制度论的行动理论强调行动者的偏好、权利、能力和自我认同是社会建构的，都是受制度所界定的。Blecher Marc（1991）认为文化作为充满象征、符号、习惯、技能、世界观的工具箱影响行动者的行动策略，这样的工具箱会因为行动者的社会位置、社会经历的不同而产生内涵上的差异。在嵌入性自主情景中，县级政府究竟扮演何种角色？政府的角色与行为又会如何影响乡村的发展？Baum 和 Shevchenko 依据政府是否促进经济发展且政府是否与企业或者个人有利益关联提出了地方政府行为的四种类型：企业家型、发展型、侍从型、掠夺型。

那么，在推进乡村产业发展，阻断农村弃耕过程中政府如何开展与社会主体的合作呢？首先，将公务员引入市场结构。在提升耕地利用质量，促进乡村产业发展中，公务员可以在资源协调与整合、市场信息沟通、调节利益关系促进集体行动方面发挥重要作用。嵌入在市场关系网中的基层公务员必须具备如下核心能力：

（1）知识下乡的推动者。作为部分乡村产业的直接推动者，基层公务员包括驻村干部、第一书记等本身要具备一定的经营管理能力、把控市场信息和发展走向的能力。

（2）资本和乡村社会力量互动的中介。基层公务员不仅可以通过舆论宣传和思想动员鼓励涉农企业参与乡村产业发展，而且可以为涉农企业发展提供必要的政策信息。

其次，将企业家引入结构。要摆脱农业生产粗放、效益低下的困局就需要改变农业产业结构，提升农业的附加值，这一点单纯靠小农经营是没办法实现的，所以就引入了资本嵌入乡村产业发展的问题。

最后，将乡村治理精英带入市场结构。在城乡发展失衡的背景下，政府大力推进"新乡贤"返乡创业项目不仅有利于新乡贤个体价值和社会价值的有机统一，更有利于推进乡村产业的发展。"多元精英合作治理机制可有效吸纳体制外精英，促进农村基层民主发展，推动农村治理现代化"。

从嵌入理论出发，阻断弃耕不仅强调外部主体嵌入到制度环境中来，也强调通过各主体协同搭建一个符合组织情境需要的网络。"社会镶嵌—制度环境—治理结构—策略行动"具体是指政府的阻断弃耕行为嵌入在制度环境中，而社会作为一股助力阻断弃耕的新鲜血液，两者协同合作可以形成有效的治理结构，从而实现阻断弃耕机制的有效运行。

三、研究方法及案例现状

（一）研究方法

1. 个案分析法

L 县依托发展特色农业产业实现耕地有效利用的实践始于 20 世纪 80 年代，历经"四起三落"的艰难历程，从一开始的政府单向主导逐渐转向现如今政社协同治理，对其进行深度的历史追溯研究可以更详细地描绘出农村弃耕阻断的内在逻辑。这对于乡村振兴中实现"藏粮于地、藏粮于技"的战略目标具有重要参考价值。

（1）研究方法介绍。使用案例比较分析的方法，得出农村弃耕阻断政策地区异质化中主体因素、扶持力度、自然与社会环境影响作用的大小，了解该弃耕阻断政策在实施过程中被遮蔽情况下的具体路径、表现状态和反馈结果等方面与贯彻落实下的不同。

（2）抽样标准。本研究所选案例都按照严格的标准进行抽样，并检验信度和效度。本研究以乡村为分析单位，以政社协同阻断弃耕行动为研究对象，采用目的抽样办法，案例选择标准主要有如下几个：①为了规避不同地域自然资源禀赋差异、市场环境的差异等对政社协同阻断弃耕行动的影响，本研究拟对苏区农村进行类型化处理，分为山区和丘陵地带耕地、平原和冲积平原耕地、城郊农村耕地等。②为了能够完整呈现政府、企业、致富能人、合作社、普通村民等多元主体在产业发展中的互动逻辑，本文只选择三种主体都在场的案例。政府单一主体主导或者企业本身市场化运作的产业案例不在本文研究范围之内。③完整事件内部考察，以提高效度。本文将研究范围限定在精准扶贫政策实施以来的弃耕阻断行动，以降低大时段其他不确定性因素对研究的干扰。

2. 三角测量法

计划从以下几种途径获取研究所需信息：第一，通过深度访谈和调查获取一手资料，采取半结构式访谈的方式对涉及弃耕阻断事务的相关企业负责人、农村合作社负责人、政府扶贫办或产业办和金融办等部门负责人、乡镇驻村干部、驻村工作队成员及农户进行正式与非正式访谈，访谈形式采用封闭式和开放式问题结合的方式。第二，公开发表的与本研究相关的文献获取信息资料。第三，直接从县级相关政府部门获取的政策文件、年度报告等，从企业获取的财务信息报表等。第四，门户网站或者公共媒体公开报道的信息。

3. 田野调查法

使用包括蹲点体验，跟踪观察，对法官、基层组织人员、村民等进行访谈，发放调查问卷等。

（二）案例介绍：L县弃耕阻断机制的历史追溯

1. 调研过程

调研过程分为资料收集、实地调研两个阶段。资料收集的主要任务是广泛收集并阅读有关耕地弃耕和抛荒的文献资料，主要包括L县政府网站、L县果业局政府文件及会议纪要档案、公开发行的学界期刊和报纸的相关报道等。实地调研阶段团队成员深入L县多个乡镇，采访了县果业局干部、普通农户、农业大户、农业企业、驻村干部等主体（见表1），为研究提供了丰富的一手资料。

表1　访谈人员名录

访谈编号	被访谈人	访谈地方	访谈人员	访谈时间
B20201001	县长	L县政府大楼	LZW	78分钟
B20201001	驻村工作队负责人	凉亭乡毕店村	LZW	40分钟
B20201002	果农	上良镇合集村	LZW	50分钟
B20201003	合作社负责人	独店镇马家楼村	LZW	60分钟
B20201003	产业园项目经理	海升现代果业高新技术产业园	LZW	80分钟
B20201002	江家集镇驻村干部	胡寨村	DSB	32分钟
B20201002	江家集镇党委书记	江家集镇	DSB	50分钟
B20201002	胡寨村村支部书记	胡寨村	DSB	51分钟
B20201002	部门经理	优德隆现代农业有限公司	ZJ	71分钟
B20201001	吕家营村农业合作社理事长	吕家营村	ZJ	63分钟
B20201003	民强苹果有机种植农民专业合作社	龙门乡民乐村	ZJ	50分钟
B20201001	什字镇种果大户	什字镇	XJQ	58分钟
B20201002	驻村技术员	映山红商贸有限责任公司	XJQ	50分钟
B20201003	中兴苹果种植专业合作社理事长	独店镇瓦玉村阳坡社	XJQ	60分钟

2.L县弃耕阻断机制的案例呈现

L县因其土层深厚，通透性好，光热资源丰富，昼夜温差大，空气和土壤污染指数小而盛产苹果，是农业农村部确立的黄土高原最适宜苹果生长的区域。其产业发展历程如图3所示。

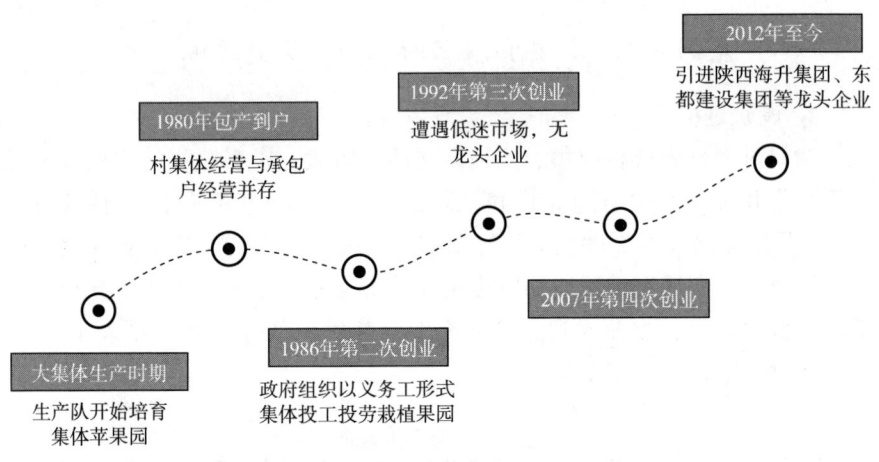

图3 L县苹果产业发展历程

与苹果产业的起伏相关，每次产业低潮都会出现大量的耕地撂荒现象。2015年，L县的上级政府对全市耕地撂荒情况进行了筛查，其中L县共撂荒耕地55500.5亩，占耕地总面积的7.07%[①]，其中百里乡耕地撂荒比例甚至达到了17.13%。

调查中我们发现，当地农户弃耕土地的原因是多种多样的。首先，传统种植业的收益下降很厉害。举例来说，种植一亩小麦的生产成本是305元，正常年份山地能产350斤麦子，按照每斤1.2元收购价算，农户每年每亩地只能获得115元。相反，一个农村青壮年劳动力外出务工每天正常可收益150元左右，一个月就是接近4000多元的收益，远比待在农村种地收益多得多。为了彻底解决传统农业收益低的问题，L县政府与多种市场主体合作开发特色农业（见图4和图5）。

---

① 资料来自L县农业部门工作总结材料。

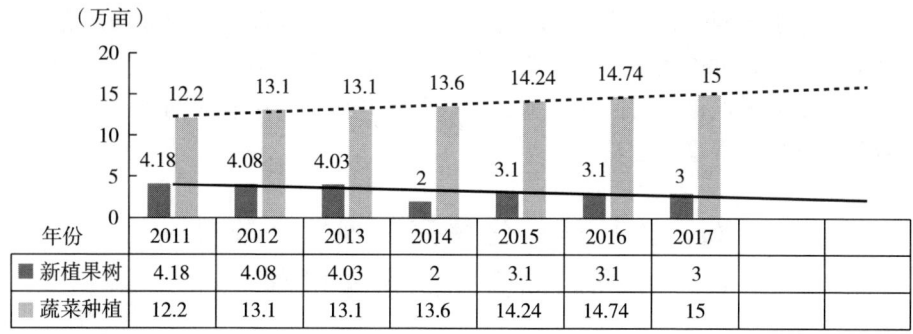

图 4　L 县特色农业产业种植面积

资料来源：笔者依据 L 县果业局办公室提供数据整理而得。

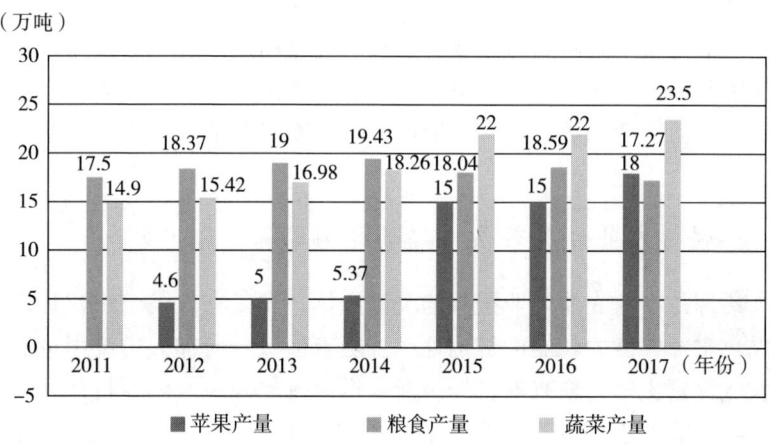

图 5　L 县主要作物产量趋势

资料来源：笔者依据 L 县果业局办公室提供数据整理而得。

其次，农村青壮年劳动力严重短缺。由于传统的种植业收益很低，大量青壮年劳动力外出务工了。举例来说，上良乡全乡外出务工经商的劳动力达到 4938 人，占到了全部人口的 45.8%，这使大量耕地无人耕种，有些村为了不让土地荒芜，干脆种上了树。

最后，农业生产基础条件和技术条件都比较薄弱也是造成耕地被抛荒的重要原因。L 县很多乡村地处偏远山区，调查中 76.3% 的土地是因为生产条件和技术不到位被迫放弃的。

针对上述问题，L 县坚持以人为核心的原则，从农户的农业市场拓展能力、生产技术革新能力、农业发展带头人的经营能力培养等多方面采取措施以阻断耕地被弃耕问题。那么，在耕地弃耕阻断中政府与社会力量的合作呈现出何种理论逻辑？

四、人民美好生活需要视角下政社 协同阻断弃耕的多重机制

中国的粮食安全问题面临诸多挑战，如粮食进口量大、旱涝灾害频发、耕地面积有限、城市用地迅速扩张、土地撂荒情况严重等。其中土地撂荒问题是近些年来愈演愈烈的现象，若放任不管，将动摇农村的根基。党和政府为解决这一问题建立了多种农村弃耕阻断机制。但这些弃耕阻断机制的实施效果却存在着明显的差异分化。实际上，单靠政府推动或是市场化自主调节都很难解决这些难题。那么，究竟制定何种机制才可以保证耕地弃耕阻断取得成效？有没有可遵循的成熟的模式？本文认为 L 县坚持以人民美好生活需要为核心的政社协同弃耕阻断机制值得在广大的农村地区推广。

（一）强化农业发展带头人经营能力培养阻断弃耕

能人治理是乡村农业产业振兴的关键主体，尤其在农民组织化程度较低且农民自主经营能力较弱的贫困地区。随着县域政府加大力度引进和培育新型农业经营主体，新兴农村经济能人迅速崛起并参与到乡村产业发展中。一些经济能人进入村"两委"后，不仅将企业经营理念引入乡村事务治理，还将创业发展作为村庄治理的工作重心[1]。此外，普通农户经技术培训后也能独当一面，成为带动农业产业发展的重要主体。

1. 政府联合多元主体加强对农民的职业技能培训

虽然中国政府一直坚持强化农民职业教育培训，但是在农业产业发展中"技工荒"普遍存在。[2] 数据证明地方政府农业创新投入对农业公司绩

---

① 卢福营：《论经济能人主导的村庄经营性管理》，《天津社会科学》2013 年第 3 期。

② 魏锴、杨礼胜、张昭：《对我国农业技术引进问题的政策思考——兼论农业技术进步的路径选择》，《农业经济问题》2013 年第 4 期；谢辛：《西部地区农村专业技术人才队伍建设探讨》，《华中师范大学学报》（人文社会科学版）2011 年第 6 期。

效的提高具有显著的正向作用[1]，那么政府在其中扮演了何种角色，其行为逻辑是什么呢？农业产业结构的调整和规模化、专业化经营的发展对经营人才的人力资本提出了更高的要求，不仅需要经营主体提升自身的信息化水平[2]，还需要提高对新技术的采纳能力。因此，在乡村振兴战略实施中加强农民职业教育培训是非常重要的问题。

在中国农业产业化发展中，政府部门的重视程度是影响农民职业技能培训效果的关键变量。苹果产业在 L 县具有很悠久的种植历史，如图 6 所示。

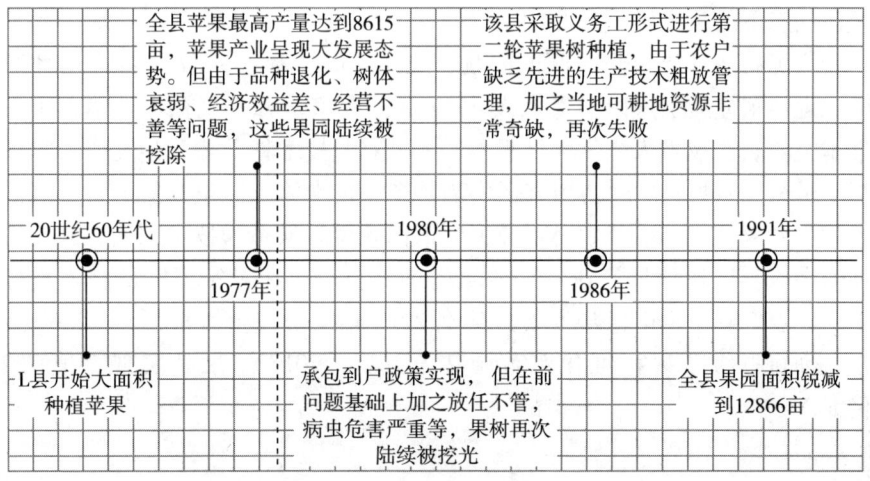

图 6　L 县苹果产业种植历史

从前两次的经验教训中可以发现，政府部门在鼓励发展苹果产业方面虽然耗资巨大，但由于农户依赖的还是传统的陈旧技术和管理经验，最终苹果产业并没有取得规模效益。相反，大量苹果种植地被挖掉，造成了大片土地面积被弃耕的现象。1992 年春天，L 县进行了第三次大规模苹果树种植，到 2000 年，全县苹果树种植规模几乎达到 10 万亩。但是好景不长，全国果品市场低迷影响到农户革新生产技术的积极性和县域政府优化

---

① 马克星、李珺：《创新投入对农业企业绩效的影响——基于 A 股农业上市公司的实证检验》，《科技管理研究》2019 年第 12 期。
② 韩旭东、杨慧莲、郑风田：《乡村振兴背景下新型农业经营主体的信息化发展》，《改革》2018 年第 10 期。

苹果生产技术的信心。到 2003 年，全县苹果树基本被挖，大面积弃耕现象重现。2007 年，随着农业农村部将该县划定在全国最适合苹果种植区域，该县也顺理成章引起了省政府的注意，获得省级苹果重点生产县的试点。此后，L 县苹果产业迎来了大的发展，每年平均都有 3 万亩的增量。虽然该县苹果种植面积增幅并不大，但是苹果产量却呈现快速推进的状态，弃耕阻断机制效果显著。

2. 乡村社会外部引才

有效阻断弃耕离不开农业产业的发展，而农业产业的发展终究还是要靠人来执行。没有雄厚的人力资源支撑，农业产业项目想要摆脱传统小农经济状态下的生产模式是非常困难的。

为了有效杜绝这些问题的困扰，L 县采取"一事一议"特殊引才政策，近年来先后引进院士专家人才 17 名。专家学者不仅在本地培养了一批本土的农业技术人才，而且吸引一大批农业技术骨干来 L 县发展（见图 7）。此外，L 县先后聘请国家现代苹果产业技术体系岗位专家赵正阳等国内知名专家教授和西北农林科技大学退休教授袁景军为技术顾问，并支持他们在该县组建苹果产业发展专家咨询委员会。在专家团队的技术支撑下，L 县苹果产业正稳步发展，截至 2017 年全县规范种植果园 22.67 万亩，创建省级苹果标准化示范园 2.3 万亩，2017 年果品实现产值 7.2 亿元。

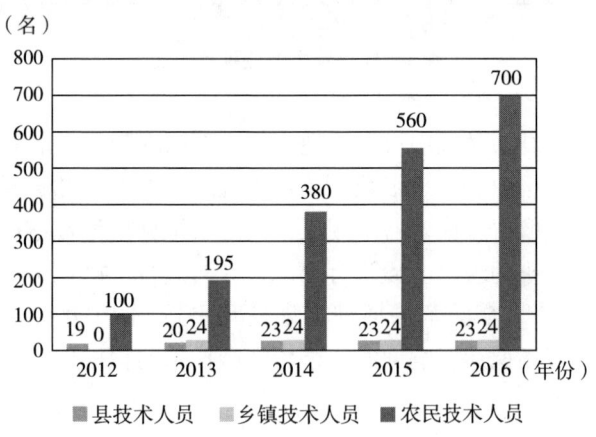

图 7　L 县政府下派农业技术人员数量

（二）提升农业技术革新能力阻断弃耕

当前虽然我国历经几十年的发展，农业的科技化和机械化水平有了很大的提升，但贫困地区农业生产仍然是小农户为最主要的作业单位，兼业农户不断增加，大农户和农业龙头企业正蓬勃发展。农户"粗放经营"依然存在，生产操作随意性强和滥用农药化肥等问题，不仅导致农业生产处于低效状态，而且影响农产品质量。质量不佳的农产品市场前景不容乐观，农户通过农产品实现增收的路径将被阻断。为了满足自己养家糊口，大量农户势必会往城市集聚，这样自然而然就会造成大量土地被弃耕的现象。因此，革新农业技术是农户的一大需求。提高农业技术革新能力不仅需要政府积极作为，社会力量也是必不可少的。

1. 整合政府组织内技术力量

重视对农业产业发展中生产管理技术的调控是 L 县在苹果产业发展中强调的内容。2016 年，L 县出台了"关于加快推进苹果产业转型升级创新发展的意见"，经过几年的发展逐渐形成了"村村有大点、乡乡有大片，点片相连"的产业带动新局面。为了动员全县技术力量提供农业产业技术，增加农产品的质量，L 县先后开展了南北对接结对帮扶、科技人员蹲点抓示范、技术人员包村户等行动。在苹果树重点栽培村庄，驻村技术人员手把手教授农户果树的管理经验和技术。2017 年，L 县成立了果树果品研究所、苹果良种苗木繁育基地、苹果国家种质资源异地保存库项目和中国农业科学院果树研究所综合试验示范基地。此外，县政府还与农业企业合作为农户提供种苗（见表 2）。先进技术与优质苗木为农户留在土地上增添了信心，在一定程度上缓和了大量农户弃耕的现象。

表 2　L 县政府与企业免费提供苹果苗木规模

时间	苗木种类	数量（万棵）	金额（元）	苗木产地
2019 年春	矮化中间砧优系长枝红富士	5	112500	葳森苗木有限责任公司
	矮化中间砧嘎啦	1	22500	
	矮化中间砧优系长枝红富士	5	150000	庄浪县天源农业综合服务有限公司
	矮化中间砧嘎啦	1	30000	
	矮化中间砧优系长枝红富士	5	170000	金朝阳林果苗木农民专业合作社
	矮化中间砧嘎啦	1	34000	

续表

时间	苗木种类	数量（万棵）	金额（元）	苗木产地
2018 年春	矮化中间砧优系长枝红富士	6	27000	金朝阳林果苗木农民专业合作社
	矮化中间砧嘎啦	1	4500	
2018 年秋	苹果苗（乔化）	9.5	220400	杨凌丰驰农业科技有限公司
	成纪 1 号	9.5	266000	庆阳市光大实业有限公司
	成纪 1 号（短枝）	9.5	239400	柏林苗木有限责任公司
	新红星	9.5	261250	金朝阳林果苗木农民专业合作社
2017 年春	苹果苗木（瑞阳）	0.7	140000	华易果业科技发展有限公司
	苹果苗木（瑞雪）	1400	28000	

2. 政社协同提供农业产业技术

苹果产业是 L 县重点发展的农业支柱产业，早在计划经济时期，该县就已经开始发展苹果产业，后来经历了家庭联产承包责任制改革后，部分果树归集体经营，部分归个体农户经营。但是由于对农业生产技术的忽视，果树的品质逐渐老化，苹果的质量也下降了，逐渐被市场淘汰。

2007 年 7 月 11 日，景大鹏带领 1267 名骨干会员成立了全县第一家农民专业合作社。新上任的县委领导班子锐意改革，紧紧把握苹果产业发展的大好趋势，通过政府扶持的方式全面调整苹果产业的发展格局。在县乡政府的协助下，合作社从一开始就将向农民传播科技知识，建立标准化生产基地作为合作社的重要工作内容。在宣传农业产业技术知识的同时，合作社还倡议会员实行标准化生产，县政府还出资聘请中国农业大学、中国农业科学院、甘肃省农业科学院、西北农林科技大学的专家教授为果农现场讲学。"双联"活动中，省政府组织和邀请中国农业科学院果树研究所、西北农林科技大学、北京中农乐果树新技术研究所等苹果树种植相关的科学研究机构的专家学者来 L 县现场讲学。2019~2021 年全县共举办各类大型公益性科技培训 319 场次，培训农民 4.9 万人次。

（三）提高市场流通体系建设能力阻断弃耕

在小农户自主经营能力偏弱、市场交易成本居高不下、农业生产的外部性以及社会服务供给缺位的现实条件下，贫困地区以小农为主体的经营模式如何与大市场对接成为制约农业化发展的关键要素，也是能否将农民留在土地上的重要因素。正是依靠政府的积极建构和干预，贫困地区现代化的农业营销流通体系才日臻成熟，多元经营主体才开始进入村庄，在小农户与大市场之间搭起沟通的桥梁。

1. 惠农补贴政策吸引市场主体进驻村庄

L 县政府不仅通过政策优惠、补贴等形式引进农业龙头企业和鼓励乡村经济能人对外扩大本地苹果产业的影响力，而且还联合中国邮储银行为经营者提供优惠贷款（见图 8）。青梅果业有限公司正是在县政府的积极支持下成长起来的本土苹果销售企业。公司总经理李梅原来在陕西西安务工，2017 年得知尼泊尔有一大部分苹果是来自中国的花牛苹果和秦冠，但是却没有出现 L 县的苹果产品，遂萌发了要将家乡的苹果卖到尼泊尔的想法。李梅向县果业局申请政策支持，在果业局工作人员协调下，青梅果业有限公司很快注册挂牌。2017 年，公司 18 吨苹果借着国家"一带一路"的优惠政策成功打入尼泊尔市场。公司先后 6 次组织 180 吨苹果远销尼泊尔国际市场，实现出口创汇 156 万元。2018 年后，为响应国家精准扶贫战略的号召，公司分别在 5 个乡镇 30 多个村社的农民专业合作社建立了农产品收购合作关系。在青梅果业有限公司的带动下，全县 12 家农业龙头企业先后办理了外贸登记手续，并成功引进一家外资企业进驻 L 县专门从事苹果及苹果深加工产品外贸业务。

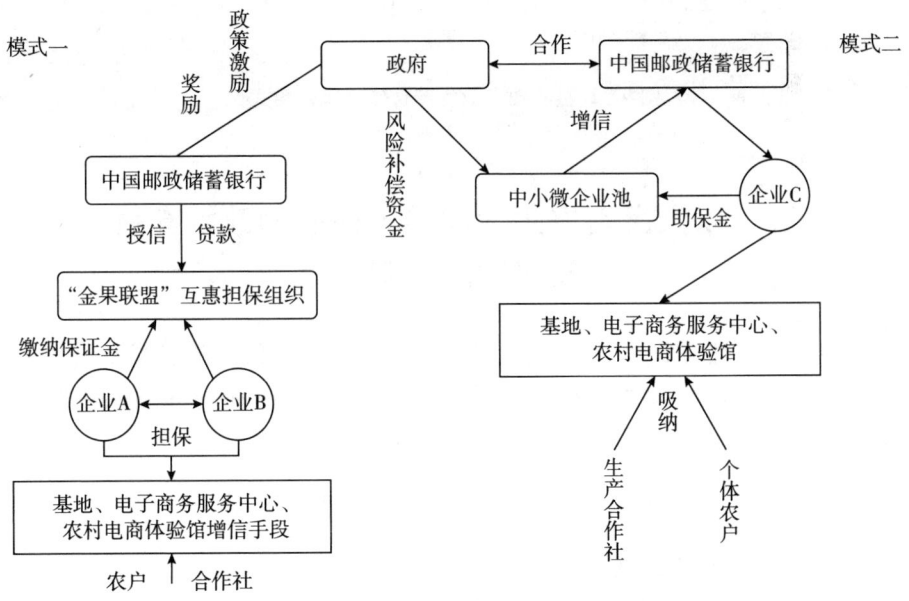

图 8　L 县政府为农业经营主体提供融资支持

2. 积极鼓励和扶持乡村经济能力带头开拓市场

L县种植苹果的历史非常久远，但是县乡政府及相关部门在发展苹果产业的过程中只注重苹果生产的规模，对苹果的销售和流通环节关注却不足。即使苹果生产后，农户还是不得不单打独斗，分散面对市场。在县级党委政府的支持下，各个村"两委"牵头成立农业专业合作社（见图9）。合作社组织农民统一生产、采摘、收购，最后由合作社出面与客商谈判。销售所获收益最后按照约定返还农户，避免了分散农户与客商直接交易带来的风险。

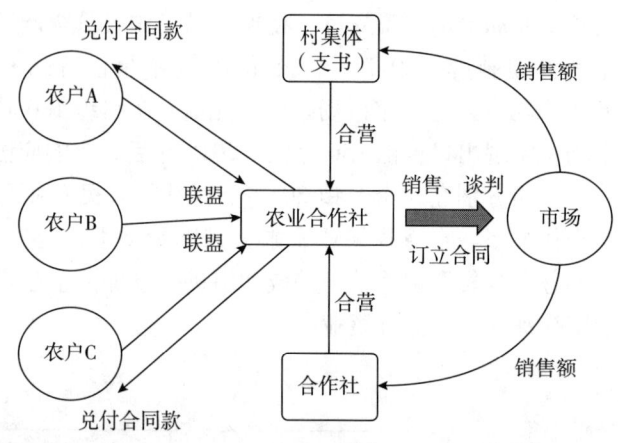

图9　L县农业专业生产合作社运营模式

五、以人民美好生活需要为核心的政社弃耕
阻断机制的影响因素

如上文所述，农村弃耕阻断机制要发挥实效需要发挥政府等多元力量各自的作用。正因如此，农村弃耕政社协同阻断机制的构建也自然会受到来自政府和社会两方面因素的影响。

（一）社会基础条件对L县农村弃耕阻断机制的影响

1. 乡村社会的自组织能力的影响

组织理论认为，社会组织是由若干个相互关联的有机体结合协作系统组成的。① 组织化的过程其实就是有机体互动形成有序化结构的过程。有机体得以组织起来的方式有两种：一种是依靠自身力量实现有序化；另一种是通过外部力量的干预实现有序化。在计划经济时期，生产大队几乎囊括了农村经济社会生活方方面面的控制权，行政权力的过度垄断导致苹果产业发展不能很好适应市场需求，更重要的是对农户生产技术培训方面缺乏动力，直接导致苹果产业低质低效。随着家庭联产承包责任制的推行，农户家庭从计划时期的集体组织模式中解放出来，农村基层党组织开始发挥基层社会的管理功能。随后，乡村社会管理体制改革，村民自治在基层社会逐渐普及，村委会作为连接政府与社会之间的纽带，其组织功能逐渐发挥了出来。按照政策设计的初衷，村民委员会作为服务村民、管理乡村社会的自治机构，在农业产业发展中要担负起组织农民进行技术培训，提升村民发展生产的集体行动能力，但是现状却与之相去甚远。进入20世纪90年代后，与村民收入下降趋势相反的是基层政府巧立名目收税和横征暴敛无所顾忌。依据财政部不完全统计，1997年，各级政府的收费项目多达6800多项。在这个时候，村民委员会发挥了政府权力触角的功能，帮助政府完成这些沉重的征收任务：乡镇政府将任务摊派给了各村委会，村委会被彻底"行政化"了。② 村委会被繁重的摊派任务压着，根本无法抽身去搞果农技术培训。与此同时，县域政府将完成摊派指标作为政府的中心工作，果农技术培训自然成为很边缘的业务。

2. 当地村民传统的种植习惯和思想观念的影响

L县地处陇东黄土高原属半湿润半干旱的温带气候，气候适宜，土质肥沃，交通便利，海拔在890～1520米，是国家农业与农村部（原农业部）认定的最适宜苹果生长的区域，论自然环境条件非常适合种植苹果。为何拥有丰裕的自然资源但苹果产业总是大起大落呢？其中一个很重要的原因就是无论是干部还是普通的果农对传统耕作技术和耕作观念的固守。"苹果从栽到挂果，最少也得六年时间，这六年群众没有收入来源，这是大家都不愿栽果树的一个重要原因。"因为苹果树从种植到真正产出会存在三五年的过渡时间，县政府由于自身财政能力有限，并不能对种植苹果树的农户给予既定的补贴，就出现了大量果农在果树间套作其他作物，田间作物争肥，导致长势不佳，农户收益甚微。

---

① 孙瑜：《乡村自组织运作过程中能人现象研究——基于云村重建案例》，清华大学博士学位论文，2014年。

② 彭大鹏：《村民自治的行政化与国家政权建设》，《北京行政学院学报》2009年第2期。

（二）政府组织情境要素对 L 县农村弃耕阻断机制的影响

1. 基层政府主政官员追求政绩的动机

总结 L 县苹果产业发展的三起三落的教训，可以发现县乡财力不足致使相应的农业技术培训人才非常紧缺，严重缺乏能够给果农全程提供种植指导建议和带领群众致富的农技人员。县域政府的政绩观念同样也深刻影响到县级财政的投入力度。果树栽培是一个投入大、周期长、见效慢的农业投资行为，多数果农因为不堪重负，有的早早退场，有的则中途夭折。在生产管理方面，为了充实政绩的需要，很多老旧被挖除的果园并没有从政府的名册中删除，导致全县果园统计面积连年在上升，果农的特产税税负有增无减，果农被繁重的赋税压得喘不过气来，根本无力去优化生产经营技术。

2. 自上而下的高位推动和政治激励

自上而下的政策压力和激励或许是导致 L 县政府在 2007 年之后采取强势主导策略的重要制度原因（见表 3）。因为 L 县被原农业部划定在最适宜种植苹果的区域内，随之 L 县也被省政府确定为苹果产业重点生产县。为了完成自上而下的任务指标和追求更好的政绩表现，L 县遂采取更积极的行动策略与企业、合作社等展开合作。

表 3　自上而下的政治激励措施

项目部署	任务目标
战略布局与定位	L 县要建成全国一流的苹果出口基地；重点推广富士系、烟富 6 号、惠民短枝、礼泉短富、长富 2 号、岩富 10 号等新优品种
良种苗木繁育基地	向企业及育苗大户公开招标建设良繁基地 5500 亩，给予 3 年补助；完成年产 2 年优质苗木 2000 万株、3 年生优质苗木 500 万株；建立配套的优良品种采穗圃
生产技术培训	从 18 个全国苹果优势区域重点县每年抽调 4~6 人赴农科院所培训，确保每县有 15 名以上专业技术带头人主产区果农技术培训。3 年培训果农技术员 12 万名；苹果生产专业村和规模化乡每年扶持 50 个果农经济合作组织，3 年共扶持 150 个
发展果业合作社	18 个全国苹果优势区域重点县每县扶持 1 个县级苹果产销协会扶持培养农民果品经纪人队伍
壮大龙头企业	利用 3 年时间，扶持建立 5000 吨级以上果品气调藏库 20 座、1000 吨级果品气调库 30 座、500 吨级果品机械恒温贮藏库 60 座，新增果品贮藏能力 16 万吨

项目部署	任务目标
科技支撑体系建设	苹果生产重点县3年创建100个规模在200亩以上的省级丰产高效标准化示范园;每年围绕"苹果生产和贮藏加工中的关键技术问题"列出56项优先支持的攻关课题

在上述激励措施之下,L县将苹果产业作为富民增收的主导产业来抓,截至2021年,全县栽植果园22.67万亩。该县引进了全球最大的浓缩果汁生产企业,并投资5.8亿元建成现代果业高新技术产业园。2016年后,L县借助各种平台将苹果品牌推广到全国各地(见图10)。

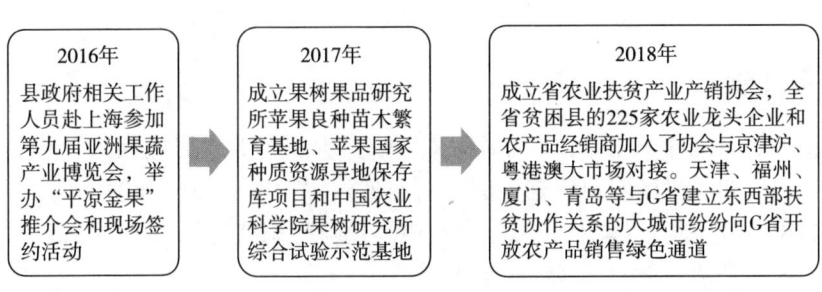

图10　L县苹果品牌推广(2016~2018年)

六、小结与讨论

深入实施藏粮于地、藏粮于技战略是确保国家粮食安全的重要途径,而提升农村基层耕地弃耕阻断效果是实现上述战略任务的关键所在。以往单纯强调政府补贴、政策高压监管、资本下乡等方式都收效甚微,为此必须从实现农民群众的需求和提升他们发展能力出发,构建以人为核心的弃耕阻断机制。上述研究也引起笔者对以下问题的思考:

一是重新调适农村地区产业结构是耕地撂荒问题的治本之策。在精准扶贫政策的高压下,全国各级政府都倾注全体制资源来扶持贫困地区农业产业发展。无论是拓展产业融资的小微贷款规模及渠道,还是涉农专项资金的投入,都是史无前例的,也取得了伟大的成就。但是各个基层政府依靠行政权力强力推进的农业产业项目往往不具备较高的市场竞争力,甚至部分驻村工作队扶持起来的产业项目从一开始就是滞销或者脱离市场需求的。

二是政府部门要在市场资本与小农户之间建立合理的利益链接机制。精准扶贫政策实施后，依靠政府投资撬动作用，大量市场资本开始进入农业产业培育领域。但是问题也接踵而至。任何农业产业的发展都需遵循其自身的规律，产业从起步到真正丰产需要耗费很多年时间，但这恰恰是与小农户投资收益预期的短期化取向相冲突的。未来，政府部门需要在资本与小农户之间扮演枢纽桥接作用，一方面，建立机制为市场资本发展产业提供必要的资金政策扶持；另一方面，为小农户兜底，依靠产业发展基金等途径暂时为小农户收益提供保障，以缓冲小农户利益无法短期内实现，对产业和资本形成冲击。

参考文献

冯艳芬、董玉祥、王芳：《大城市郊区农户弃耕行为及影响因素分析——以广州番禺区农户调查为例》，《自然资源学报》2010 年第 5 期。

李秀彬、赵宇鸾：《森林转型、农地边际化与生态恢复》，《中国人口·资源与环境》2011 年第 10 期。

青木昌彦、奥野正宽：《经济体制的比较制度分析》，魏加宁等译，中国发展出版社，2001 年。

孙嘉伟、陈大岭、张彬等：《弃耕年限对草甸草原植物群落地上生产力和多样性的影响》，《中国草地学报》2021 年第 10 期。

谭术魁：《农民为何撂荒耕地》，《中国土地科学》2001 年第 5 期。

B. Marc，"Development State，Entrepreneurial State：The Political Economy of Socialist Reform in Xinju Municipality and Guanghan County"，In Gordon White （eds. ） *The Chinese State in the Era of Economic Reform：The Road to Crisis*，New York：M. E. Sharpe，1991，pp. 265-291.

P. J. DiMaggio and W. W. Powell，"The Iron Cage Revisited：Institutional Isomorphism and Collective Rationality in Organizational Fields"，*American Sociological Review*48，No. 2，1983.

案例研究

行动者网络如何影响政策执行？

——以乡村振兴背景下易地搬迁政策执行为例[*]

丁辉侠　李欲茹[**]

摘　要　易地搬迁政策创造性解决了"一方水土养不了一方人"的突出问题，实现搬迁对象"搬得出"阶段性政策目标。在乡村振兴背景下，搬迁对象如何"稳得住，有就业，逐步能致富"成为易地搬迁政策的主要目标。为深入了解乡村振兴中易地搬迁政策执行过程，本文从行动者网络理论入手，构建了"行动者—异质性—转译"的基本分析框架。研究发现：政府、搬迁对象、社会力量等人类行动者与价值和思想观念、生产和生活环境、易地搬迁及相关配套政策等非人类行动者，共同构成了易地搬迁政策执行过程中的行动者网络。在核心行动者政府的主导下，各行动者经过问题呈现、行动者选择、利益赋予、组织动员、异议消除五个基本环节的转译过程，促进易地搬迁政策执行工作有效推进。本文的贡献在于引入行动者网络理论分析乡村振兴背景下易地搬迁政策执行的内在机理，关注政策背后人类行动者与非人类行动者的协同互动，从而拓展了政策执行的研究空间。

关键词　政策执行　行动者网络　易地搬迁

---

[*]　本文为河南省社会科学规划课题"中国共产党人领导人民开展反贫困斗争的百年历程及经验启示研究"（项目编号：2021BZZ010）和2021年河南省社科联调研课题"河南省巩固脱贫攻坚成果长效机制研究"（项目编号：SKL-2021-2978）的阶段性研究成果。

[**]　丁辉侠，郑州大学政治与公共管理学院教授，博士生导师，主要研究方向为公共服务、反贫困与政府绩效管理；李欲茹，郑州大学政治与公共管理学院研究生，主要研究方向为公共服务、反贫困与政府绩效管理。

一、问题提出与文献综述

易地搬迁政策是国家反贫困政策的重要组成部分，该政策主要针对居住在生态环境和自然条件难以满足生存要求以及地质灾害高发地区的贫困群众，在政府统一组织下有计划地搬迁到生产和生活条件较好的地区进行易地安置，从而实现摆脱贫困过上更好生活的目标。"十三五"期间，中国 960 多万贫困人口实现了易地搬迁，成功跳出地缘贫困陷阱。[①] 易地搬迁政策创造性解决了"一方水土养不了一方人"的突出问题，实现了搬迁对象"搬得出"的阶段性政策目标，为打赢脱贫攻坚战贡献了积极力量。2021 年 3 月，《中共中央　国务院关于实现巩固拓展脱贫攻坚成果同乡村振兴有效衔接的意见》及随后出台的相关政策，均要求易地搬迁政策执行要重点抓好搬迁群众的稳岗就业、社区融入和公共服务完善等工作。这也标志着，易地搬迁政策目标向由搬迁对象"搬得出"向"稳得住，有就业，逐步能致富"全面转移。那么，在乡村振兴背景下，易地搬迁政策执行过程中有哪些因素起关键作用？这些因素之间是什么关系，又以怎样的逻辑相互作用影响政策目标实现？

现有对政策执行与目标实现的研究主要集中于政策过程、政策执行的影响因素等方面。一是关注政策过程的研究认为，政策目标的实现需要多部门的合作与配套政策的供给。[②] 对于中国而言，政策制定与执行体现为党领导下的顶层设计与基层政府执行之间的良性互动。[③] 二是关注政策执行影响因素的研究发现，政策执行主体的策略行为、权责不匹配等导致政策执行过程偏离政策目标，主要体现为政策执行与政策文本不符。[④] 基于史密斯政策执行过程模型的分析，政策本身、目标群体、执行主体和政策环境等都是影响政策执行过程和效果的因素。[⑤] 研究也发现，公众的风险

---

① 国家发展改革委：《有劳动力的易地扶贫搬迁家庭基本实现至少 1 人就业》，中国政府网，http：//www.gov.cn/xinwen/2021-06/03/content_ 5615335.htm.

② 贺东航、孔繁斌：《公共政策执行的中国经验》，《中国社会科学》2011 年第 5 期。

③ 刘玉瑛：《党领导下的政策制定与政策执行机制良性互动研究》，《理论视野》2020 年第 11 期。

④ 郑路、蒋理慧：《政策制定与执行之间的偏差何以产生——以地方政府对"网约车"的管理为例》，《江苏社会科学》2019 年第 4 期。

⑤ 李俊杰、陶文庆：《兴边富民行动政策执行的制约因素与破解路径——基于史密斯政策执行过程模型的分析》，《民族学刊》2021 年第 9 期。

信息搜索行为会对政策目标的实现产生或消极或积极的影响①，主流媒体作为沟通中介也对政策执行过程产生影响。② 三是关注易地搬迁对象迁出后政策执行过程的研究认为，搬迁对象进入新的安置地之后，收入结构总体上看要优于搬迁前③，资本发生重置整合，降低移民贫困脆弱性。④ 但是在搬迁初期，其原来的生计链断裂⑤，短期增收明显，搬迁群众的持续增收问题、内外动力的共同作用影响搬迁群众的脱贫稳定性。⑥⑦ 从空间概念出发，搬迁之后，搬迁群众的居住、经济、政治、文化心理和社会空间发生消解与再造，难以实现社区融合。⑧ 在易地搬迁政策执行中，搬迁对象的理性选择催化政策执行的偏差。⑨ 同时，搬迁对象受传统思想观念的影响，有时也会成为搬迁政策目标实现的阻碍因素。⑩

已有研究对乡村振兴背景下易地搬迁政策执行的影响因素能够进行较好的解释，不足之处在于现有研究普遍认为只有人在政策执行过程中具有能动性的影响，物质、思想等因素认为是被动影响政策执行过程的，从而忽略了这些因素的能动性表现。行动者网络理论认为在行动者网络中，人类行动者固然重要，但非人类行动者也有自己的利益诉求和偏好，亦会对人类行动者的行为做出能动回应，强调对人类行动者与非人类行动者之间互动过程的分析。为此，本文在政策执行过程中引入行动者网络理论，以

---

① 胡向南、郭雪松、连翠红、赵慧增：《政策执行中的公众风险信息搜索行为研究——以陕南移民政策为例》，《情报杂志》2019 年第 2 期。

② 汪惠怡：《主流媒体在社会政策制定过程中的双向沟通作用——以人民日报社属媒体对"延迟退休"政策的报道（2005—2021）为例》，《青年记者》2021 年第 19 期。

③ 剌美香、侯凯、刘艳萍：《乡村振兴视域下易地扶贫搬迁农户的生计适应——以山西省永和县为例》，《江苏农业科学》2021 年第 49 卷第 16 期。

④ 李聪：《易地移民搬迁对农户贫困脆弱性的影响——来自陕南山区的证据》，《经济经纬》2018 年第 35 卷第 1 期。

⑤ 曾小溪、汪三贵：《打赢易地扶贫搬迁脱贫攻坚战的若干思考》，《西北师大学报》（社会科学版）2019 年第 56 卷第 1 期。

⑥ 李聪、郭嫚嫚、雷昊博：《从脱贫攻坚到乡村振兴：易地扶贫搬迁农户稳定脱贫模式——基于本土化集中安置的探索实践》，《西安交通大学学报》（社会科学版）2021 年第 41 卷第 4 期。

⑦ 董丽、东梅：《易地搬迁脱贫内生动力机制研究——基于扎根理论的多案例分析》，《农林经济管理学报》2022 年 4 月 13 日。

⑧ 郑娜娜、许佳君：《易地搬迁移民社区的空间再造与社会融入——基于陕西省西乡县的田野考察》，《南京农业大学学报》（社会科学版）2019 年第 19 卷第 1 期。

⑨ 郭占锋、李轶星：《易地扶贫搬迁政策执行偏差与移民理性选择——基于陕南地区的考察》，《长白学刊》2020 年第 4 期。

⑩ 陈坚：《易地扶贫搬迁政策执行困境及对策——基于政策执行过程视角》，《探索》2017 年第 4 期。

乡村振兴背景下易地搬迁政策的执行为例，试图解释一项政策执行过程的背后，人类行动者与非人类行动者是如何协同的，以此引起对人类行动者与非人类动者在政策执行过程中合作互动的关注。

二、基于行动者网络的理论分析框架

行动者网络理论产生于 20 世纪 80 年代中期拉图尔的实验室研究。该理论打破了主体与客体、自然与社会二元对立的传统思维模式，认为自然和社会的变迁与演进都是通过行动者之间的互动所组成的网络决定的，在该网络中人类行动者与非人类行动者处于同等地位，相互作用、相互影响。行动者、异质性和转译是行动者网络理论的三个核心要素，它们之间相互作用，构成了该理论的基本分析框架。

（一）行动者

行动者是行动者网络中的关键要素。行动者网络理论认为一个主体无论是否做出具体行为，只要对事物产生影响改变当前状态都被称为"行动者"。其中，对行动者网络起主导作用的为核心行动者。在自然与社会中，所有对行动者网络构建和运行产生影响的因素都扮演行动者的角色，不仅包括人类行动者，还包括生活环境、政策制度、价值和思想观念等非人类行动者。人类行动者的能动性不言而明，非人类行动者如何在行动者网络中表达自己的意愿并产生影响呢？非人类行动者的能动性体现依靠人类行动者代言，即非人类行动者的意愿可以通过代言人表达。[①] 拉图尔以电话为例进行了生动的解释，在人们的认知中电话作为通信设备，并不具有主观能动性，而是被动地接受人类的使用。但实际上，当电话铃声响起时，它就打破被动状态，开始影响人类的决策和反应。为此，行动者网络理论认为人类行动者和非人类行动者在行动者网络中的地位是平等的，二者通过相互作用影响行动的最终结果。

（二）异质性

每个行动者都有自己的利益或目标，为了实现其利益或目标产生行为，但依靠自身力量难以完成，在此过程中需要主动地或被动地与其他行

---

① 尚智丛、谈冉：《行动者网络理论视域中的科学传播》，《自然辩证法研究》2021 年第 12 期。

动者联系，形成相互作用、相互影响的网络。由于不同行动者在行为方式、行动能力和利益诉求方面存在明显的差异，在具体行动中体现为行动者之间的异质性，这些异质性的行动者为了实现各自目标从而形成具有异质性的网络。在行动者网络中，为保障各个行动者之间彼此不发生冲突，需要将这种异质性进行统一，整合各行动者之间的利益，使各个行动者能够为了一个共同的目标调动相关资源，完成行动者网络的构建与稳定运行。

（三）转译

行动者网络中的行动者以"转译"（Translation）的方式衔接。转译是指行动者用自己的语言把其他行动者的利益和目标转换成自己的利益和目标的过程。[①] 转译的实质是将核心行动者的利益转化为作为其他行动者的共同利益，协调各行动者达成共识，并激发各行动者为实现共同利益发挥效用。因此，转译是行动者有机联结、构建网络的方法和途径。许多研究者将转译的过程分为问题呈现、利益赋予、征召、动员和异议五个关键环节。[②] 由于这些环节存在许多交叉之处，略显混乱，为了清楚表达各行动者相互联系的路径，本文将转译过程划分为问题呈现、行动者选择（纳入网络、任务确定）、利益赋予（利益诉求、利益保障）、组织动员与异议消除五个环节（见图1）。

首先，确定核心行动者，由其将问题呈现出来，并把解决这个问题的动机转化为其他行动者的动机。也就是说，确定一个共同目标，各异质行动者付诸行动达成该共同目标后，其各自目标也能够实现。其次，核心行动者通过"招募"选择其他行动者，并对这些异质性行动者进行角色安排与任务分配。再次，对异质性行动者进行利益赋予，即确定其利益诉求，并提供利益保障。最后，动员各行动者在行动者网络中行动起来，为实现共同目标产生一致性行为。需要说明的是，异议消除是贯穿转译全过程的关键环节，异议无法消除，行动者网络也无法构建起来。这五个环节相互链接，形成能够稳定发挥作用的行动者网络。

---

① 郭俊立：《巴黎学派的行动者网络理论及其哲学意蕴评析》，《自然辩证法研究》2007年第2期。

② 王佃利、付冷冷：《行动者网络视角下的公共政策过程分析》，《社会学研究》2021年第3期。

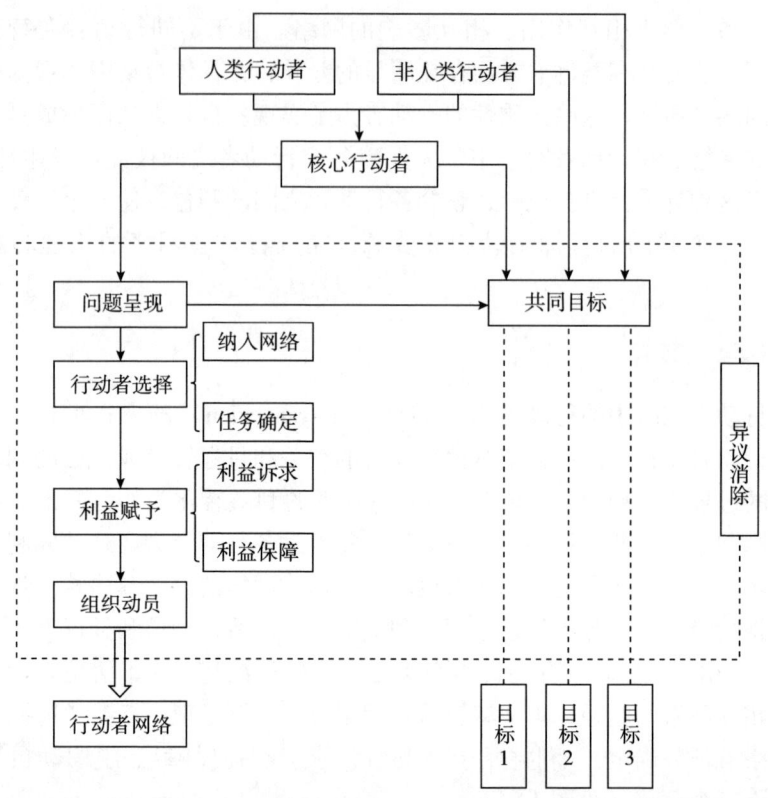

图 1　行动者网络的转译过程

　　基于行动者网络理论，本文具体分析过程为：首先，明晰乡村振兴背景下参与易地搬迁政策执行的主要人类行动者和非人类行动者，确定核心行动者，描述各异质性行动者的行为表现。其次，确定易地搬迁执行要解决的问题与政策目标，构建易地搬迁政策执行行动者网络。最后，分析转译的各个环节，在核心行动者的主导下，各异质行动者会相继被纳入行动者网络，确定各自身份功能与职责，并根据各自利益需求被赋予利益。在此过程中，各行动者会采取相应的策略行动，核心行动者的目标是排除易地搬迁后"稳得住，有就业，逐步能致富"过程中的障碍，促进易地搬迁政策执行行动者网络的形成和效用发挥。

三、易地搬迁政策执行行动者
网络中的异质行动者

根据政策执行行动者网络涉及的主体，本文将搬迁后参与易地搬迁政策执行的异质性主体分为政府、搬迁对象、社会力量等人类行动者；价值和思想观念、生产和生活环境、易地搬迁及相关配套政策等非人类行动者。

（一）人类行动者

1. 政府

在易地搬迁政策执行行动者网络中，相对于其他行动者而言，政府具有权威与资源优势，从而成为行动者网络中的核心行动者。"十三五"期间，易地搬迁政策的完成解决了"一方水土养不了一方人"的突出问题，改善了自然条件恶劣地区的贫困群体生活状况，但搬迁只是手段而不是最终目标，搬迁脱贫人口在社区融入与就业发展方面还存在较高的返贫致贫风险，政府意识到搬迁农户社区融入与就业发展的重要性，由此在乡村振兴背景下，继续进行实施易地搬迁政策支持工作。在搬迁后的政策执行过程中，为了让搬迁对象既能够"稳得住"，也能够"有就业"，并且"逐步能致富"，政府主张通过"产业就业齐抓，输血造血并举"，写好易地搬迁"后篇章"，并发挥自身在易地搬迁政策执行行动者网络中的主导地位①。同时，政府通过搬迁后安置社区治理、组织其他行动者参与治理、推动公共服务与基础设施建设等，发挥在行动者网络中的引领作用。

2. 搬迁对象

在易地搬迁政策执行行动者网络中，搬迁对象是易地搬迁政策的直接受益群体。在政府主导下，他们以自身意愿需求与对易地搬迁及相关配套政策的感知介入政策执行过程并对政策执行结果产生影响。一般而言，搬迁对象的积极参与，有助于推动易地搬迁政策的有序推进和有效落实。搬迁对象可分为一般村民和村干部，一般采取集中安置和分散安置的方式。村民根据搬迁前后生产生活条件的对比，确定搬迁对自己的影响，并以自身行动影响其他搬迁对象的稳定与发展决策。在此过程中，搬迁对象也会

① 《做好易地搬迁"后半篇"文章》，中国政府网，http://www.gov.cn/xinwen/2021-04/07/content_ 5598078.htm.

产生多元化的利益诉求，当利益诉求得不到有效满足时可能会不配合搬迁政策的执行。同时，搬迁对象受教育水平低、技能缺乏、自我发展能力弱，进入新安置社区后，搬迁农户的弱技能水平、弱积极性影响就业发展与社区融入效果。农户一般以务农为生，搬迁位置较远的移民农户远离自己原来的土地或现有土地结构发生改变，对其收入结构以及社区融入意愿产生影响。村干部虽然也是搬迁对象，但作为乡村基层治理的主要领导成员，一般具有较高的威望与权威，在政策宣传、帮助搬迁农户尽快建立新的社会关系①、推动搬迁对象稳定融入安置社区等方面发挥着重要作用。如果政府在政策执行过程中得不到村干部的理解和支持，搬迁后的相关政策执行工作难度将会倍增。

3. 社会力量

易地搬迁政策有效执行离不开全社会的共同参与。一方面，新闻媒体在政策执行过程中扮演信息传递的角色，满足公众知晓欲、监管其他行动者行为、正确引导舆论。新闻媒体向其他行动者传递或反馈易地搬迁政策执行的具体信息，同时以提升政策执行透明度的形式推动社会加强对各类行动者行为的监管。另一方面，专家学者、企业、社会组织、教育机构等社会主体也在政府主导下，积极推动易地搬迁政策执行与落实。他们既关注政策执行的过程，也关注政策执行的结果，并通过发表论文、参加学术交流等渠道讨论政策执行过程中出现的问题以及政策结果的有效性，直接或间接地向政府相关部门提出政策建议。社会组织作为政府力量的有益补充，通过政策倡导，介入公共政策，反映公众需求。② 社会组织还能代表社会利益，对政府和其他行动者的行为产生监督作用。企业作为重要的市场主体，通过承接安置点建设工程、发展升级搬迁地产业、向搬迁群众提供就业岗位等多种途径，深度参与易地搬迁稳定与发展过程③，助力搬迁户搬得出之后，既能住下来，还能有就业。职业学校等教育机构作为掌握知识、传播技能的专业主体，通过向搬迁农户举办培训活动、提供实地技术指导等，助力搬迁对象产生"逐步能致富"的内生力。

---

① 邹瑜、王华丽、刘子豪：《生计恢复力框架下易地扶贫搬迁农户非农就业影响因素研究——基于新疆克孜勒苏柯尔克孜自治州的调查》，《干旱区资源与环境》2020 年第 34 卷第 11 期。

② 祝建兵：《社会组织政策倡导策略的分类与选择》，《中共福建省委党校学报》2018 年第 2 期。

③ 任弢：《村庄单位化：企业参与易地扶贫搬迁的一种机制》，《人文杂志》2021 年第 11 期。

（二）非人类行动者

1. 价值和思想观念

无论是核心行动者还是其他行动者在政策执行过程中都会受其价值和思想观念的影响。价值和思想观念作为非人类行动者，会影响人类行动者的选择与行为。以人为本是易地搬迁政策制定的出发点。在易地搬迁政策执行中，政府行为是否以人为本决定了村干部对基层政府的配合程度和村民对政策的支持程度。而对搬迁对象而言，传统思想观念影响其对易地搬迁及相关配套政策的接受程度，"根在老家""以前的房子才是家"等思想使移民虽身处新安置社区，但尚未产生强烈的归属感，遑论积极投身社区建设。政府价值观念和搬迁对象思想观念作为非人类行动者，在易地搬迁政策执行中会悄无声息地影响政策执行效果。在易地搬迁政策执行过程中，政府有效地坚持以人为本的基本思想，通过帮助搬迁对象改善生产生活条件、实现稳定就业、加强安置社区服务建设等措施，从而降低搬迁对象传统思想观念对搬迁政策后续执行的负面影响。

2. 生产和生活环境

生产和生活环境作为易地搬迁政策执行行动者网络中的非人类行动者，在搬迁后易地搬迁政策执行过程中，通过作用于搬迁对象，向核心行动者提出问题，并促使其做出回应。易地搬迁政策制定的初衷就是通过改变搬迁对象的生产和生活环境，让他们摆脱贫困，过上稳定富裕的生活。因此，迁入地的地理位置、经济基础、公共服务等生产和生活条件优于原住地，是影响搬迁对象"搬出去"后能够"稳得住"并"逐步能致富"的重要条件。搬迁对象生产和生活条件改善程度又会影响其他行动者的行为，在生产和生活环境的反作用下，政府改变行为决策、搬迁对象产生稳定融合意愿等行为出现，推动易地搬迁政策在全面乡村振兴时期的执行网络稳定运行。

3. 易地搬迁及相关配套政策

在易地搬迁政策执行行动者网络中，易地搬迁及相关配套政策扮演着规范易地搬迁行动和保障易地搬迁工作顺利推进的角色，具有工具人的属性。2019 年，国家发展改革委联合其他部门发布《关于进一步加大易地扶贫搬迁后续扶持工作力度的指导意见》，2021 年，又联合印发《关于切实做好易地扶贫搬迁后续扶持工作巩固拓展脱贫攻坚成果的意见》，为乡村振兴背景下易地搬迁政策支持提供了行动指南，形成了包含就业、产业、社区融入、土地等方面的易地搬迁后续扶持政策体系，为有效实现易地搬迁政策目标提供了强有力的保障。一般而言，公共政策作为非人类行动者的使命是实现政策目标，面对政府执行过程中难以实现政策目标，或者政策目标已经不能适应解决当前问题需要的情况时，政策本身也会以执行中出现问题的形式"发表意见"。为了解决这些问题，行动者网络中的核心行动者——政府必须以政策完善与更新的形式予以回应。

四、易地搬迁政策执行行动者网络的转译逻辑

行动者网络理论强调人类行动者与非人类行动者的地位是平等的，认为目标的实现离不开人类行动者与非人类行动者的动态互动，任何一个行动者的缺失，都有可能导致目标难以实现或者出现偏差。因此，行动者网络理论主张各异质行动者在地位平等的基础上，根据各自资源与能力情况分配不同的任务，并通过合作互动共同参与政策执行过程，进而达到实现共同目标的目的。转译是行动者网络得以建立的前提，也是核心行动者组织协调其他行动者结成利益共同体的过程，主要包括问题呈现、行动者选择、利益赋予、组织动员、异议消除五个环节。

（一）问题呈现：搬迁对象面临的稳定融入难题与可持续发展

问题呈现是核心行动者发现阻碍自身利益实现的问题并将其用其他行动者的语言呈现出来，同时将解决这个问题设为各行动者协同合作的共同目标。当然，各行动者在实现共同目标的过程中，也能够实现自身的利益或价值。问题呈现的前提是明确谁是核心行动者。[1] 核心行动者的主要任务是将行动者网络要解决的问题明确化，确定网络中的行动者以及各行动者的共同目标。相较于其他行动者，核心行动者是行动者网络构建和运行的发起者和组织者，应当在资源获取与利用、权威性、组织、管理与协调能力方面具有明显优势。基于此，政府无疑是易地搬迁政策执行网络中的核心行动者。易地搬迁是典型的政府主导型脱贫工程，在易地搬迁政策执行过程中，政府作为核心行动者发挥了重要的主导引领作用。决战脱贫攻坚时期，国务院及地方各级政府完善了易地搬迁政策体系，确定符合条件的搬迁对象进行帮扶，推动易地搬迁工程基础设施建设和安置社区建设，

---

① 刘建国：《基于行动者网络理论的智能交通产业标准化战略研究》，《中国科技论坛》2014 年第 2 期。

并把社会主体纳入政策执行中的行动者网络，搭建社会参与平台，为政策执行提供保障。

核心行动者确定之后，由政府将浮于表面的问题转化为需要实现的目标并形成共识。政府结合搬迁对象进入迁入地之后的生产生活条件和发展需求，把易地搬迁的后续扶持以问题形式呈现出来，通过制定相关扶持政策提出问题解决方案，确定共同目标。脱贫攻坚期间，易地搬迁政策行动者网络实现了让易地搬迁对象"搬出去"的共同目标。但易地搬迁远非一搬了之，脱离了原来的居住地和生活环境，搬迁对象如何实现在安置社区稳定融入与可持续发展是实现"搬出去"目标之后易地搬迁后续扶持政策执行需要重点解决的问题，目标任务向"稳得住，有就业，逐步能致富"转移。易地搬迁的系列配套政策也成为实现稳定脱贫的关键举措。

（二）行动者选择：主要行动者的纳入与任务确定

为了实现易地搬迁后续扶持工作的共同目标，需要作为核心行动者的政府树立多元主体协同治理理念，将搬迁后易地搬迁后续扶持政策执行的主要利益相关者纳入行动者网络中，并让每一位行动者承担一定的任务，即选择合适行动者参与搬迁后政策执行过程。为此，政府作为核心行动者，需要确定影响搬迁后搬迁政策执行的主要人类行动者和非人类行动者。对于人类行动者，从利益相关者的角度，需要把政府自身、搬迁对象、社会力量等纳入进来；对于非人类行动者，从影响搬迁后政策目标实现的角度，将搬迁后的生产生活条件、政府价值观念和搬迁对象的思想观念及相关政策制度纳入进来。

在此基础上，政府作为核心行动者，根据各行动者能够扮演的角色分配其相应的任务。对于政府本身而言，主要是做好统筹协调工作，平衡各行动者之间的利益关系，提供必要的政策制度保障和资金支持；搬迁对象的任务是准确表达利益需求，积极有序参与搬迁后续扶持过程，并对政策执行过程进行监督；新闻媒体的任务是引导社会舆论，同时对相关行动者的行为进行监督；专家学者的任务在于对易地搬迁相关政策提供专业化、权威性阐释，对搬迁后政策执行过程中各行动者的行为进行观察，发现问题，提出解决方案；社会组织的任务是进行政策倡导、提供公共服务，调适政府与公众之间的关系；企业的任务是发挥市场主体的重要作用，为搬迁农户提供就业机会、开发产业资源；职业教育等教育机构的任务是以自身专业知识与技能为支点，组织开展培训活动，培育搬迁对象的发展力；

非人类行动者虽然无法人为布置明确的任务，但他们皆以影响人类行动者决策与行为的方式参与易地搬迁政策执行过程。

需要指出的是，搬迁对象作为行动者网络中的最主要受益群体，受其文化程度、思想观念及利益诉求的影响，成为易地搬迁政策执行行动者网络中最不容易沟通的行动者。因此，核心行动者应协同其他行动者从以下两个方面入手，推动搬迁对象在搬迁政策执行中的稳定与发展：一是通过政策倡导、宣传教育以及典型示范等，转变搬迁对象思想观念，同时完善安置社区基础设施建设及配套教育、医疗、文化服务体系，强化共同体意识，实现"稳得住"目标；二是通过提供就业机会、改善生产条件、加强技能培训等，实现"有就业、逐步能致富"目标。

（三）利益赋予：行动者利益诉求的差异化分析

利益赋予是核心行动者用来稳固利益共同体关系的技术措施。[1] 如何进行恰当的利益赋予是易地搬迁政策执行行动者网络构建的重点和难点。这里的利益既包括经济利益，如对搬迁户的资金补助等，也包括非经济利益，如公信力的增强、社会地位的提高、社会形象的改善以及自我价值的实现等。利益赋予的重点是核心行动者确定其他行动者的利益诉求并赋予其合理的利益保障，使各方行动者均能获得利益，从而结成相互依赖的利益共同体。具体包含利益诉求与利益保障两个步骤，即确定各异质性行动者的诉求，并给予保障预防由于行动者缺失或不作为导致的网络结构失衡。

各行动者均具有利益诉求。政府、搬迁对象等人类行动者的利益诉求是破解地缘贫困制约之后能够解决就业、技能贫困，提升搬迁人口的内生动力，实现生活质量提高；新闻媒体的利益诉求是报道新闻信息、引导社会舆论和进行社会监督，实现新闻媒介的社会价值；专家学者、社会组织和教育机构希望通过参与易地搬迁政策执行（政策建议或倡导等）促进政策目标实现，同时实现自身价值；企业的利益诉求是提升企业形象声誉、品牌竞争力和市场认可度。对于非人类行动者而言，政府的价值观念和搬迁对象的思想观念影响政府和搬迁对象的行为选择；生产和生活环境影响搬迁对象生存与生活质量，促使其能够"稳得住，能致富"，又会在其他行动者的作用下做出改变；易地搬迁及相关配套政策则希望不断优化与完

---

[1]　赵强：《市治理动力机制：行动者网络理论视角》，《行政论坛》2011 年第 1 期。

善形成完备的体系，推动政策目标实现（见图2）。

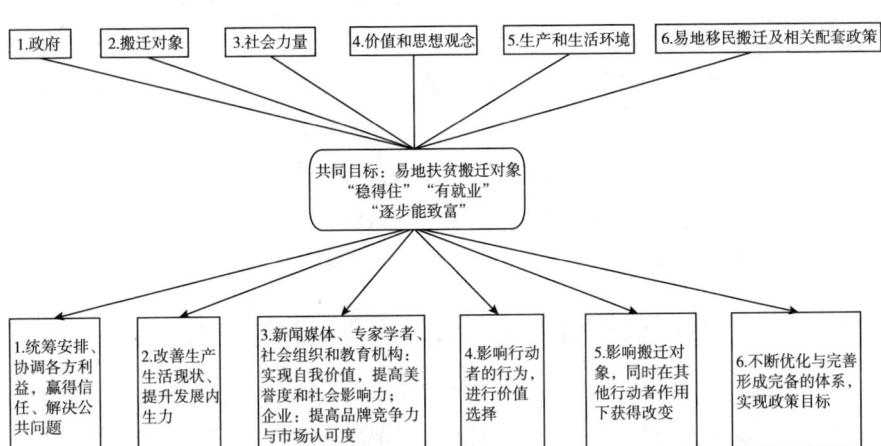

图2　易地搬迁政策行动者的利益诉求

合理的利益保障能够激发各行动者产生行为动机。易地搬迁政策为行动者网络中的各行动者提供基本行为规范和政策支持，比如为"龙头企业提供产业信贷支持""建立易地扶贫搬迁用地手续办理审批绿色通道"等。利益保障还包括自我赋益，如专家学者和社会组织有效参与目标实现，满足自我实现需求；易地搬迁及相关配套政策通过规范人类行动者的行为实现自身工具性价值。

（四）组织动员：政府主导下多元行动者的协同参与

核心行动者通过章程或契约等形式将各种异质性行动者纳入合作网络中，并不是任务的完成，还需要将行动者动员起来，才能实现共同目标。因此，在易地搬迁政策执行过程中，需要充分调动各异质性行动者的积极性，促使他们有效合作。在组织动员阶段，由核心行动者发挥代言人作用，动员所有行动者，推动政策实施。政府通过正式和非正式的方式激励其他行动者，如提升社会组织等级、增加与企业合作机会、满足搬迁对象需求等激励措施将行动者网络动员起来。在行动者网络中，各异质性行动者在易地搬迁执行过程中既各自行动，又相互影响、相互作用，从而形成政策执行的利益共同体。政府是易地搬迁政策执行行动者网络的发起者和组织者，为网络的运行提供基本保障；搬迁对象是行动者网络的主要受益者，但不同的搬迁对象又有不同的利益诉求；社会力量作为政府的有益补充，在推动政策执行的同时又影响政策决策；政府的价值观念决定政府是否能够在政策执行过程中秉持正确的价值选择，搬迁对象的思想观念影响其对易地搬迁政策执行的认知与态度；搬迁对象的生产生活条件通过搬迁对象能动地影响政策执行效果；易地搬迁及相关配套政策是易地搬迁政策执行行动者网络中的关键工具性行动者，表现出工具人的典型特性。总之，搬迁政策执行的效果是各异质性行动者合作互动的结果，任何一方的缺失或错位，都会致使易地搬迁政策执行出现目标偏差。只有完成组织动员工作，易地搬迁政策执行的行动者网络才能够真正建立起来。

（五）异议消除：构建持久稳固的利益共同体关系

易地搬迁政策执行过程中所包含的异质行动者数量多、身份复杂，各自的利益诉求也不同，彼此之间可能存在矛盾和冲突。异议消除是更好地协调各方利益的基本前提。其关键在于核心行动者能够及时发现和处理各个行动者之间的矛盾和冲突，并妥善处理个别行动者退出行动者网络的问题。异议消除的过程也是稳定行动者网络的过程。如果核心行动者不能及时发现并解决"异议"，那么这些行动者因难以实现自身利益可能会破坏行动者网络，从而使网络处于不稳定状态。在易地搬迁政策执行行动者网络中，核心行动者与非核心行动者以及非核心行动者之间都可能产生矛盾或冲突。在稳定搬迁对象阶段，政府作为核心行动者需要协调各方利益结构的变动。搬迁对象搬迁到新的社区，虽然摆脱了绝对贫困，但又面临如何巩固脱贫攻坚成果以及提升内生发展动力的问题，在此过程中会产生政府与搬迁对象、搬迁对象与社区之间的矛盾与冲突，需要及时化解。社会组织的任务从动员搬迁阶段倡导易地搬迁政策、安抚搬迁对象到为搬迁对象提供就业、养老等社区公共服务等，在此过程中依然会与政府、搬迁对象之间产生一些矛盾。在培育搬迁对象持续发展阶段，政府和企业等社会团体为移民农户提供就业机会实现短期增收，但农户低水平的技能、"等、靠、要""政府托底"思想使搬迁对象会产生自身能力与长远发展的矛盾等。因此，政府需要出面协调各方利益诉求，维护搬迁后易地搬迁政策执行行动者网络的动态平衡。

综上所述，经过转译过程，搬迁对象、社会力量、价值和思想观念、生产和生活环境以及易地搬迁及相关配套政策等异质性行动者在核心行动者政府的组织协调下，围绕让易地搬迁对象"稳得住，有就业，逐步能致富"的共同目标有机组合在一起，形成搬迁后易地搬迁政策执行行动者网络，推动搬迁后续扶持工作有效运行与落实。在政策执行过程中，该行动者网络并不是处于静止状态，而是处于动态平衡之中，不断将新产生或发生变化的利益和问题进行转译，吸收其他可能产生作用的行动者加入。因此，只有维护有机统一的行动者网络，才能在实现网络行动者共同目标的同时，实现各行动者参与该网络的基本目标。

五、结论与启示

在行动者网络理论框架下，任何政策执行过程都体现为人类行动者与非人类行动者之间的合作互动，而互动的质量则会影响政策执行效果。在乡村振兴背景下，易地搬迁政策执行中的行动者网络，展现了多元主体（包括人类行动者和非人类行动者）合作治理的行为逻辑。在搬迁后易地搬迁政策执行过程中，政府、搬迁对象、社会力量等人类行动者与价值和思想观念、生产和生活环境、易地搬迁及相关配套政策等非人类行动者，在核心行动者政府的主导下，经过问题呈现、行动者选择、利益赋予、组织动员、异议消除五个基本环节的转译过程，共同构成了易地搬迁政策执行的行动者网络，促进易地搬迁政策目标的有效落实。2021 年以来，"464.31 万搬迁劳动力实现就业，就业率达 92%，218 万户有劳动力的搬迁家庭基本实现了至少 1 人就业目标"。[①] 可以说，在各异质性行动者的共同作用下，不仅有效推动"稳得住，有就业，逐步能致富"阶段性政策目标的实现，也使各行动者的利益诉求和自身价值得到有效满足与合理实现。

2022 年初，在中共中央、国务院《关于做好 2022 年全面推进乡村振兴重点工作的意见》中，要求"完善易地搬迁集中安置区配套设施和公共服务，持续加大安置区产业培育力度，开展搬迁群众就业帮扶专项行动。落实搬迁群众户籍管理、合法权益保障、社会融入等工作举措，提升安置社区治理水平"。这就要求作为核心行动者的政府及时把握时代变化与发展需要，准确识别全面推进乡村振兴阶段的目标任务，不断完善易地搬迁政策体系，健全各行动者之间的信息沟通交流机制，推动政策执行行动者网络的高效运行。为此，需要在以下几个方面做出努力：一是及时更新和调整行动者网络体系。根据新阶段搬迁对象的发展要求，素养提升、技能

[①] 国家乡村振兴局：《易地搬迁后扶　二十部委聚力巩固易地扶贫搬迁成果　92%搬迁劳动力实现就业》，http：//nrra. gov. cn/art/2022/4/15/art_ 28_ 194836. html。

培训、就业发展等依然是制约搬迁对象实现可持续稳定发展的阻滞因素，政府需要遵循可持续发展的基本思路，明确现阶段的目标，做好搬迁群众的帮扶工作，将新的行动者及时纳入行动者网络，推动使命完成的行动者有序退出，同时在精准识别各异质性主体在新环境中利益诉求的基础上，通过有效的沟通，调解各主体间的利益冲突，在巩固易地搬迁政策成果的同时，构建起能够适应全面乡村振兴时期的搬迁政策执行行动者网络，实现行动者网络的动态平衡。二是构建完善的行动者网络运行保障体系。一方面，加强行动者网络法制化建设，明确多元主体的法律责任、责权关系，健全行为监督机制，预防恶意破坏行动者网络行为的发生；另一方面，完善相关配套政策体系，有效保障人类行动者的基本权益，满足合理利益诉求，为其有效参与扶贫搬迁政策执行提供政策保障。重视非人类行动者的能动性表现，关注其对人类行动者行为的影响，推动人类行动者与非人类行动者的有效互动。三是提高行动者网络运行效率。政府作为核心行动者，应主动完善易地搬迁政策执行中的信息沟通交流机制，为各异质性主体之间的相互交流搭建平台，创新行动者之间的交流合作模式，提高行动者网络合作效率。

社会组织参与乡村文化振兴的
路径与策略研究

——以社会资本理论为视角[*]

赵小平　许　英　陶传进[**]

摘　要　社会组织参与乡村文化振兴经常陷入"文化难以落地"的困境，即在文化议题选择、目标人群定位和服务方式创新等方面缺乏专业能力的依托，呈现出内容虚泛、形式教条、村民抵触的情形。本文以某社工机构参与乡村文化营造为例研究发现，社会组织参与乡村文化振兴，要首先围绕优质议题和优质人群展开服务，议题选择要与目标人群的需求紧密相关，群体选择要有易于动员和受关注高的特点。选定优质议题和人群可以帮助社会组织快速积累社区社会资本，不仅有利于其实现当前目标，而且为项目拓展到其他人群和领域打下基础。

关键词　社会组织　乡村文化振兴　社会资本　资源积累议题转化

一、引言

自 2018 年党的十九大提出乡村振兴战略以来，中央出台了若干文件进行推进，并将乡村振兴与实现共同富裕紧密联系，具有重大现实意义和

---

[*]　本文为北京市习近平新时代中国特色社会主义思想研究中心项目"巩固拓展脱贫攻坚成果与乡村振兴有效衔接研究"（项目编号：21LLYJB018）研究成果。

[**]　赵小平，北京市社会科学院社会学所副研究员；许英，北京师范大学社会发展与公共政策学院博士研究生；陶传进，北京师范大学社会发展与公共政策学院教授、博士生导师。

深远历史意义①②。乡村振兴是一项庞大而复杂的工程，除政府外，社会组织也有诸多优势、可发挥重要作用③④⑤，比如，帮助农民抵御市场风险、解决信息不对称问题、增强社会信任、规范农民行为、提供专业服务等⑥⑦⑧。

　　社会组织参与乡村振兴的领域是多元的，文化振兴是其中一类。由于"文化"本身的概念极为宽广，即便是狭义的文化也是指一切社会意识活动的总和，落到实际操作领域，容易在内容上陷入"泛化""虚化"，在形式上演变为"说教"或"运动"。因此，对那些致力于乡村文化振兴的社会组织而言，如何才能让文化"落地"是一个极具挑战性的问题。对此，更加具体的表达便是：在乡村文化振兴中，社会组织如何找到合适的文化议题作为依托？如何定位合适的目标人群去服务？当有限的文旅资源被挖掘殆尽后，如何实现机构在乡村振兴中的可持续发展？

　　在本案例中，可以看到一个社会组织参与乡村文化振兴的全过程，即从乡村儿童和本地文旅资源切入，通过一系列的服务内容，让乡村文化建构落地的同时也获得更多发展机遇的做法。从社会资本的理论视角分析，该案例呈现的经验、模式及其背后的理论逻辑，为社会组织通过农村文化社区营造来促进乡村文化振兴方面提供了有价值的参考。

---

① 王思斌：《乡村振兴中韧性发展的经济——社会政策与共同富裕效应》，《探索与争鸣》2022 年第 1 期。

② 李实、陈基平、滕阳川：《共同富裕路上的乡村振兴：问题、挑战与建议》，《兰州大学学报》（社会科学版）2021 年第 3 期。

③ 李怀瑞、邓国胜：《社会力量参与乡村振兴的新内源发展路径研究——基于四个个案的比较》，《中国行政管理》2021 年第 5 期。

④ 刘刚、张泠然、殷建瓴：《价值主张、价值创造、价值共享与农业产业生态系统的动态演进——基于德青源的案例研究》，《中国农村经济》2020 年第 7 期。

⑤ Krzysztof G. , Marta K. and Piotr N. , et al. , "Culture and Rural Development：Voices from Poland", *Eastern European Countryside*, No. 1（2014）, pp. 5-26.

⑥ 王春光：《中国社会发展中的社会文化主体性——以 40 年农村发展和减贫为例》，《中国社会科学》2019 年第 11 期。

⑦ 郑观蕾、蓝煜昕：《渐进式嵌入：不确定性视角下社会组织介入乡村振兴的策略选择——以 S 基金会为例》，《公共管理学报》2021 年第 1 期，第 12 页。

⑧ Spear R. , Cornforth C. and Aiken M. , "The Governance Challenges of Social Enterprises：Evidence from a UK Empirical Study", *Annals of Public & Cooperative Economics*, No. 2，2010.

二、案例呈现

（一）背景：一个特殊村落的沉落与契机

蒲江鹤山街道蒲砚村与樱桃村于 2017 年建成集中居住 280 户、共计 800 多人的新农村，儿童 100 余人，老人 80 多人。这是一个比较特殊的村落，有较为深厚的历史文化资源，包括非物质文化遗产蒲砚、800 多年历史的南宋魏了翁鹤山书院遗址、战国船棺遗址、古盐井、国家级文物保护单位龙拖湾摩崖造像群。

然而，村内广大青壮年及儿童对村史、历史遗迹基本不清楚，和普通的集中安置的新村基本没有区别：乡村少年对本土文化缺乏亲近感和认同感、社区环境较差、文化生活单调，昔日农村的热闹逐渐消失，传统邻里关系面临着不断萎缩的尴尬。

原本就此没落下去的农村，在最近几年迎来了契机，即在成都社区营造整体氛围的影响下，又有专项发展基金的支持，农村开始做院落治理、活化社区、自组织培育等与乡村振兴相关的项目。

（二）建构：社会组织对文化资源的再生产

1. 亮相：通过迎新春晚会出现在村民面前

在项目进入时，正值春节。社会组织中有一位工作人员是本村村民，对村中情况较为了解，知道村中一直想要举办相关文艺类活动，社会组织便借此机遇，将项目启动会与晚会结合起来。社会组织设计方案，与村"两委"共同举办了村中历史上的第二次文艺活动。晚会在村中广场举行，有五六百名观众，表演了 10 个节目。其中，社会组织动员儿童表演了一个节目，链接了四川省非物质文化遗产中心在村中的资源，开展了手工茶制作、书法展示等活动。

社会组织借助晚会现场对即将在村中开展的项目进行了介绍，也在晚会活动现场设置了项目宣传点，在历时 3 小时的晚会现场，社会组织第一次和居民们见面，逐渐熟悉起来。

2. 行动：将儿童发展与特色资源结合

社会组织开展活动之前，需要精准地选择服务对象。于是，在村书记的支持下，机构工作人员随网格人员一起入户，进行了问卷调查及项目宣传。宣传活动主要针对儿童，在重点走访了几十户儿童家庭之后，便有村民主动前来了解项目。

项目招募了儿童，开始围绕他们设计一系列活动。活动内容围绕着村中历史文化资源，其目的是，一方面让儿童了解村中文化，产生文化认同；另一方面通过活动让儿童获得成长。如此，便能够吸引那些希望孩子得到锻炼的家长们，使他们愿意支持和参与项目。

（1）了解村中历史文化——故事讲解与实地探访。蒲砚、樱桃村本身具有很好的历史文化资源，项目通过村中长者给村中儿童口述三期故事的方式，让儿童知晓村中非物质文化遗产。在讲解村中故事时，也让老年人感受到了价值，有一位老人说："本以为自己年纪大了没什么用，没想到还能把故事讲给孩子听，很有意义。"

讲述完身边故事之后，项目尝试动员儿童家长，组织家长和孩子们一起参观故事中的文化遗址，进行实地探访。由于很多历史文化遗产已经被保护起来，个人不能前去参观，但是通过组团学习的形式是可以申请到的。因此，家长们容易被动员起来，而且他们也很支持孩子参与活动，认为他们可以切身感受村中深厚的历史文化。

另外，项目组也会在走访过程中设计一些有趣、温馨的活动，让家长和孩子们感受公益活动的魅力，尤其让家长们认识到，通过公益活动可以让孩子们获得成长。例如，设计了野炊、植物认识活动，还对一位山上的独居老人进行了探访，在探访时儿童带了喜欢的玩具、家长带了一些慰问物资。

探访活动共计开展了五次，每次有三四十人参加。走访结束后，项目组要求每个儿童写一篇日记，并且评选优秀日记给予奖励（见图1）。

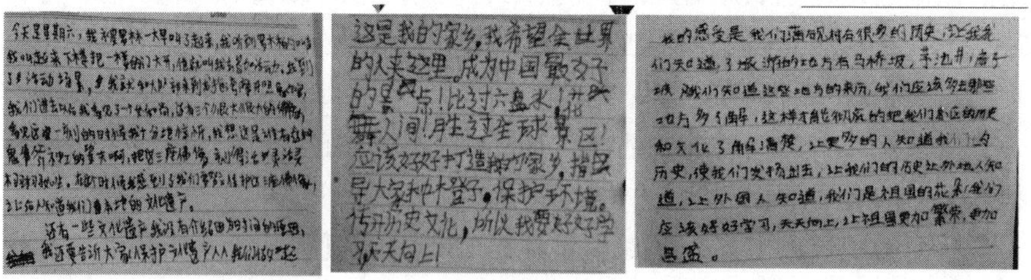

图1　儿童的参访日记

孩子们把自己对家乡的认识和感悟写进日记中，表达了自己对家乡的热爱，参观活动让他们真切地感受到了村中的历史文化。孩子们在看到栩栩如生的佛像时写道："在这个时候，我感到了我们要努力保护这三座佛像，让后人知道我们本地的文化遗产。"在看见家乡的美景时，孩子们忍不住在日记中感叹道："这是我的家乡，我希望全世界的人来这里，成为中国最好的景点，比过六盘水！花舞人间！胜过全球景区，应该好好打造我的家乡，指导大家种橙子，保护环境，传承历史文化。"

除故事讲解和实地探访活动之外，项目还开展了三期"村史故事书"活动，共有18名左右的家长和儿童参与。活动由一位高中美术老师牵头，他带领村中的儿童、家长以简笔画的形式，画出樱桃村的历史文化故事，再配上文字介绍。家长和儿童被分成几个小组，每组一个主题，指导老师会讲解每个主题并且指导绘画和文字设计，让大家更加深入地了解了村中的历史文化。

经过这样的活动，村民们感受到自己所在村庄的特别，从而生出自豪感，他们自愿为村内的古盐井、战国船棺、蒲砚等制作了微信推文，他们均为自己能够生活在这个村庄而感到自豪。而且也有村民因此而喜欢上社会组织的活动，一位曾经在农闲时喜欢打麻将的老者在参加过活动后积极性被激发，现在基本上每次活动都少不了他的身影。而且，他还愿意做志愿者，协助开展活动。

（2）组建导赏团——从活动中感受自身价值。村上刚建立了四川省非物质文化遗产传承基地，吸引了很多游客前来参观，参与接待的主要是村长。但是，由于参观人数很多，村长接待不过来，而且村长不会讲普通话，有时游客听不懂讲解。于是，社会组织引导家长和儿童一起分担讲解任务，组建了导赏团。

导赏团共招募了12位村民，其中还有一位从事了42年社区工作的退休老干部，他们一起构成老中青导赏团。在参与接待前，由村长指导示范，并且请了专业的礼仪老师为大家培训。培训过程中大家都很认真地对着讲稿不断练习和模拟，到最终脱稿讲解时，勤奋的练习使讲解工作顺利开展。

导赏团不仅协助村长完成了游客接待工作，还让大家对村中文化有了深深的认同感。即使项目结束了，导赏团依然持续运行，由村上统一管理，已经真正成为一支持续参与村中事务的优秀队伍。

村长说："之前刚开始接触社会组织，不太理解社会组织要做什么，也不知道有什么意义，但是全程跟进了项目后，我觉得这个事情的真正意义是让孩子们能够对村中文化有所了解，并且传承下去。"

（3）由导赏团延伸出自组织——砚樱少年派。在组建导赏团并取得了良好效果之后，社会组织利用暑期空闲时间，召集成立了"砚樱少年派"。"砚樱少年派"中有个别成员与导赏团成员重合，最终形成了共 15 人左右的团队，其中家长 6 人。

"少年派"成立后，开展了 8 次团建小组活动，其中包括会长选举、团队分工、规则、村上公共议题、团队活动等讨论，还包括沟通协调等管理能力的培训。后期，少年派主要开展两类活动：

一是垃圾分类劝导活动。首先开展的是垃圾分类的相关培训，项目根据村民的时间，分两次开展培训，每次培训一天，给村民们讲解如何利用 APP 进行垃圾分类。其次是开展垃圾分类知识竞赛活动，在培训结束后，开始为期半个月的网上竞答，儿童和家长都可以参加，每天网页上都会有三次答题机会，村民可以刷分，前 50 名有资格进入半个月后的现场答题竞赛。该活动由少年派自己策划执行，社会组织主要是在他们遇到困难时给予协助支持，提供建议。通过活动，村民不仅了解到了垃圾分类的知识，也逐渐地深入到社会组织的活动中。

二是广播日记集。在此前走访遗址时，孩子们写了相关日记，少年派在后期对其进行整理，并对优秀日记进行了广播。这样做的目的是让更多的村民看到社会组织所取得的成果，让孩子们提升自信。

三、案例分析

（一）文化振兴项目中社会资本视角的引入

一个外来的城市社会组织来到乡村，要想切入并成功扎根并不容易，能否得到村庄治理核心主体的认可是关键所在，也就是说，外来社会组织不可回避地要进入当地的社会人际网络中并按照本土规则与利益相关方进行良性互动。因此，社会资本理论应当成为分析社会组织参与乡村振兴过程中重点考虑的分析视角。

社会资本是社区有效治理的重要基础①，它能够促进自愿合作，从而

---

① 赵小平、毛佩瑾：《公益领域中的"市场运作"：社会组织建构社区社会资本的机制创新》，《中国行政管理》2015 年第 11 期。

推动经济繁荣和民主政治的发展①②；实现高水平的合作、信任和互惠，达到良性的社会均衡；有助于提高居民的生活福祉（Well-being）和社会满意度③④。

国际经验表明，社会组织既是建构社会资本的重要主体也是利用社会资本的擅长主体，它们可以通过各种"社区媒介性资源"将社区成员连接起来⑤，同时传递信任、友好、尊重、欣赏、宽容等价值元素，从而建立不同人群之间的横向纽带，而这些纽带则是推进现代城乡社区治理进步的重要基础。

不过，在乡村文化振兴的领域，社会资本的构建与其他场域可能有所不同。文化原本就是一种高度抽象的概括，要还原到现实生活并不容易。如果文化落地还是以传统的形式组织一场晚会、发放一些传单、搞几次活动，那么社会资本的建构可能将是昙花一现，因为这些动作本身就不可持续，而对一个外来社会组织而言就更是如此了。

于是，当社会组织参与乡村文化振兴时，就需要从议题选择和人群定位上进行深度研判，看哪种方式可以在实现文化目标的同时，更好地积累自己与村庄各个利益主体的社会资本。

（二）社会资本视角下的文化落地：选定优质群体和优质议题

从更细分的视角看，乡村社会资本并不是铁板一块，而是可以根据人群细分为不同的类型，每种类型又因为人群特征的差异和外来社会组织的特长而在建构难度、建构效率等方面呈现不同的结果。在本案例中，社会组织选取了少年儿童这个"优质群体"，在快速有效地构建起社会资本方面有很大优势：

第一，少年儿童没有家庭生计发展的负担，而且乡村少年儿童在课业负担、课外辅导方面也相对较少，所以有较为充裕的时间和精力参与项目；第二，相对于成年人，少年儿童的思维更为单纯，对新鲜事物的兴趣

---

① 罗伯·帕特南：《使民主运转起来》，江西人民出版社，2001年。

② Putnam R. D., *Making Democracy Work*, Jiangxi：Jiangxi People's Publishing House, 2001.

③ Maloney W., Smith G. and Stoker G., "Social Capital and Urban Governance：Adding a More Contextualized 'Top-down' Perspective", *Political Studies*, No. 48, 2000.

④ Bjornskov C., "The Happy Few：Cross-Country Evidence on Social Capital and Life Satisfaction", *Kykols*, No. 56, 2003.

⑤ Brown L. D. and Ashman D., "Participation, Social Capital, and Intersectoral Problem Solving：African and Asian Cases", *World Development* 24 No. 9, 1996.

更为广泛，社工机构组织的营造活动更加适合他们的年龄特征和心理特点；第三，在城市化背景下，乡村凋敝过程中，大量留守儿童也有参与社会组织提供的"夏令营"类活动的需求；第四，少年儿童是家庭的未来，也是家长关注的核心所在，少年儿童朝向积极的方向变化，不仅令家长满意，而且也更容易动员家长参与，得到家长的支持。

可以看到，对外来社会组织而言，少年儿童这个群体不仅"有时间""有兴趣""有需求"，而且是村庄中众人关注的"焦点群体"。为他们提供服务，不仅可以快速构建其与社会组织的信任和互动关系，而且可以得到其他成年村民的认可。因此，与少年儿童群体建构的社会资本不仅难度低而且还具有较好的"转移性"。

从社会资本持续建构的角度看，社会组织参与乡村文化振兴的第二个要点是文化如何"落"到合适的议题上。在本案例中，文化营造并没有落入传统文化活动中办晚会、汇演、比赛的老套路上（正如村委会一开始办的新春晚会那样），而是将社区特色与少年儿童的特征结合，设计出了一些既具体又可积累的内容，比如，组织孩子们通过口述史的方式搜集老者文化故事、到文化遗址探访、开展垃圾分类、组建导赏团、砚樱少年派等儿童自组织等。正是这些丰富又接地气的活动内容，才让乡村文化这个抽象的概念找到了具象的载体，也让社会资本的建构实现了可积累。

（三）社会资本储蓄为项目升级转型创造良好条件

1. 项目发展点之一：让儿童发展朝纵向深化

最初，用热闹的活动会容易吸引大家参与，但随着新鲜感的降低，仅有热闹是不够的，而需要持续地动员大家参与活动，否则就会逐渐出现参与热情下降、参与人员流失的情况，那么社会资本的建构也会遭遇困境。如果强行推动而不是升级项目，那么还可能遭到服务对象的反感，消耗已有的社会资本。

于是，项目开展不能仅从形式上改变，更需要项目能够自下而上找到"根"，即需要孩子们不只是通过讲课或旅游时才能够感受到家乡的文化，而是弥散在生活之中，能够处处感受到、观察到，而且能够展示给家长，让家长也看到孩子们发自内心地热爱和观察生活。即使孩子学习成绩不够好，也是一个有想法、有能力的孩子。这样的教育不可能只靠社工机构组织的几次听故事活动便可以达到，还需要引导孩子们对自己家乡产生更多的思考和观察，让活动深入到日常生活中。

当他们对身边的花花草草、一点一滴都发现了独特之处或有了更深刻的认识，便可以再往上叠加夏令营、自然课堂等形式；当他们关注自己的家乡，不只是为了砚台或游客，而是各种兴趣被激活了，比如，这其中有很多科普、文化、历史知识等，砚台也不只是相关的文化，还涉及地质、岩石、年代、化石、古生物、现代生物等。项目可以把历史、自然、科学等方面的内容都设计进来，激发孩子们的内在动机，让他们有意愿了解家乡的一切，也愿意把自己的发现和思考分享给大家，这样才是一个自下而上的过程，才能够真正成为有"根系"的项目。当项目提档升级之后，不仅可以实现社会资本的数量积累，而且还可以促进其质量的提升。

2. 项目发展点之二：让项目朝横向拓展

项目通过儿童和社区的文化遗产来切入，能够很好地介入社区，也能够打下良好的基础，但是旅游文化资源可能很快就会燃烧完，因此，需要考虑如何让项目持续下去，比如可以在社区自组织的基础上，开展社区互助或公益服务，服务人群不仅可以从儿童拓展到普通农户，而且领域也可以从文化拓展到产业发展、环境保护和社区治理。

从社会资本的视角看，这些未来的可能行动是有前期工作基础的，是对既有项目成果的转化与升级。一方面，已有项目积累起来的社会资本不仅适用于儿童群体，也可以部分转移到家长身上，从而让社会组织获得更多社区其他群体发展需求的信息；另一方面，这部分已有的社会资本，也会帮助社会组织在设计推进新的项目上获得更广泛的支持和认可，至少不会像初次进入那般需要花费很高的动员成本才能实现。

四、主要结论与建议

（一）主要结论

第一，社会组织参与乡村文化社会营造，至少需要依托一个优质议题来展开，该议题需要与目标人群的需求紧密相关。案例中的社会组织将儿童对家乡文化历史的寻根意愿与其好奇心驱使下希望探索世界的需求相结合，启动了趣味盎然的乡村夏令营。这样以议题为载体、以问题为导向的项目开展方式，有效规避了传统乡村文化发展中活动化、形式化文体表演的庸俗套路，让社区营造实现了议题化和可积累。

第二，社会组织参与乡村文化社区营造，至少需要找到一个优质群体予以切入，该群体不仅要有"易于动员"的特点，而且还应是村庄发展关心的、可以起到撬动其他群体参与的作用。案例中社会组织将儿童作为服务对象正是具备了上述特点：首先，乡村儿童比较单纯、好奇心强且有大量时间与社工互动。其次，在村民眼中，儿童是家庭的未来，能有一帮高学历的社工领着做活动远比儿童自己闲散游逛更有好处，而且还帮家长解决了安全看护问题。最后，从案例可以看到，儿童从被动地参与夏令营到主动地参与讲解队，不仅得到家长的认可，而且得到村委的信任并承担了部分接待任务，撬动效果也是明显的。

第三，选定优质的议题和人群可以帮助社会组织快速积累社区社会资本，不仅能有利于其实现当前目标，而且为项目拓展到其他人群和领域打下基础。选定了优质议题和人群让社会组织将乡村文化振兴落到了最佳点上，其重要的产出之一就是社区社会资本被快速建构起来。因为服务人群是村庄关注的焦点人群，所以社会资本的建构具有很强的外溢性，进而让社区其他利益相关方也给了社会组织较高的印象分，从而为其获得更深度介入其他社区治理议题打下了三个重要基础：一是得到村民和"两委"的认可，进而获得信任基础；二是进入当地熟人关系网络，可以获得更多的信息来源；三是在村"两委"和村民的支持下，可以在场地、人力、设备、资金等方面获得资源支持。

（二）主要建议

虽然案例中的社会组织成功实现了乡村文化在社区营造中的落地，但其可持续发展也还存在两个要点需要关注，也是其他社会组织开展同类服务时需要注意之处。

第一，让乡村儿童发展以更加多元的方式得到促进。目前，乡村儿童发展还主要停留在村庄历史的挖掘和呈现方面，但这份资源将可能很快用尽，于是就面临服务如何升级的问题。从已有的社会组织参与乡村振兴的发展经验看，有两个方面可以尝试：一是从文化纵向继续优化升级，但这需要很高的社会创新能力；二是结合乡村资源从儿童横向发展的不同领域实现扩展，比如自然学堂、亲子互动等。

第二，从关注儿童发展拓展到乡村振兴的其他议题。社会组织想要深度参与到乡村治理中，除了自身的专业能力之外，还需要其他一些重要条件。比如，要得到村"两委"和村民的信任和认可，又如要获得有关村情民俗的重要信息，尤其是村庄的人际关系和利益格局等。该组织当前的项目已经为其获得了这些条件，下一步可以考虑争取更多内外部资源，瞄准村庄其他人群（如成年人、妇女、老人等），在产业发展、环境保护、矛盾调解、弱势群体服务方面寻找其他更迫切议题开展项目。

他山之石

日本故乡纳税制度及启示[*]

俞祖成　杨　琼[**]

摘　要　在日本，随着经济的发展和城市化进程的加速，大量人口向东京、大阪、名古屋等大都市集中，从而导致中小城市劳动力大幅减少，工厂倒闭，农村空巢现象日趋严重，地方可持续发展面临巨大挑战。为了激发地方活力，日本于 2008 年实施旨在"平衡地区间财政收入差距"的故乡纳税制度。该制度实施以来，在缓解地方财政困难、振兴地方经济等方面发挥了重要作用。对于同样面临人口老龄化、区域经济差距不断扩大等现实问题的中国而言，在继续深化以中央政府为核心的财政转移支付制度的同时，可借鉴日本故乡纳税制度的相关经验以增加地方财政收入并助力乡村振兴。

关键词　故乡纳税　市民捐赠　乡村振兴

一、问题的提出

2020 年，我国完成脱贫攻坚目标任务，进入"巩固拓展脱贫攻坚成果"与"乡村振兴有效衔接、全面推进乡村振兴战略"的新阶段。然而在深入推进乡村振兴过程中，我国面临人口老龄化、地区发展不平衡等现实问题。如何处理区域间经济发展关系，强化以城带乡，加快农业农村现代化，全面推进乡村振兴，日本故乡纳税制度也许能够为我们提供一个振兴地方发展的参考案例。

---

　*　本文为国家社会科学基金一般项目"我国慈善组织认定制度的实施困境及其对策研究"（18BZZ090）的阶段性成果。

**　俞祖成，政策科学博士（日本同志社大学），上海外国语大学国际关系与公共事务学院副教授、博士生导师；杨琼，上海外国语大学日本文化经济学院硕士研究生。

鉴于地区间财政收入不平等的状况，日本政府在 2008 年的地方税制改革过程中创设故乡纳税制度。所谓故乡纳税制度，是指"市民向自主选定的地方自治体提供捐赠的时候，在捐赠总额中超过 2000 日元的部分，原则上可以从个人所得税和个人住民税中进行全额扣除的一种制度"。①由此可知，故乡纳税并非真正意义上的"纳税"行为，而是鼓励市民向地方政府进行捐赠的一种公益行为。凡是提供"故乡纳税"的市民，可以享受"所得税等的税额扣除"这个政策优惠。②

截至 2021 年，国内针对日本故乡纳税制度的研究并不多见。最早在 2008 年，有学者梳理了故乡纳税制度的创设脉络及主要内容，指出该制度既可增加地方财政收入又可抵消个税，对纳税人来说一举两得，并对其实施效果进行展望。③但由于是制度出台之年，这项研究并未呈现故乡纳税制度的全部景象。在此后的 2009～2014 年，国内未再出现相关研究。到了 2015 年，中国驻日本大使馆公使级参事官薛剑前往故乡纳税制度模范町——北海道上士幌町考察，随同记者以上士幌町为例，考察了故乡纳税制度在地方的实施情况，认为该制度在日本社会"少子老龄化""地方过疏化"背景下极好地促进了地方经济重生。同时，笔者注意到在制度实施过程中出现"回礼竞争"问题，指出此现象动摇了故乡纳税制度的制定初衷。④颇有意思的是，次年有学者分析指出地方政府提供的"回礼"是促使故乡纳税制度成功的重要原因，它为展现区域特色和宣传地方物产提供了良好契机。⑤事实上，针对"回礼竞争"现象，学界褒贬不一，日本政府后续也针对其产生的问题不断采取修正措施，但未见对此进行系统解读的研究。

2017 年，党的十九大报告首次提出乡村振兴战略，次年中央一号文件对实施乡村振兴战略进行全面部署。据此，作为平衡地区间财政状况的重要措施，日本故乡纳税制度从 2018 年开始受到我国学界的较大关注。例如，有学者聚焦故乡纳税制度显现出的"互联网众筹"功能，指出故乡

---

① 総務省「ふるさと納税の仕組み」，https：//www. soumu. go. jp/main_ sosiki/jichi_ zeisei/czaisei/czaisei_ seido/furusato/mechanism/about. html，2021 年 12 月 6 日閲覧。
② 総務省「ふるさと納税研究会」報告書，https：//www. soumu. go. jp/main_ sosiki/ken-kyu/furusato_ tax/，2021 年 12 月 6 日閲覧。
③ 张超：《一举两得的"家乡纳税"政策》，《法制日报》2008 年 5 月 11 日。
④ 冀勇：《"家乡纳税"应对老龄化助力地方经济》，《法治日报》2015 年 8 月 4 日。
⑤ 黄秋源：《拯救故乡——日本的"故乡税"》，《杭州（我们）》2016 年第 4 期。

纳税实现的税源流动取决于地方政府的努力程度①；有学者从制度成效和问题角度出发对故乡纳税进行系统解读，指出故乡纳税制度虽尚存不足之处，但其促进了落后地区的发展，改善了落后地区人民生活的目的得以实现②；还有学者认为我国税收体系与日本相似，从税法视角对日本故乡纳税在中国的实施进行了可行性分析。③ 然而遗憾的是，目前国内研究更多地聚焦于故乡纳税制度的内容本身，缺少对制度演变和制度成效等的系统研究。加之 2019 年日本开始实施"故乡纳税参与指定制度"，我国学界尚未出现对该部分内容的研究。

鉴于此，本文尝试从制度背景、制度设计、制度成效和制度演变这四个维度，对日本故乡纳税制度进行考察和分析，进而结合该制度的相关经验，简要探讨其对我国旨在实现城乡统筹发展的乡村振兴战略的若干启示。

二、制度背景：不断扩大的地区间财政收入差距

日本是实行地方自治制度的单一制国家，目前采用"中央—都道府县—市町村"三级行政架构。根据《地方自治法》的规定，作为广域性地方公共团体的"都道府县"，与作为基础性地方公共团体的"市町村"具有同等法律地位，不存在上下隶属关系，它们被统称为"地方公共团体"。④ 与此相适应，日本中央政府、都道府县、市町村均对个人所得进行课税，即实行所谓的"三级管理税收制度"。其中，中央政府征收的"个人所得税"，属于国税；都道府县和市町村征收的"个人住民税"，属于地方税。⑤ 个人住民税是日本地方财政收入的重要来源，用于确保地方政府的正常运营、公共产品以及日常行政服务供给。日本中央与地方虽然分别进行课税，但现实情况是地方税收收入低于国税，支出却高于国税，

---

① 宋健敏：《从中央政府的地区财力平衡措施到地方政府的互联网众筹工具——日本故乡税简介及启示》，《公共治理评论》2018 年第 2 期。

② 常伟、马诗雨：《日本家乡纳税制度及其对中国的启示》，《现代日本经济》2018 年第 4 期。

③ 陈雨思：《从税法角度看日本"家乡纳税"对中国的启示》，《理论观察》2020 年第 7 期。

④ 地方公共团体，属于《日本国宪法》《地方自治法》等法律所使用的专业术语。日本学界和民间一般将之称为"地方自治体"或"自治体"。

⑤ 张洪：《日本的个人所得税制》，《中国财政》2009 年第 11 期。

出现财政收支不平衡现象。① 因此，为缓解地方财政压力和发展地方经济文化事业，中央政府以地方交付税及国库支出金等方式，分配部分国税给地方政府使用。小泉纯一郎内阁于 2001 年上台以后，提倡"地方能做的事情交由地方来做"，积极扩大地方权责，并针对国库补助金制度、税源转移、地方交付税进行所谓的"三位一体"改革。然而，从最终成效上看，这一改革并未能明显缩减中央对地方的国库补贴规模，同时，增加地方税收的渠道也未能得到拓展。②

此外，从 20 世纪 50 年代中期至 20 世纪 90 年代初期，日本经济进入快速增长期。③ 在这一期间，日本国民生产总值翻倍增长，逐渐超越英、法、德等国家并成为仅次于美国的全球第二大经济体。然而，随着城市化进程的持续加速，日本大量人口迅速向东京、大阪、名古屋等大都市集中，进而导致地方的劳动人口大幅减少，并造成中小城市工厂倒闭，农村空巢现象日趋严重，其地方可持续发展遭到严峻挑战。换言之，具备纳税能力的大量国民流向大城市，从而造成地方政府的税收锐减，地区间财政收入（税收）差距持续扩大。针对这一社会问题，时任福井县知事西川一诚于 2006 年 10 月在《日本经济新闻》刊文指出"现行住民税制度未能充分考虑人口流动和循环体系所引发的问题"。④ 福井县在 2007 年 7 月公布的《关于故乡纳税制度的"故乡捐赠抵税"的提案》中分析指出，福井县的大学升学率为 50.7%，其中有 2/3 的本县学生会考到外地高校，且大部分学生毕业后不回故乡，致使福井县每年净流出 500 亿日元教育经费，流出部分大约占县税收的 50%（2005 年数据）。⑤ 换言之，在日本，绝大多数国民从出生开始享受本地的公共服务和教育资源，然而，等到他们具备纳税能力后，却迅速流入大城市定居并向流入地政府缴纳个人住民税。作为人口流入地的几个大城市从而获得流入人口所缴纳的各种税收，同时又靠着这些人力资源和资金优势垄断更多的社会资源。而那些为人才培养

---

① 真渊胜：『行政学案内』，慈学社，2009 年。

② 総务省：『三位一体の改革』，https：//www. soumu. go. jp/main_ sosiki/jichi_ zeisei/czaisei/czaisei_ seido/zeigenijou. html，2021 年 12 月 6 日。

③ 日本于 20 世纪 70 年代遭受两次石油危机，经济发展速度有所放缓，进入中速增长期，但总体看来日本在 20 世纪 50~90 年代经济处于增长期。

④ 西川一诚：『「故郷寄付金控除」導入を』，『日本経済新聞』，2006 年 10 月 20 日。

⑤ 福井県：『ふるさと納税制度について~「故郷寄付金控除」の提案~』，https：// info. pref. fukui. lg. jp/furusatonouzei/110_ subject/pdf/kihukin‐koujo. pdf，2021 年 12 月 6 日。

支付诸多成本的地方政府最后却一无所获，从而导致许多地方的发展面临乏力之困境。①

在地方税收持续减少、中央援助不足的情况下，要想有效激发地方发展活力并真正推动地方分权改革②，必须在充分考虑人口流动等因素后进行税制改革。③ 正是基于这一考虑，时任福井县知事西川一诚提出"故乡捐赠抵税"的政策设想。颇为意外的是，这一政策设想得到时任总务大臣菅义伟（之后当选日本第99代首相）的积极支持。2007年6月，日本总务省牵头组建了"故乡纳税研究会"，并邀请社会各领域的知名专家学者参与研讨。经过9次严密讨论，总务省"故乡纳税研究会"于同年10月正式发布关于"故乡纳税"的研究报告。2008年1月，总务省向第169届国会提交基于该报告制定的地方税法修正案，2008年4月30日众议院审议通过，"故乡纳税制度"得以实施。

三、制度设计：以捐赠税收优惠为驱动力的故乡纳税

如前所述，故乡纳税并非真正意义上的纳税，而是鼓励市民向地方政府提供捐赠的制度安排。所谓"故乡"，也并非局限于捐赠人的出生地，而是包括对捐赠人有知遇之恩的地方以及捐赠人喜欢或憧憬的地方。总而言之，制度设计中的"故乡"之定义，完全取决于捐赠人自身的理解。值得关注的是，"故乡纳税研究会"不仅对西川一诚提出的"故乡捐赠抵税"的政策设想进行了严密论证，而且对"分割个人住民税"等问题进行了深入讨论。

个人住民税，是日本地方财政最为核心的收入来源。根据"受益原则"，地方居民向本地政府缴纳相应税款，以确保地方政府有能力向本地居民提供福利、消防、警察等公共服务。不过，将部分个人住民税捐赠给非居住地所在的地方政府的居民，与全额缴纳个人住民税给当地政府的居民之间可能会产生不公平。因为这种现象违背了"应能负担原则"，同时在事实上很难论证纳税人与居住地之外的地方自治体之间存在"受益—负担"关系，从而造成无法从法律层面给居住地以外的地方自治体授予住民

---

① 黄秋源：《拯救故乡——日本的"故乡税"》，《杭州（我们）》2016年第4期。

② 日本政府于20世纪90年代开始实行地方分权改革，旨在推动地方自治体能够自主、综合地提供贴近居民的公共服务，同时促使居民能在自主判断和承担责任的情况下自行解决本地问题。

③ 西川一诚：『「故郷寄付金控除」導入を』，『日本経済新聞』，2006年10月20日。

税征税权。然而，即使存在这些问题，鉴于地方间发展差距越拉越大的严峻现实，为缩小区域间税收差距以提升地方活力，有必要创设植入"捐赠税额扣除优惠政策"的"故乡纳税制度"。

此外，我们注意到，"故乡纳税研究会"还对"捐赠税额扣除下限"等问题进行了研究。具体而言，如果捐赠税额扣除下限为零，那么将可能导致产生大量的小额捐赠，从而引发接受捐赠的地方政府的工作量剧增，并影响捐赠人对这一制度的重视程度①。另外，如果严格按照目前的捐赠税收优惠制度，只有达到 10 万日元的捐赠额才能享受捐赠税额扣除优惠。不过，如此高额度的捐赠要求，可能无法有效激发国民利用故乡纳税制度的积极性。鉴于此，为了降低捐赠者的个人负担，"故乡纳税研究会"最终决定将可捐赠税额扣除下限调整为 5000 日元，超出部分则从个人所得税和个人住民税中加以全额扣除。之后，在 2011 年税制改革过程中，政府将可捐赠税额扣除下限进一步下调至 2000 日元。这意味着，市民向居住地以外的任意地方自治体以故乡纳税的名义进行捐赠时，只需自行承担 2000 日元，而其余捐赠部分可在个人所得税和个人住民税中得到全额扣除。

根据日本目前实施的捐赠税收优惠政策，每位市民的年收入 40% 以内的公益捐赠可享受税前扣除优惠待遇②。为了提高国民的积极性，故乡纳税制度规定市民提供的"故乡纳税"可享受同等的优惠政策。关于故乡纳税制度所设计的税额扣除比例，可概括为表 1 所示的三种情形。其中，第①②项为税前扣除，免税部分由中央政府和捐赠人居住地所在地方政府共同承担；第③项为住民税税额扣除，规定扣除上限为纳税人当年需缴纳地方税的 20%（2015 年以前为 10%）。

表 1　故乡纳税的税额扣除比例

适用下限额 2000 日元	①所得税扣除额 （故乡纳税额-2000）× 所得税率	②住民税扣除额（基本） （故乡纳税额-2000）× 住民税率（10%）	③住民税扣除额（特例） 最高可扣除个人 住民税所得的 20%

资料来源：笔者根据日本总务省官网（https：//www. soumu. go. jp/main_ sosiki/jichi_ zeisei/ czaisei/czaisei_ seido/furusato/mechanism/about. html）的相关内容整理而成。

---

① 加藤慶一：『ふるさと納税の現状と課題——九州における現地調査を踏まえて——』，『レファレンス』2 月号，2010 年。

② 国税庁ホームページ，https：//www. nta. go. jp/taxes/shiraberu/taxanswer/shotoku/ 1150. htm，2021 年 12 月 6 日。

举例而言，居住在东京千代田区的某位市民，其年收入大约为 700 万日元（个人所得税率 20%①）。如果他（她）通过故乡纳税方式向北海道上士幌町捐赠 3 万日元的话，那么他（她）将在第二年度享受税收减免优惠，即个人所得税可被扣除 5600 日元（28000×20%），个人住民税可被扣除 2800 日元（28000×10%），而剩余 19600 日元将从其向千代田区政府缴纳的住民税中得到全额返还，这位市民的故乡纳税（捐赠）实际上只需支付 2000 日元即可。同时，为表示对该市民捐赠的感谢，上士幌町将赠送 600 克本地产黑毛和牛肉②，其价值远不止 2000 日元。由此可见，综合地方政府的礼品价值，市民在故乡纳税过程中几乎没有实际支出。③

据此，我们不难发现，日本的故乡纳税制度实质上是一项旨在平衡地区间财力状况的税收转移制度。该制度不限定捐赠对象并最大限度地尊重捐赠人的选择。为此，日本学界将这种新型的平衡地区间财力的转移支付方式称为"以市民个人为核心的地区间财力平衡措施"，形成了一种以人为主导的促进地方间财力流动的制度安排。④ 当然，中央政府并不强制每个地方政府必须实施故乡纳税制度，而将制度实施的自由交由地方政府决断。此外，对于因返还税额造成税收减少的地方政府，中央政府会在第二年度以"地方交付税"的方式向其提供财政补贴（即税收减收总额的 75%）。⑤

那么，故乡纳税制度的意义何在？日本总务省"故乡纳税研究会"认为：首先，通过"故乡纳税"的捐赠方式，进一步推动市民对于"税"之含义的理解；其次，通过故乡纳税的方式，推动市民意识到"故乡"的重要性，并为他们实现贡献故乡之意愿提供实践渠道；最后，推动地方政府提升"自治"意识，并强化其主动塑造地方特色的积极性以最大限度吸引来自市民的捐赠。

---

① 日本个人所得税的边际税率为 0~45%。
② 上士幌町根据市民捐赠额度，以千日元为单位提供不同捐赠额度层级的礼品，以表谢意。具体参见上士幌町ふるさと納税特設サイト，https://www.furupay.jp/category/00/，2021 年 12 月 6 日。
③ 赠礼是在故乡纳税制度实施过程中实践产生的，并非制度设计内容，它在吸引市民参与捐赠的同时，成为地区间争夺捐赠人的手段，后续引发的礼品竞争成为制度遭受质疑的重要原因之一。
④ 宋健敏：《从中央政府的地区财力平衡措施到地方政府的互联网众筹工具——日本故乡税简介及启示》，《公共治理评论》2018 年第 2 期。
⑤ 保田隆明：『ふるさと納税の理論と実践』，事業構想大学院大学出版部，2017 年。

四、制度演化：从"无序竞争"走向"规范竞争"

作为一项创新型公共政策，故乡纳税制度在具体实施过程中遭遇不少问题。事实上，日本社会对这项制度也一直存在褒贬不一的看法。所幸的是，针对制度实施过程中出现的各种问题，中央政府均能倾听社会各界提出的建议，及时修正和优化故乡纳税制度。在我们看来，日本故乡纳税制度的演化过程可提炼为以下三个阶段：

（一）制度初创阶段（2008～2015 年）

日本外务省于 2021 年发布的《关于故乡纳税现状的调研结果报告》相关数据显示，故乡纳税制度在实施后的前两年并未获得广泛关注，地方政府获得的捐款总额和捐赠次数均处于低迷状态。然而，从第三年开始，故乡纳税制度逐渐呈现出成效，地方政府获得的捐赠次数在第四年突破 10 万次（见图 1）。

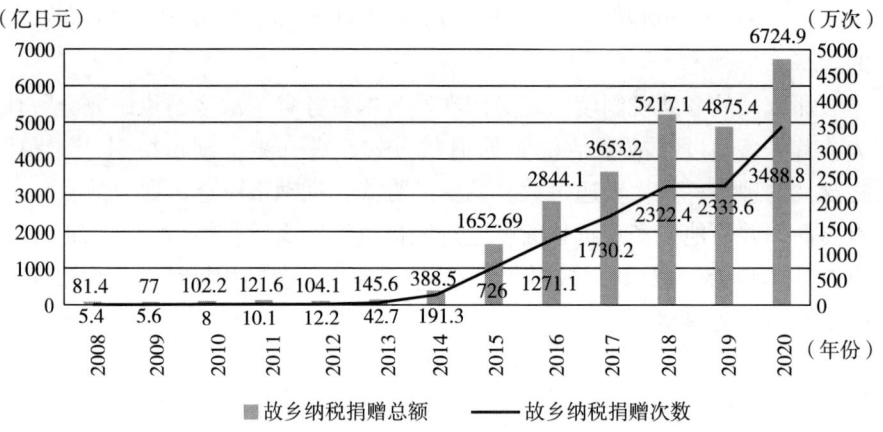

图 1　日本故乡纳税捐赠总额和捐赠次数的历年变化

资料来源：日本総務省：『ふるさと納税に関する現状調査結果（令和三年度）』，HP：https://www. soumu. go. jp/main_ sosiki/jichi_ zeisei/czaisei/czaisei_ seido/furusato/file/report20210730. pdf，2021 年 12 月 6 日閲覧。

笔者认为，故乡纳税制度利用人次之所以从第四年开始取得突破，其主要原因包括三个方面：一是 2011 年 1 月开始实施的新税制将捐赠税额扣除下限从 5000 日元下调至 2000 日元；二是 2011 年 3 月发生的东日本大地震激发了日本市民利用故乡纳税制度的热情；三是不少地方政府在尝到故乡纳税制度的甜头后，开始重视宣传工作并积极对外展现地域特色和本地品牌，从而在全社会范围内营造出"故乡纳税"的浓厚氛围。

不过，在故乡纳税制度日益凸显成效的过程中，地方政府为了吸引更多的故乡纳税，开始掀起一股"回礼"（回馈礼品）攀比浪潮。不少地方政府甚至不惜花费高价购买优质且高档的物品向捐赠人提供回礼。这些礼品包括大米、水果、蔬菜等本地产品以及电脑、手表、购物券等高价物品。这些礼品尤其是高价礼品的供给，成为这一期间出现捐款总额迅速增加的重要原因。在我们看来，"回礼攀比"浪潮的出现，一方面确实有助于提高故乡纳税制度的大众知晓度，但另一方面使制度本身开始遭到质疑，出现了诸如"违背制度初衷"的批判意见。

（二）制度修正阶段（2015~2019 年）

在"第二次安倍政权"期间，日本中央政府提出"地方创生"的国家战略。在该国家战略的推动下，为了增加地方政府的财政收入以及提升地方政府的运营能力，中央政府于 2015 年对故乡纳税制度进行了局部修正，即将个人住民税返还额度的上限从 10% 调高至 20%，同时推行"一站式退税制度"（ワンストップ特例制度）。① 如此一来，高价回馈礼品的供给、退税额度的提高以及退税手续的简便化，进一步激发了日本市民的故乡纳税热情，迅速推动故乡纳税额度从 2015 年开始实现跳跃式增长（见图 1）。不过，故乡纳税制度实施成效的显著提升，并未遮蔽日本学界和实务界的理性批评。例如，日本行政学者嶋田晓文曾提出严厉批评："持续恶化的回礼攀比现象，使大量的市民捐赠流入礼品生产商的口袋，从而大大削减了地方政府实际获得的捐赠额度。这无疑违背了故乡纳税制度的制定宗旨，我们应予以制止。"②

为了规避"回礼攀比"行为带来的负效应，日本总务省在 2015 年 4 月至 2018 年 4 月期间，连续 4 年以总务大臣的名义向地方政府发出通告，呼吁地方政府要严格控制回礼费用支出，建议不要向捐赠人提供诸如购物

---

① 该制度规定"捐赠人如果选择不多于 5 个自治体作为故乡纳税对象的话，那么其退税手续可在网上自动生成，不需自行前往税务局申请退税"。

② 嶋田晓文：『「ふるさと納税」再考-その問題点と制度見直しを踏まえて―』，『地方自治ふくおか』第 69 卷，2019 年。

卡、乐器、自行车以及家电等变现率较高的回礼。然而，由于总务省通告并无实质性的约束效力，故未能很好地制止"回礼攀比"行为的频发。日本总务省提供的有关数据显示，在 2015~2017 年的 3 年间，回礼费用在捐赠总额中的占比分别为 38.3%、38.4%、38.5%，呈现出逐渐攀升的趋势（见表 2）。换言之，总务省在这期间发出的 3 份通告并未能起到制止效应。

表 2　回礼费用及其在捐赠总额中的占比变化

年份	2015	2016	2017	2018	2019	2020
故乡纳税捐赠总额（亿日元）	1653	2844	3653	5127	4875	6725
礼品购买费用（亿日元）	633	1091	1406	1814	1374	1783
占比（%）	38.3	38.4	38.5	35.4	28.2	26.5
礼品寄送费用（亿日元）	43	150	241	396	377	520
占比（%）	2.6	5.3	6.6	7.7	7.7	7.7

资料来源：笔者根据日本总务省于 2015~2020 年每年发布的《关于故乡纳税现状的调查结果报告》相关数据制作而成。

不过，颇有意思的是，总务省在 2017 年 4 月向地方政府下发的通告中首次指出"回礼费用在捐赠总额中的占比"之具体数值，同时严肃提出"占比超过 30% 的地方政府，应尽快将其数值控制在 30% 以内"的建议。紧接着，总务省在 2018 年 4 月向地方政府下发的通告中提出"所有回馈礼品应来自本地"的要求。数据显示，总务省的这些建议在 2018 年度初见成效，回礼费用在捐赠总额中的占比降至 35.4%，同比下降了 3 个百分点（见表 2）。不过，如前文所指出的，总务省的这些通告缺乏足够的约束力，从而导致不少地方政府仍然我行我素，坚持向捐赠人提供高价的回礼。

（三）制度优化阶段（2019 年之后）

鉴于"连续 4 年下发的通告未能起到实质性效果"之状况，日本总务省借助 2019 年推行的税制改革，决定将故乡纳税制度中的"故乡纳税自由参与"调整为"故乡纳税参与指定"，即凡是有意实施故乡纳税制度的地方政府必须向总务省提出申请并获得批准（指定），否则无法享受实施故乡纳税制度之权限。根据优化后的新制度要求，从 2019 年开始，地方政府如欲获得总务省的"故乡纳税参与指定"，必须满足以下三个要件：

①规范地开展故乡纳税募捐活动；②回馈礼品均为本地产品；③回礼费用在捐赠总额中的占比不高于30%。令人惊喜的是，优化后的新制度立即产生积极效用，在2019年和2020年，回礼费用在捐赠总额中的占比分别下降至28.2%、26.5%（见表2）。

值得关注的是，在"故乡纳税参与指定制"正式生效的2019年5月，日本总务省共计收到来自1787个地方政府的"故乡纳税参与指定"申请书。根据"故乡纳税参与指定三要件"，日本总务省于同年5月14日批准并允许1783个地方政府实施故乡纳税制度。然而，由于大阪府泉佐野市、静冈县小山町、和歌山县高野町、佐贺县MIYAKI町这4个地方政府所提交的申请材料无法满足"故乡纳税参与指定三要件"，故被日本总务省禁止实施故乡纳税制度。① 对此，大阪府泉佐野市向"国家地方纷争委员会"提出"行政不服"申请，遭到驳回后，转而向大阪府法院提出诉讼，最后获得胜诉。②

虽然大阪府泉佐野市最终继续获得实施故乡纳税制度的权限，但其一波三折的遭遇给其他地方政府敲响了警钟，即地方政府必须在故乡纳税制度实施过程中规范且合理地向捐赠人提供回礼，否则将可能遭到总务省的处罚。事实上，相关数据显示，在"故乡纳税参与指定制"正式生效的2019年度，绝大多数的地方政府在"回礼"问题上均采取了谨慎态度，并随之影响了该年度的故乡纳税额度（见图1）。③ 不过，伴随着新制度的规范实施，从2020年度开始，日本故乡纳税总额再次回升，从而昭示着日本故乡纳税制度成功实现从"无序竞争"向"规范竞争"的转型。

五、制度成效：在经济、福祉及救灾等领域发挥作用

地方政府通过故乡纳税制度获得的市民捐赠，一般被认为是"地方政

---

① 総務省：『ふるさと納税指定制度における令和元年6月1日以降の指定等について』，https：//www.soumu.go.jp/main_sosiki/jichi_zeisei/czaisei/czaisei_seido/furusato/file/report20190514_02.pdf，2021年12月6日。

② 『令和2年（行ヒ）第68号不指定取消请求事件令和2年6月30日第三小法廷判决』，https：//www.courts.go.jp/app/files/hanrei_jp/537/089537_hanrei.pdf，2021年12月6日。

③ 根据日本事业构想大学院大学2016年的调查，有80%的市民以"可免费获得礼品"为由提供了故乡纳税捐赠。参见高松俊和：『ふるさと納税と地域経営』，事業構想大学院大学出版部，2016年。

府获得的财政捐赠"。① 故此，与普通税收收入不同，通过故乡纳税获得的市民捐赠一般被用于"社区营造""医疗福利""人才培养"等领域的费用支出。② 如前所述，故乡纳税制度的初衷在于"平衡地区间财力"。已有实践证明，故乡纳税制度确实在一定程度上缓解了日本地方政府的财政压力。同时，随着制度的深入实践，故乡纳税制度在地方振兴、灾害救助等领域也发挥出重要作用。概括而言，日本故乡纳税制度的实施成效集中体现为以下几个方面：

首先，故乡纳税制度强化了地方政府的竞争意识，推动其主动塑造地方特色以实现地方经济的振兴。如前文反复指出的，故乡纳税在实质上属于市民向其居住地之外的地方自治体所提供的公益捐赠。为了有效获得更多的市民捐赠，地方政府必须有能力塑造和宣传本地特色和本地品牌，进而利用故乡纳税制度提升本地产品的销售量。在这方面，长崎县平户市发挥了"引领示范"作用。故乡纳税制度生效后，长崎县平户市以"利用制度将自己推销出去"为目标，创设并发布以积分制为核心的"平户市故乡纳税优惠目录"，规定"提供 1 万日元以上、10 万日元以上、50 万日元以上的捐赠可分别获得 40 积分、45 积分、50 积分"。捐赠人可利用获得积分在"平户市故乡纳税优惠目录"挑选自己喜欢的本地产品作为回馈。通过这个方式，平户市获得日本全社会的广泛关注，并于 2014 年获得高达 14.6 亿元的"故乡纳税"（捐赠），成为日本当年"故乡纳税"排行榜的冠军。平户市之所以获得成功，其秘诀在于"将本地各类产品进行品牌化包装，并以回礼之方式将这些产品回馈给捐赠人，在表达谢意的同时很好地实现了本地品牌的宣传，进而有效带动本地农水产等行业的发展，并实现这些产业的可持续发展"。时任平户市市长黑田成彦曾在 2017 年"全国首长会议"上表示，平户市制定的"故乡纳税优惠目录"受到社会各界的广泛欢迎，促使大量"平户品牌"进入首都圈的百货商场，成功提升了平户市本地产品的知名度。

根据惯例，为了感谢捐赠人的支持，接受"故乡纳税"（捐赠）的地方政府会采取"回礼"的方式将本地特产赠送给捐赠人。于是，为了获得

---

① 保田隆明：『ふるさと納税の理論と実践』，事業構想大学院大学出版部，2017 年。
② 根据日本总务省历年发布的《关于故乡纳税现状的调查报告结果》可知，通过故乡纳税获得市民捐赠，主要被集中使用于以下 10 个方面：保健·医疗·福祉、教育·人才培养、儿童·青少年培养、地方·产业振兴、环境·卫生、体育·文化振兴、社区营造·市民活动、观光·交流·定居、安心·安全·防灾、灾害支援·复兴。

市民的更多关注和积极捐赠，日本各地方自治体掀起一场"回礼竞争"运动。针对这个现象，日本国内有人不无担忧地批评道"过度的回礼竞争违反了故乡纳税制度的宗旨"。不过，也有相关人士提出异议"如果礼品是本地产品，回礼竞争将有助于激活地方经济并增加本地经营业者的创收"。提出这个意见的理由在于，如果地方政府能以合理的价格收购本地经营者提供的产品，并将其回馈给"故乡纳税人"，那么地方政府在向捐赠人表达谢意的同时，还可根据捐赠人对赠品的反馈进行产品的优化和升级，进而增强本地产品的竞争力，打造本地自主品牌，提升本地区的知名度。

其次，故乡纳税制度有助于完善地方基础设施，进而提升本地居民的生活水平和社会福祉。实践证明，实施"地方纳税制度"的地方政府均将获得的市民捐赠投入至医疗卫生、教育发展、文化保护等与本地居民紧密相关的领域，从而改善了本地（主要为中小城市）居民的生活质量。日本总务省于 2021 年发布的调查报告显示，在实施故乡纳税制度的地方政府中，96.4%的地方政府均能遵从捐赠人提出的捐赠使用途径，并主动公布捐赠使用的项目清单以供捐赠人查阅和监督。[1] 例如，北海道上士幌町政府公开的信息显示，该地方政府在 2020 年度将总额为 18 亿日元的"故乡纳税"捐赠用于社区营造、儿童教育、旅游观光、农林业、医疗福祉、工商业、公共交通等领域。其中，上士幌町政府基于故乡纳税制度成功创设了"教育基金"，并据此增加了本地学校的教职工人数（含外教人数），实现了本地学校的小班教学，吸引了更多优秀人才加盟本地教育机构。此外，为了更好地向本地老年人提供交通服务，上士幌町政府于 2017 年投入 1.2 亿日元的"故乡纳税"捐款，通过引入自动驾驶巴士的方式解决了本地公共交通司机不足的难题。[2] 对此，有学者评论道"捐赠人按照自己的意愿捐赠给非居住地的任意地方政府，而且可自主选择资金用途，这使捐赠人更加关注款项的实际使用情况以及所达到的效果，从而加强了对行政部门款项使用的监督，使捐款能够发挥最大的作用，切实改善了当地居民生活"。[3]

最后，故乡纳税制度发挥了"赈灾救灾"的功能，助力了灾区的灾后复兴。2011 年 3 月，日本发生"东日本大地震"。同年，日本的故乡纳税

---

① 総務省：『ふるさと納税に関する現状調査結果（令和 3 年度）』，https：//www. sou-mu. go. jp/main_ sosiki/jichi_ zeisei/czaisei/czaisei_ seido/furusato/file/report20210730. pdf，2021 年 12 月 6 日。

② 上士幌町役所ホームページ，https：//www. furupay. jp/usage. html，2021 年 12 月 6 日。

③ 常伟：《日本家乡纳税制度及其对中国的启示》，《现代日本经济》2018 年第 4 期。

额度同比增长 20 亿日元，捐赠次数增加 2 万次（见图 1），进而提升了"故乡纳税制度"在日本社会的知名度。① 与普通的捐赠善款不同，通过故乡纳税获得的捐赠能够直接流入受灾地政府部门，进而有效地助力了灾区政府的救援和重建工作。2014 年 11 月，长野县境内发生"神城断层地震"，并使大量居民住宅遭到破坏。该地震发生后，长野县白马村立即通过故乡纳税制度创设了"紧急灾害救助募捐"项目，在一个月内即获得 6000 万日元的"故乡纳税"（市民捐赠），并将这些市民捐赠用于临时安置房的建设、灾民所需家电的购买、倒塌房屋重建费用补贴等领域。② 更值得关注的是，岩手县陆前高田市在 2011 年东日本大地震中遭受毁灭性打击，由于缺乏人手而不得不暂停实施故乡纳税制度。2015 年重启故乡纳税制度后，一年内即获得 2.9 亿日元的故乡纳税（市民捐赠）。随着捐赠人的剧增，需要雇用更多的人手以开展回礼工作。为此，陆前高市政府决定雇用本地的残障人士和老年人作为临时工作人员，开展面向捐赠人的回礼包装和邮寄工作。③ 由此可见，故乡纳税制度不仅发挥了"赈灾救灾"的功能，而且在一定程度上助力了弱势群体的临时就业。

六、简要结语：兼论对中国的启示

人口老龄化和少子化问题，早已被日本政府视为头号国家课题。这个日趋严峻的头号国家课题对日本社会各个领域产生极为深刻的影响。其中，地区间不断扩大的税收差距即为其深刻影响的突出表征之一。为了解决这个问题，日本政府迄今已采取多种措施加以应对。如果从"第三部门"的视角加以审视的话，我们可以发现，日本在"大力发展非营利部门（社会组织部门），以此吸纳社会捐赠和社会力量，进而助力于地域问题的解决"的同时④，还通过"故乡纳税制度"的创设，创造性地开辟了地方

---

① 安田信之助：『地域経済活性化とふるさと納税』，『城西大学経済経営紀要』第 39 号，2016 年。

② 須永珠代編集：『今こそ知りたい！ふるさと納税、ホントのところ』，株式会社トラストバンク，2018，65 頁。

③ 須永珠代編集：『今こそ知りたい！ふるさと納税、ホントのところ』，株式会社トラストバンク，2018，44 頁。

④ 进一步内容可参阅俞祖成：《日本 NPO 法人制度的最新改革及启示》，《国家行政学院学报》2013 年第 6 期；俞祖成：《日本非营利组织：法制建设与改革动向》，《中国机构改革与管理》2016 年第 7 期；俞祖成：《日本非营利法人制度改革及启示》，《北大政治学评论》2018 年第 4 期。

政府吸纳市民捐赠的新渠道，进而推动地方财政的增长并推动地域间的平衡发展。

必须承认，作为一项极具创新性的公共政策，日本的故乡纳税制度在实施过程中无法完全规避因制度的不完善所引发的一系列问题。例如，有关人士对故乡纳税制度曾提出批评："该制度对经济发达地区产生了'剥夺感'，违背了'受益—负担原则'"[①] "该制度会制造出新的'地区间发展不平衡'问题，尤其是对缺乏吸引力和对外宣传能力的地区而言是不公平的"。[②] 当然，也有意见认为"该制度属于'以个人为核心的地区间财力平衡措施'，有助于培养纳税人的公民意识，能够调动更多的市民主动参与到地区发展过程之中"[③] "该制度有助于缓解地方财政压力，在推动地域发展方面发挥了积极作用"。[④] 基于本文的研究，我们认为：日本的故乡纳税制度尽管存在诸多不尽如人意的地方，但它在创造更多的地方财政收入、振兴地方经济、提升居民福祉以及救灾赈灾等方面发挥了重要作用，其积极成效远大于负面效应。更值得赞许的是，日本中央政府从未刻意回避制度本身所存在的缺陷，并能及时采取措施加以修正和优化。故而，在可预见的未来，日本的故乡纳税制度将会产生更大的积极效应。

反观我国，从"改革开放时代"进入"新时代"之后，中共中央和国务院相继提出"扶贫攻坚""共同富裕"以及"第三次分配"等一系列的政策话语。如何通过制度化的方式吸纳更多的社会捐赠资源以助力全社会走向共同富裕，无疑成为新时代中国的重要课题。我们注意到，根据我国国家统计局于 2021 年 5 月公布的第七次全国人口普查公报，截至 2020 年末，我国人户分离的人口为 4.93 亿，与 2010 年第六次全国人口普查相比增长了 88.52%。其中，跨省流动人口为 1.25 亿，60 周岁及以上以及 65 周岁及以上人口占全国人口比重分别为 18.7% 和 13.5%[⑤]。据此，我们不难推测，在统筹城乡发展、推进乡村振兴的过程中，我国同样面临日趋

---

① 水田健一：『「ふるさと納税」制度とその問題点－寄付金税制のあるべき姿－』，『名古屋学院大学論集社会科学編』第 53 卷，2017 年。

② Anthoy Raush, "Japan's Furusato Nozei Tax System：Shared Japanese Citizenship or Rewarded Local Place Appeal?", *The Electronic Journal of Contemporary Japanese Studies*17, 2017.

③ 宋健敏：《从中央政府的地区财力平衡措施到地方政府的互联网众筹工具——日本故乡税简介及启示》，《公共治理评论》2018 年第 2 期。

④ 嶋田晓文：『「ふるさと納税」再考－その問題点と制度見直しを踏まえて－』，『地方自治ふくおか』第 69 卷，2019 年。

⑤ 《第七次全国人口普查公报（第五号）》，国家统计局官方网站，2021 年 5 月 11 日，http：//www.stats.gov.cn/tjsj/tjgb/rkpcgb/qgrkpcgb/202106/t20210628_ 1818824. html。

严峻的人口老龄化、城乡发展失衡、区域间经济差距扩大等难题。为此，我国仍应持续优化中央财政转移支付制度以缓解因地区间发展不平衡所引发的一系列问题，同时通过以公益慈善事业为核心力量的第三次分配，支持欠发达地区进一步完善各项公共服务。不过，我们也应正视"地方政府过度依赖中央财政转移支付""财政资金使用效率不高""地方财源渠道拓展乏力"等问题。基于日本故乡纳税制度的经验，我们认为，我国不但需要进一步发展公益慈善事业以吸纳更多的社会捐赠和社会力量，而且需要创造符合我国国情的新型制度以强化地方政府吸纳以公益捐赠为代表的社会资源的能力。

书　　评

授人以渔：慈善组织振兴乡村的三重逻辑

——兼评《乡村振兴与可持续发展之路》

张润强*

摘　要　实施乡村振兴战略，是党的十九大做出的重大决策部署，是全面建设社会主义现代化国家的重大历史任务。中国扶贫基金会一直以来紧扣时代跳动的脉搏，围绕中心、服务大局，积极投身于乡村振兴的时代浪潮之中，用 20 年的时间求索乡村的可持续发展之路。《乡村振兴与可持续发展之路》一书记述了基金会 20 年来振兴乡村的典型故事，集中呈现了基金会关于乡村可持续发展模式的探索与思考。本文基于基金会的实践故事凝练出慈善组织振兴乡村的三重逻辑，即理念叠加资源的嵌入逻辑、项目聚合农户的组织逻辑及村民振兴乡村的自驱逻辑，既是对本书的评论和推介，也期望能够对慈善组织更好地振兴乡村提供参考借鉴。

关键词　乡村振兴　慈善组织　项目扶贫　农民合作社　中国扶贫基金会

一、引言

乡村是具有自然、社会、经济特征的地域综合体，兼具生产、生活、生态、文化等多重功能，是人类活动的重要构成空间。[①] 我国一直以来高度重视振兴乡村的工作，从改革开放的家庭联产承包责任制到步入 21 世纪后城市反哺农村的城乡统筹发展，从党的十八大以来逐步打响的精准扶

---

* 张润强，西安交通大学公共政策与管理学院博士研究生。

① 中共中央、国务院印发《乡村振兴战略规划（2018—2022 年）》，《人民日报》2018 年 9 月 27 日第 1 版。

贫攻坚战到 2018 年中央一号文件暨《中共中央　国务院关于实施乡村振兴战略的意见》的出台，振兴乡村已经上升到全面建设社会主义现代化国家重大历史任务的战略高度。特别是随着脱贫攻坚战取得全面胜利，我国贫困治理议程由绝对贫困向相对贫困转变，乡村振兴成为新时代做好"三农"工作的总抓手。

慈善组织作为国家治理体系与治理能力现代化的重要组成部分，在乡村振兴与攻坚脱贫中发挥重要作用。[①] 作为中国扶贫与乡村发展领域规模最大、最具影响力的慈善组织之一，中国扶贫基金会（以下简称基金会）一直走在振兴乡村的前列、站在脱贫攻坚的一线，截至 2020 年底，累计筹措资金和物资 78.36 亿元，受益人口和灾区民众 4841.86 万人次。[②] 从大凉山的腹地到三江源的源头，从德阳的汉族村庄到玉树的藏族村落，从四川的彝家到贵州的苗寨，基金会开展了一场持续 20 年的连续实验，旨在探索一条乡村可持续发展之路。在探索过程中，有大凉山项目的漫长筹备与迷途彷徨，有民乐村食用菌产业的精心组织和事与愿违，也有百美村宿项目和善品公社项目的落地推广与鲜花掌声。这一个个生动鲜活的故事和思考被记述在《乡村振兴与可持续发展之路》一书中，作者是基金会的副理事长兼秘书长刘文奎。

全书共分为五章，第一章讲述了大凉山的故事，反映的是以对扶贫漏斗现象的思考为出发点，试图通过集中投入资源来解决贫困乡村可持续发展的问题，时间跨度为 2001~2007 年。第二章为民乐村的故事，讲述的是通过成立农民合作社来实现乡村产业发展的尝试，时间跨度为 2008~2011 年。第三章为甘达村的故事，反映的是以合作社为基础，通过动员村庄能人来发展产业项目并借助外部力量进行规模投入，从而走上可持续发展之路的探索，时间跨度为 2010~2013 年。第四章和第五章则是 2013 年以来，开展了百美村宿项目和善品公社项目，前者是基于乡村自然禀赋发展乡村旅游，后者是借助互联网平台售卖农产品，这两个项目都获得较好成效。

本文拟基于基金会的实践故事来探寻慈善组织服务乡村振兴的一般性机制，既是对《乡村振兴与可持续发展之路》一书的评论和推介，也希望

---

① 《中华人民共和国慈善法》规定，慈善组织是指依法成立、符合本法规定，以面向社会开展慈善活动为宗旨的非营利性组织，可以采取基金会、社会团体、社会服务机构等组织形式。故本文使用慈善组织这一概念。也有学者使用社会组织、公益组织、非营利组织、非政府组织等概念讨论此类议题。

② 《中国扶贫基金会简介》，中国扶贫基金会官网，http://www.cfpa.org.cn/about/introduction.aspx。

实现理论与实践的对话，为慈善组织更好地服务乡村、建设乡村、发展乡村提供参考借鉴。在文章的结构安排上，以基金会开展乡村工作的先后时间顺序为基础，同时考虑以基金会开展乡村振兴项目的工作阶段为节点，将其振兴乡村的工作内容及经验凝练为三重逻辑，即理念叠加资源的嵌入逻辑、项目聚合农户的组织逻辑及村民振兴乡村的自驱逻辑，最后是结语与讨论。

二、试点遴选：理念叠加资源的嵌入逻辑

慈善组织嵌入乡村之中是其振兴乡村的前提与基础。与草根 NGO 的渐进式嵌入不同①，基金会是在民政部注册、由农业农村部主管的全国性慈善组织，具有鲜明的官方背景，其嵌入乡村体现出一种项目试点式的、理念叠加资源的嵌入逻辑。这样的嵌入逻辑是基于国家政策和地方政府支持，以前沿理念引领和外部资源投入来激活农村既有资源，以实现乡村可持续发展的实验式探索。

在《乡村振兴与可持续发展之路》的最后一章，作者记述了基金会成功打造善品公社品牌的故事，其实质是运用电子商务发展理念，充分整合基金会的资源优势，实现乡村农产品的线上销售，从而实现农户大幅增收。基金会试水的第一个电子商务项目是雅安市建山乡飞水村的猕猴桃产业。飞水村在 2008 年就成立了"名建猕猴桃种植农业专业合作社"，到 2014 年，合作社共有 189 户社员，经营着上千亩果园。② 但每到猕猴桃上市时，仅通过传统线下渠道销售，受市场波动影响大、议价能力低，果农整体经营效益不好。为此，基金会提出了猕猴桃产业新的发展理念，即通过注册淘宝店铺实现从线下销售向线上销售的转变，并通过发动媒体报道、明星转发微博等方式引入流量，两次尝试共 6 天时间就实现线上销售 37 万元、带动线下销售 400 多万元的好成绩。③ 随后，基金会注册了名为中和农道公司的社会企业，打造了"善品公社"品牌项目，拟用社会企业的发展理念来破解农村电商的发展瓶颈。目前，该项目已经走入四川、云南、贵州等 19 个省（自治区、直辖市）的 81 个县（区），扶持并孵化了 99 家农民合作社，帮助 50 个特色农产品提质增效，引导合作社建设农产品品控标准化基地 29607.3 亩，辐射带动基地 84545.7 亩，直接带动和辐

---

① 郑观蕾、蓝煜昕：《渐进式嵌入：不确定性视角下社会组织介入乡村振兴的策略选择——以 S 基金会为例》，《公共管理学报》2021 年第 1 期。

②③ 刘文奎：《乡村振兴与可持续发展之路》，商务印书馆，2021 年。

射脱贫增收农户达 29358 户。①

　　显然，善品公社项目取得了成功。但是基于理念叠加资源的嵌入逻辑也可能在项目的推进中遇到诸多挑战。在《乡村振兴与可持续发展之路》的第一章中，作者记述了基于"扶贫漏斗"理念的一次早期扶贫实践。该理念认为在扶贫工作中往往存在"撒胡椒面儿"式的扶贫现象，项目支持力度小且平均，既不能彻底解决贫困问题又可能会强化贫困户"等、靠、要"的思想，从而出现越扶越贫的结果。这就像个漏斗一样，每次仅投入一点点资源，很难堵住贫困村发展的漏洞。为此，基金会遴选了国内深度贫困地区大凉山的美姑县依果觉乡和昭觉县碗厂乡进行实验，通过"集中力量干大事"的方式，把有限的资源集中投放在一个相对小的区域，以期真正发挥出规模的作用，彻底解决本区域的贫困问题。在具体遴选过程中，共选择了依果觉乡和碗厂乡的 5 个村、25 个村民小组、847 户农户、3496 人来重点实施扶贫工程。② 这些地区具备贫困地区的诸多共性特征，一是海拔高、山地环境恶劣；二是贫困程度深、存在人畜混居的现象；三是紧邻生态环境保护区、有一定的旅游文化资源；四是具有浓厚的少数民族文化传统。在实践过程中，基金会先后投入 1000 多万元、村均投入 200 万元，主要通过成立毕摩文化和社区发展小组来建设社区能力，通过挖掘传统彝族技艺、种植特色经济作物等促进经济发展，通过住房改造、人畜饮水设施改善、建设粮食饲料加工点等来改善基础设施和公共服务。③ 但最后的结果并不尽如人意，其大规模的资源并没有激活农村资源禀赋，没有将外部资源有效转化为农户的自我发展能力。其失败的关键是没有弥合发展理念与现实情况之间的鸿沟。事实上，现实情况更为复杂，不仅要考虑村庄的资源禀赋及发展条件，还要考虑村民之间复杂多变的邻里关系。

　　2013 年，基金会在考察韩国的乡村发展和公益创新项目中备受启发，拟在国内打造一批"美丽乡村"的民宿项目，通过三次产业融合的理念推动乡村振兴。民宿项目首要考察的就是村庄旅游观光资源禀赋。台江县反排村是基金会开展"美丽乡村"项目重点考察的村庄，该村庄的几百座传统风格的苗族木楼围绕村中心广场环形分布、鳞次栉比，非常漂亮，并且村民们保留着历史悠久的传统风俗和歌舞表演，极具民族风情。④ 但在村庄入选后的项目开展过程中，却暴露出错综复杂的家族关系、经年累积的私人恩怨、过往项目的经济纠纷等诸多矛盾，而随着试点项目的推进，先

---

①②③④　刘文奎：《乡村振兴与可持续发展之路》，商务印书馆，2021 年。

前的矛盾都转嫁为村民与试点项目的矛盾。原本为村民设计的发展项目，却成了村里人人都想咬一口的"唐僧肉"，阻工、闹事、敲竹杠等不一而足，让项目推进举步维艰。[①]

毫无疑问的是，慈善组织振兴乡村首先要嵌入乡村场域。基金会由于其特殊的组织背景和价值使命，往往遵循理念叠加资源的试点嵌入逻辑，拟将前沿的乡村扶贫及建设理念试验性地应用于中国的农村之中，在不断的探索中进行推广复制，从而形成具有中国特色经验的乡村振兴模式。显然，这样的探索模式是极具意义和价值的。但是，这样的嵌入逻辑在实际工作中是面临极大挑战的，最为核心的挑战就是要在村民旧有观念与新的发展理念之间架起桥梁，但这是一个非常缓慢并且需要不断实践的过程。而在这一过程中需要先用产业项目作为驱动力，通过制定一定的规则体系，将村民聚合在项目之中。通过项目这一抓手来组织村民作为乡村振兴的主体开展工作，以期能够真正激发村民脱贫致富的内在动能。

三、规则建构：项目聚合农户的组织逻辑

人类社会的发展史是一部"社会组织化"的历史，从某种意义上来看，社会进化的过程也就是组织进化的过程。[②] 组织进化的目的是更好地建立人与人之间有效合作的机制。诞生于 17 世纪初的现代企业制度无疑是推动人与人之间进行高效合作的社会制度创新，在创造社会财富、推动人类文明与科技进步方面做出巨大贡献。[③]基金会在吸取大凉山项目经验的基础上，将现代企业机制引入乡村，让农户通过企业的运营规则学会彼此合作，期望由零散的小农生产转变成组织化的规模生产，由此开启了民乐村一波三折的求索故事。

民乐村位于四川绵竹市土门镇的东北部，全村有 530 多户村民，户籍人口 1300 多人。[④]基金会通过反复调研，提出了一种新的发展模式：先是将量化到农户的扶贫资金以股权形式赠予农户，成立农民合作社；然后以农民合作社为组织载体，发展集约化、规模化的农业产业。通过农民合作社的组织载体，建构了一种新的农户组织规则。首先，建构了利益分配规则。即基金会捐赠的资金归全体村民所有，普通村民可以从合作社的经营收入中获取红利，可以在合作社发展的项目中务工以获取工资，还可以以

---

①③④ 刘文奎：《乡村振兴与可持续发展之路》，商务印书馆，2021 年。

② 张康之：《走向合作制组织：组织模式的重构》，《中国社会科学》2020 年第 1 期。

合作社项目为依托，发展个体农户经济。当合作社盈利后，村集体收入增加，可用其来改善村庄的公共基础设施，提高村集体公务服务能力的供给水平。另外，为了控制风险，基金会将在合作社中预留一股作为"金股"，该股在合作社重大决策中享有一票否决权。① 其次，建构了合作社与村"两委"的互动规则。即合作社是经济发展的实体组织，是独立的法人单位，其主要工作是向包含全体村民在内的所有股东负责，不向村"两委"及上一级政府机构负责。但是合作社也要接受村"两委"的监督，村"两委"通过自己所拥有的股份在合作社理事会、监事会中担任适当的位置，行使一定的权利、承担相应的责任。② 最后，建构了合作社的运营规则。即合作社的最高权力由社员代表大会享有，社员大会由社员代表选举构成。理事会和监事会在召开社员代表大会时选举产生，理事会成员要兼顾各村民小组及村"两委"的干部数量，在任村"两委"领导不宜出任理事长。理事会是合作社的执行机构，负责制定合作社发展规划、年度业务经营计划、相关管理规章制度、制定合作社年度财务预决算方案等一系列经营和管理活动。外来经理人对合作社理事会负责，在授权范围内开展各项经营工作，并获得相应的工资及项目绩效奖励。③ 经过一系列的规则建构，以合作社作为载体将村民聚合起来发展食用菌产业及养兔项目。虽然项目均以失败告终，但在这一过程中培训了村民、制定了合作社章程、两次选举了理事会、聘请了经理人，等等。这些工作为民乐村合作社的后续发展奠定了基础。

规则的建构也是一个不断发展的过程，需要根据实际问题动态调整，一旦规则出现漏洞就很可能导致利益分配不均而使聚合起来的村民再度离散，也可能直接拖垮整个项目的推进。2015年9月，基金会在四川雅安市雪山村建设的民宿项目投入运营。由于在规划之初，没有将村里的餐饮服务纳入合作社的经营内容，为后来的退社风波埋下伏笔。雪山村民宿由于造型别致的设计、热情周到的服务，逐步成为旅游的热点，很多客人慕名而来，由此带动了村里餐饮业的发展。按照合作社的规则，民宿经营收入的一半要上交合作社作为全体村民收入；由于餐饮业没有纳入合作社管理，故其所有收入为私人所有。为此，民宿经营者认为由于民宿的发展才带动了村里餐饮业的发展，要将餐饮业纳入合作社管理才合理，但餐饮经营者并不同意。最终，作为雪山村民宿头牌的袁姐家民宿退出合作社，给

---

①②③　刘文奎：《乡村振兴与可持续发展之路》，商务印书馆，2021年。

雪山村民宿合作社的发展带来很大冲击。所以，利益分配规则的设计要十分严密，哪怕存在一点漏洞都可能在后面的工作中被放大，影响项目的整体效果。① 无独有偶，前文提到的反排村也是因为项目的设计缺乏基金会退出机制，导致村民出现了一系列的"吃大户""搭便车"行为，极大地影响了项目的推进。

规则建构的本意是更好地将农户组织起来"抱团"闯市场，这是由市场经济的发展规律和我国农户的发展现状所决定的。根据第三次农业普查数据，我国小农户数量占到农业经营主体98%以上，小农户从业人员占农业从业人员90%，小农户经营耕地面积占总耕地面积的70%，"大国小农"仍是我国的基本国情农情。② 同时也要看到，农户一家一户小规模经营，势单力薄，进入市场的组织化程度低，抗风险能力不足，市场竞争力差。③ 通过引入合作社的组织规则，将农户利益联结得更加紧密且合理，就能够很好地解决一家一户办不了、办不好、办了不合算的难题。当前我国农民合作社蓬勃发展，截至2021年4月底，全国依法登记的农民合作社达到225.9万家，联合社超过1.4万家。④ 但是，也有村民不理解、不配合、不参与，甚至花过多的心思钻规则的空子、占他人的便宜。其根本原因是长期受小农观念的束缚，没有认识到农户自己才是振兴乡村的主体，积极建设乡村的主观能动性不强、能力不够，在一定程度上存在"等、靠、要"的思想。因此，慈善组织振兴乡村最重要的意义就是通过资源的投入、项目的联结，逐步更迭村民的传统观念，激发其振兴乡村的内在动力，培育其振兴乡村的可行能力。

四、观念更迭：村民振兴乡村的自驱逻辑

2018年，《中共中央　国务院关于实施乡村振兴战略的意见》中指出，要坚持农民主体地位，切实发挥农民在乡村振兴中的主体作用，调动亿万农民的积极性、主动性和创造性。这其中的关键就是要更迭村民的传

---

① 刘文奎：《乡村振兴与可持续发展之路》，商务印书馆，2021年。
② 新华社：《全国98%以上的农业经营主体仍是小农户》，中华人民共和国中央人民政府官网，2019年3月1日，http://www.gov.cn/xinwen/2019-03/01/content_5369755.htm。
③ 韩俊：《把农民合作社办得更加红火》，《人民日报》2020年8月11日，第9版。
④ 农村合作经济指导司：《对十三届全国人大四次会议第1004号建议的答复》，中华人民共和国农业农村部官网，2021年6月15日，http://www.agri.cn/V20/ZX/tzgg_1/tz/202106/t20210615_7711182.htm。

统观念。传统观念来源于千百年来村民在自己所有关系平面之上的互动与实践之中，来源于传统社会文化之中。换言之，这实质上是一种价值伦理的集中呈现。"伦"是指社会群体与群体之间的关系，如孟子多以"伦"表示人群之间的关系。① 伦理是基于一定社会关系形成的行事道理，强调"爱有差等，施由亲始"，是一种人与人之间相互负有义务的社会关系。② 在这样的社会关系平面之上逐步推衍成一套乡土社会秩序，费孝通先生将其概括为差序格局。③ 村民正是在这样的价值伦理的影响下形成具有乡土气息的价值排序和行事准则，这在一定程度上与以经济发展为导向的现代商业文明和价值观存在偏差和张力。基金会就是在一次次与农户的互动中进行价值观的碰撞与调适，来不断地调整和回应因不同伦理价值表现出的行为差异，从而真正调动和激发农民在振兴乡村中的积极性、主动性及创造性。

在第一章大凉山的故事中，作者用一节的内容写了大凉山的"男人与女人"。作者当时是在夏天上午到村庄调研，看到甚为不解的现象：三五成群的青壮年男子蹲坐在矮墙根下慵懒地晒太阳，而女人在田间地头忙碌。后来才知道，在当地的伦理价值观念中，男人的家庭地位高，主要负责主"大事"（如火把节、狩猎节等族群的集体活动）和难事（砍柴、耕田、打架、杀牛等粗重或具有风险的体力活），而女人家庭地位低，则负责各类琐碎的家事和庄稼活。④ 并且男人宁可闲在村头无所事事也不会帮助女人分担家务活，否则会被认为是没有家庭地位的表现。在这样伦理价值体系下，开展乡村振兴项目的难度可想而知。除了家庭伦理价值观念值得关注外，还有社群之间的伦理观念也值得探讨。

民乐村合作社成立后，急于开展既有发展基础又有村里能人带头的产业项目。村里的曹老板作为顶尖的养猪大户，本应该在基金会的帮助下扩大养殖规模，成为合作社经营的代表性项目。但曹老板因为"怕走在村里被人天天指我脊梁骨"而拒绝参与。⑤ 导致出现一种尴尬的局面，即合作社看好的人不愿意参与合作社经营，而想参与合作社经营的人又不符合基本条件。另外，合作社和村"两委"的关系在社群的伦理观念下也逐步发生异化，本来关于二者的运作规则是一种相互联系又保证合作社独立运作

---

① 王雨磊：《技术何以失准？——国家精准扶贫与基层施政伦理》，《政治学研究》2017 年第 5 期。

② 梁漱溟：《中国文化要义》，上海人民出版社，2011 年。

③ 费孝通：《乡土中国》（价值典藏版），商务印书馆，2018 年。

④⑤ 刘文奎：《乡村振兴与可持续发展之路》，商务印书馆，2021 年。

的设计，但在具体运作过程中由于村民对于权力的价值认知不同，结果极大地增加了理事会和村委会的矛盾，制约了民乐村产业项目的发展。① 更为重要的是，村民缺乏对市场价值观念的学习和认知，往往秉承一种短期的发展认知，这直接体现在村民与基金会开展乡村振兴项目的工作之中。

雪山村的"美丽乡村"项目基本是在争吵中艰难推进的。其争吵主要集中在三个方面：一是作为旅游民宿，设计师按照乡村旅游开发的商业逻辑主要修建低层房屋，但总有村民想要抓住房屋重建的机会扩大建筑面积，在夜晚悄悄自行加建一层。面对超建的部分拆不拆成为争吵的焦点。二是关于房屋的外观建筑材料，村民想要把外墙贴上瓷砖和城市的楼房一样，但设计规划是想就地取材，利用石头、泥土、木材作为建筑素材，既节约材料又能突出民宿特色。这自然也遭到了村民的极力反对。三是关于房屋的内部装修问题，基金会聘请专业设计师和装修公司来实施民宿接待标准的房内软装，但村民为了少花钱却随便凑合了事，结果就是难以满足民宿运营的要求。② 所以，从本质上来看，这是两种不同价值观念的碰撞与交流，这样的互动过程对于更迭村民的传统观念具有重要意义。关于这一点，作者在书中做了精彩的评述："有村民调侃说，中国扶贫基金会的工作人员把他们吵得脑壳都麻了。他们不知道，面对这些倔强的村民，我们的脑壳麻得更厉害。分歧大多源于观念的不同，通过争吵最后达成一致意见，实际上村民的落后观念也已经发生了改变——这正是乡村建设中最难也是最有价值的部分。"③

五、结语与讨论

《乡村振兴与可持续发展之路》一书的可贵之处是以作者亲自参与的实践项目为素材，真实地记录了基金会20年来不断失败到最终成功的乡村发展之路，动态地揭示了当今乡村发展面临的诸多问题、困境及深层次原因，对于乡村发展实务和研究工作有重要意义和参考价值。作者刘文奎秘书长领导了中国扶贫基金会汶川地震、玉树地震、雅安地震救灾与灾后重建工作，策划实施了"善行者""顶梁柱""百美村宿""善品公社""活水计划"等品牌扶贫公益项目，具有丰富的乡村建设经验和心得体会。在书中，刘秘书长以类似人类学的深描手法，娴熟地展现出一个个鲜活的

---

①②③ 刘文奎：《乡村振兴与可持续发展之路》，商务印书馆，2021年。

人物、一段段令人深思的故事，笔者只是按照行文逻辑提及了一些典型内容，但囿于文章篇幅及能力所限，难免会挂一漏万，甚至歪曲原意，建议感兴趣的读者阅读此书，相信一定会带给您更多的思考和感悟。

另外，本文是基于基金会近 20 年的乡村振兴社会实践事实凝练出慈善组织振兴乡村的三重逻辑，其普适性及合理性仍有待商榷。特别是由于基金会具有鲜明的官办色彩，其振兴乡村的社会实践一定程度上体现出行政逻辑和政治考量，与大部分草根 NGO 参与乡村振兴或基层社会治理必然有所不同[1][2]，二者的行动策略、绩效差异、社会影响等方面也值得进行比较研究。而且，学界关于"项目制"已展开深入讨论，认为项目的分配上存在"双重效益"[3]，项目下乡往往会陷入"精英捕获"的陷阱。[4]基金会主导的乡村振兴项目虽然与政府主导的"项目制"不同，但是否也在一定程度上存在资源错配、效率低下等问题，这也值得我们进行深入研究。

---

① 谭爽、张晓彤：《"弱位"何以生"巧劲"？——中国草根 NGO 推进棘手问题治理的行动逻辑研究》，《公共管理学报》2021 年第 4 期。

② 朱志伟、徐家良：《公益组织如何嵌入扶贫场域？——基于 S 基金会扶贫参与策略的案例研究》，《公共行政评论》2020 年第 3 期。

③ 陈家建、巩阅瑄：《项目制的"双重效应"研究——基于城乡社区项目的数据分析》，《社会学研究》2021 年第 2 期。

④ 汤瑜、于水：《项目下乡为何总陷"精英俘获"陷阱——基于苏北 S 县的实证研究》，《求实》2021 年第 5 期。

Table of Contents & Abstracts

Articles of Rural Revitalization

Research on the Influencing Factors and Promotion Path of Social Organizations' Participation in Rural Revitalization—An Exploration Based on Root Theory

Abstract: In recent years, the rural development strategy has gradually realized the transformation from overall poverty alleviation to rural revitalization. In this process, social organizations have become an indispensable constructive force, and the status and role of social organizations have been generally affirmed at the policy and practical levels. Using the research method of grounded theory, based on the cases of four social organizations participating in Rural Revitalization in Shanghai, this paper tries to analyze the factors affecting the effect of social organizations participating in rural revitalization through a deep description of the institutional field and the role of actors, so as to provide a new explanatory framework for the long-term development of social organizations participating in Rural Revitalization. The study found that the effect of social organizations participating in Rural Revitalization is jointly affected by factors such as institutional environment, subject behavior, cooperative relationship and evaluation mechanism. Further guide and activate social forces, improve the institutional guarantee for social organizations participating in rural revitalization, build an information sharing platform for multiple subjects participating in rural revitalization, and improve the evaluation, assessment and responsibility mechanism.

Keywords: Social Organizations; Rural Revitalization; Long-term Mechanism

Research on the Promotion of Rural Governance Efficiency by Charitable Organizations——A Case Study of Shanghai United Foundation

Chen Shaoai & Xu Xiyu / 16

Abstract: The implementation of the rural revitalization strategy is an important decision and deployment of the Party and the state, and has an important theoretical and practical logic. As an important participant, charitable organizations play an important role in promoting rural revitalization and realizing common prosperity. Based on the practical case of Shanghai United Foundation to participate in rural revitalization, combined with the structured theoretical model, this paper, the analytical framework of "resource-capacity-efficiency" is constructed. The study found that charitable organizations leverage resources into the countryside through linkage and allocation, and improve their rural governance capacity through cultivation and empowerment. In view of the current bottleneck obstacles of charitable organizations' participation in rural revitalization, it is necessary to build a comprehensive financing system in the future; innovate the rural revitalization content, from "blood transfusion" to "hematopoietic"; open up the rural revitalization channels, to stimulate the integration of multiple subjects, and then create a rural revitalization governance pattern of joint construction, joint governance and sharing.

Keywords: Foundation; Structured Theory; Rural Revitalization

Absorbing and Embedding: Building a Mechanism of the Participation of Social Forces in Rural Revitalization

Li Huairui / 27

Abstract: This paper proposes a mechanism framework for social forces to participate in rural revitalization beyond the realistic background of the connection between poverty alleviation and rural revitalization, combining the relationship between the state and society, government guidance, social coordination, and the participation of villagers. The mechanism framework takes the perspectives of absorbing and embedding mechanisms to explore specific multiple mechanisms. The absorbing mechanisms include the dynamic mechanism, incentive mechanism, guarantee mechanism and restriction mechanism. Simultaneously, the embedding mechanisms cover the innovative mechanism, supplied mechanism and expressive mechanism. Finally, this paper argues that the multiple mechanisms should realize two-way linkage under absorbing and embedding mechanisms to build a mechanism for the participation of social forces in rural revitalization of "leading into the external forces and promoting the endogenous power of villagers, and combining with external and internal force".

Keywords: Social Force; Rural Revitalization; Mechanism; Absorbing and Embedding

Marginal Embeddness and Situational Embeddness: A Study on the Adaptation Mechanism of Relocation Immigrants in the Process of Rural Revitalization—Take X New Village in Yunnan Province as an example

Xu xuanguo, Wang hanwen / 39

Abstract: China's long-standing problem of absolute poverty has been solved historically since 2020, and it is marching in confident strides toward the "second centenary" goal. However, at present, China's rural areas are still faced with the important task of realizing the organic connection between poverty alleviation and rural revitalization, and promoting the overall realization of rural revitalization. In the process of promoting the rural revitalization strategy, it is of great practical and theoretical significance to explore the adaptability of the relocated residents in response to the above issues. This paper takes X New Village in Yunnan Province as an example, and focus on the adaptation problems, adaptation mechanisms and adaptation strategies of the relocated migrants in this village by using the theory of embeddedness. It is found that in the process of rural revitalization, there are multiple "marginal embeddedness" problems in the adaptation representation of the relocated residents, such as livelihood development, social relations, cultural values and ecological environment. The adaptation problem of "marginal embeddedness" of the relocated residents is affected by structural factors, cultural factors and subjective factors. Finally, based on the perspective of situational embeddedness, the author puts forward some action strategies to solve the problem of "marginal embeddedness" of the relocated residents from three dimensions: the integration of urban and rural development, the embeddedness of system and life, and the embeddedness of subjectivity and publicity, so as to promote the effective realization of rural revitalization.

Keywords: rural vitalization; marginal embeddedness; adaptation mechanism; situational embeddedness

A Comparative Study on the Poverty Reduction Effect of Agricultural Professional Cooperatives in the Non-economic Dimension: Based on an Analytical Framework of the Perspective of Actors

Liu Jie   Xing Fayan / 57

Abstract: Poverty alleviation is the remarkable characteristic of agricultural professional cooperatives, and reducing poverty is the basic function of agricultural professional cooperatives. Most academic studies on the poverty reduction effect of agricultural professional cooperatives are under the perspective of macroscopic development, lacking the microscopic researches on the poverty reduction effect of different cooperative actors and the interactive relationship between them. Meanwhile, the existing studies are limited to study the effect of increasing income and getting rich in the economic dimension, and few studies explore the promotion effect of cooperatives on farmers' rights and capabilities from the non-economic dimension. This paper focuses on the "actors", pays attention to the differences of resources, rights and abilities and interactive relations among actors in different types of cooperatives, and tries to analyze and grasp the blending, cooperation and conflict between different actors in the process of interaction at the micro aspect. At the same time, this paper compares the poverty reduction effect of different agricultural professional cooperatives from four aspects: family economic income, decision-making participation ability, ability to obtain social capital and ability to resist risks.

Keywords: Agricultural Professional Cooperatives; Poverty Reduction Effect; Perspective of Actors

Local Practice of Agricultural Socialized Service from the Perspective of Actor Network—Case Observation Based on Xiaoyang Family Farm Service Alliance

Ji Rong & Shi Congmei / 74

Abstract: The construction of agricultural socialized service system is the main driving force to promote the large-scale operation of agriculture and realize the development of agricultural modernization. Among them, as an important part of agricultural socialized service, the Localization Practice of rural cooperation platform has become the realistic demand of rural development. This paper attempts to start from the case of "government society" interaction of Xiaoyang family farm service alliance in District J of Jiangsu Province, through the dynamic process of Xiaoyang family farm service alliance built in District J, and based on the actor network theory, summarizes a local practice path of agricultural socialized service with the characteristics of district J. It is found that this path consists of three elements: actors, translation and network. Among these three elements, there are also core actors with certain authority, forced access points that can be transformed into common goals and interest coordination mechanisms among multiple subjects. Under the guidance of the government, the core actor, farmers, social organizations and agricultural enterprises are incorporated into the network constructed by the family farm service alliance through the basic translation process of problem presentation, recruitment and mobilization, interest coordination and elimination of objections, so as to achieve a stable and balanced operation under the coordination of multiple interactions.

Keywords: Agricultural Socialized; Service Network of Actors; Family Farm Service Alliance; Multiple Interaction

Study on the Foundation and Paths of Reconstruction of Rural Cultural Community

Yu Jianlin & Xuan Chaoqing / 91

Abstract: Cultural revitalization is the spirit of rural revitalization, compared with industrial revitalization, talents revitalization, ecological revitalization and organizational revitalization. Rural China was community by nature a long time ago. With the core of regional, emotional and common values, villages have become rural cultural communities, and gradually become an important form of rural community. However, with the rapid development of urbanization and large outflow of rural population in recent years, the foundation of rural cultural community has been destroyed, and as an important carrier of rural culture, the rural cultural community needs to be rebuilt. To rebuild the rural cultural community, we need to construct a unique rural cultural model on the basis of retaining the excellent local culture, rebuild rural living space by creating rural characteristic culture, arouse nostalgia to condense the collective consciousness of rural residents, cultivate new outstanding villagers, establish new rural rules and promote public participation in rural governance, helping realize the revitalization of rural culture finally.

Keywords: Rural Cultural Revitalization; Cultural Community; Cultural Inheritance; Rural Governance

Strategies for Solving the Living Difficulties of the Elderly in Rural "Double Left–behind" Families from the Perspective of Rural Revitalization

Abstract: Under the background of the rapid expansion of the scale of migrant workers going out, the left–behind elderly in rural areas in the "dual–left–behind" families of "left–behind elderly + left–behind children" need to deal with the dual tasks of home care and family care at the same time. Therefore, they are facing multiple life difficulties, which are mainly reflected in: the promotion of family planning and the responsibility of taking care of grandchildren in the context of family ethics; Academic counseling for grandchildren who are incompetent in the context of educational reform and knowledge renewal; It is difficult to cope with economic distress in the context of family change and individual aging; It is difficult to bear physical and mental pressure under the situation of care adhesion and service shortage. These difficulties have seriously affected their quality of life for the elderly and the quality of care for their grandchildren. During the 14th Five Year Plan－eriod, it is necessary to effectively coordinate the supply of public services, the construction of community service system and the construction of Township Social workstations with the Rural Revitalization Strategy, pay attention to the innovation of family oriented welfare policies and the supply of professional services, pay attention to the development and utilization of human capital of the rural left behind elderly, and build a localized social support network for them, so as to solve their living difficulties, Build a rural living environment for them to "use, enjoy and care the old".

Keywords: Left－behind in the Countryside; Left－behind Elderly; Left－behind Children; Social Welfare; Social Work

How Can Rural－finance Work Well? —A Case Study on Nan－village

Lv Fang, Yan Xiaoting & QiYingying / 118

Abstract: The development of inclusive rural finance is an important way to drive financial capital to enter the countryside and promote rural revitalization. In the past two decades, the academic circles have carried out a series of researches around the intellectual and practical logic of *Finance to the Countryside*, forming three theoretical paradigms: the policy paradigm, the market paradigm, and the social capital paradigm. However, these studies cannot explain the great development differences in the community cooperative finance among the rural communities with similar conditions, such as the policy environment, resource endowment, community unity and so on, which means there are still some masks to uncover. As a result, based on the ups and downs of developing mutual funds for "Nanzhuang" Inclusive Finance Cooperative remaining over ten years, this paper attempts to explain the practical logic of *Finance to the Countryside*, from the coevolutionary practical logic between the rural industry and rural finance shaped by specific relations between state and society, a more holistic knowledge framework. The study has been found that the community elements lay the social foundation of mutual aid finance, while the industrial development has essential effects on the operation of mutual aid finance. When the coevolutionary relationship between industry and finance falls into crisis, the state controls the resources like policy and finance to support the rural development. That is to say, the governance level of rural communities and the relationship with the state and society, determine the ability of rural communities to obtain resources, and affect the quality of industrial development and financial operation, that is, the *Corporate Rural Development System* from the process perspective. This discovery has not only academic value, but also important practical significance and policy implications for implementing the comprehensive rural revitalization strategy.

Keywords: Rural Revitalization; Finance to the Countryside; Corporate Rural Development System; State and Society

Research on the Blocking Mechanism of Abandonment of Farmland under the Coordination of Rural Politics and Society under the Needs of People's Better Life—Based on the Survey of L County in Gansu Province

Zhu Tianyi & Huang Huijing / 133

Abstratc: After the breaking of the COVID-19 epidemic, the efficient operation of the arable land abandonment blocking mechanism is not only related to the effective implementation of the rural revitalization strategy, but also an important path to ensure national food security. In the past, some the arable land abandonment blocking mechanism simply emphasized the role of the government's abandoned tillage policy, ignoring some factors such as the diversity of farmers' needs and the shortage of small farmers' production and management capabilities, resulting in inefficient of blocking farmland abandonment. Based on the practical experience of abandoning cultivated land in L County, this study adopts case study, instructured interview and other methods to lodge the rural abandoned tillage blocking mechanism centered on the needs of the people for a better life base on analyzing the practice of abandoning cultivated land in L County for decades. The rural abandoned tillage blocking mechanism centered on the needs of the people for a better life is guided by the needs of small farmers for a better life in rural development. This mechanism can improve ability to innovate in agricultural industry technology, ability to build agricultural product market circulation system, and ability to manage agricultural development leaders. In terms of these abilities and other aspects, the masses can have a sense of gain in the development of the agricultural industry, thereby completely solving the problem of local arable land being abandoned. The implementation effect of the rural arable land abandonment blocking mechanism centered on the needs of the people for a better life is affected by the basic conditions of rural society (the self-organization ability of the rural society and the traditional planting habits and ideological concept of the villagers), and the situational elements of the government organization (the motive of pursuing political achievements by officials in charge and political incentives).

Keywords: Rural Vitalization; Land Abandonment; Human Centered; Collaborative Governance

How did the Actor Network Affect Policy Implementation?
— Take the Implementation of the Policy of Relocation Policy under the Background of Rural Revitalization as an Example
Ding Huixia & Li Yuru / 159

Abstract: The relocation policy of migrants from inhospitable areas creatively solved the prominent problem that "one soil and water cannot support one side". And it achieved the goal of "moving out" to reach the geopolitical poverty trap. Under the background of rural revitalization, how to "live stable, have employment, and gradually get rich" became the main goal of the migrant relocation policy. In order to have a thorough understanding of the implementation process of the relocation policy of inhospitable areas in rural revitalization, the paper constructed the fundamental theory frame of "actor-heterogeneity-translation" based on the Actor network theory. The paper found that the government, relocation objects, social forces and other non-human actors, such as values and ideas, production and living environment, and relocation of displaced migrants and related supporting policies, constituted a network of actors in the implementation process of the relocation policy of migrants from inhospitable areas. Under the guidance of the government of core actor, all actors have promoted the effective implementation of the relocation policy of migrants from inhospitable areas through the five basic links of problems presentation, actor selection, interest grant, organization and mobilization, and elimination of objection. The contribution of this paper is to introduce the theory of actor network to analyze the internal mechanism of the policy implementation of migrants from inhospitable areas under the background of rural revitalization, focusing on the collaborative interaction of human actors and non-human actors behind the policy, and thus expanding the space of public policy implementation research.

Keywords: Policy Implementation; Actor Network; Relocation of Migrants from Inhospitable Areas

Research on the Paths and Strategies of Social Organizations Participating in Rural Cultural Revitalization Based on the Perspective of Social Capital Theory

Zhao Xiaoping, Xu Ying & Tao Chuanjin / 175

Abstract: Social organizations participating in revitalizing rural culture constantly fall into the dilemma of "difficulty in implementing culture". The lack of professional competence in selecting cultural issues, locating target groups, and innovation of service methods leads to empty content, dogmatic forms, and villagers resistance. The study takes a social work organization's participation in the construction of rural culture as an example and finds that social organizations participating in the revitalization of rural culture should first focus on excellent topics and high-quality groups of people. The topic selection should be closely related to the needs of the target group, and the group selection should be easy to mobilize and attract significant attention. High-quality topics and groups selected can help social organizations quickly accumulate community social capital, which helps them achieve their current goals and lays a foundation for the project to expand to other groups and fields.

Keywords: Social Organization; Rural Culture Revitalization; Social Capital; Resource Accumulation; Topic Transformation

Research on Japan's Hometown Tax System and Its Enlightenment

Yu Zucheng & Yang Qiong / 189

Abstract: In Japan, a large number of population have concentrated in metropolises such as Tokyo, Osaka and Nagoya with the development of economy and urban acceleration. Sustainable development is facing great challenges as labor force in small and medium-sized cities greatly reduced, factories closed and the phenomenon of empty nests in rural areas prevailed. In order to stimulate local development, Japan implemented the hometown tax system to balance the tax gap between regions in 2008. Since its implementation, the system has played an important role in alleviating local financial difficulties and revitalizing local economic development. For China, which also

faces similar challenges such as aging population and widening region-
al economic gaps, while adhering to the transfer payment system with
its central government at the core, it can learn from Japan's home-
town tax system to increase local fiscal revenues and revitalize local
development.

Keywords: Hometown Tax System; Citizen Contributions; Lo-
cal Revitalization

Making a Fisherman: The Triple Logic of Charitable Organiza-
tions to Vitalize the Rural—Also Comment on "A Way To-
ward Rural Vitalization and Sustainable Development"

Zhang Runqiang / 207

Abstract: The implementation of The Rural Vitalization Strategy
is a major decision and deployment made by the 19th National Con-
gress of the CPC, and a historic task with wide-ranging implications
for building a modern socialist China. The China Foundation for Pover-
ty Alleviation (CFPA) has been keeping its finger on the pulse of
the times, focusing on the center and serving the overall situation,
actively participating in the wave of rural revitalization, and spending
twenty years to explore the way to sustainable development of the cou-
ntryside. The book *A Way Toward Rural Vitalization and Sustainable
Development* recounts the typical stories of CFPA in vitalizing rural ar-
eas over the past 20 years, and focuses on the exploration and think-
ing of CFPA on the sustainable development model of rural are-
as. Based on the stories of CFPA, this article condenses the triple log-
ic of charitable organizations to vitalize the countryside—the embed-
ding logic of ideas overlapping resources, the organizational logic of
projects aggregating farmers, and the self-driven logic of villagers re-
vitalizing the countryside, which is not only a review and recommen-
dation of this book, but also expected to provide reference for charity

organizations to better revitalize the countryside.

Keywords：Rural Vitalization；Charitable Organizations；Project Poverty of Alleviation；Farmers' Cooperatives；CFPA

《乡村振兴研究》稿约

　　《乡村振兴研究》是专注于中国乡村振兴事业的学术出版物，由清华大学公共管理学院社会创新与乡村振兴研究中心主办，暂定每年出版两辑。《乡村振兴研究》秉持学术宗旨，采用专家匿名审稿制度，评审标准以学术价值为基本依据，鼓励创新。

　　《乡村振兴研究》设"乡村振兴专稿""案例研究""他山之石""书评"四个栏目，刊登多种体裁的学术作品。

　　《乡村振兴研究》要求来稿必须符合学术规范，在理论上有所创新，或在资料收集和分析方法上有所贡献；书评以研究为主，其中所涉及的著作内容简介不超过全文篇幅的四分之一，所选著作以近年出版的本领域重要著作为佳。

　　来稿切勿一稿数投。文稿自收到之日起，三个月内编辑部发出是否录用通知。

　　来稿须为作者本人的研究成果。作者应保证对其作品具有著作权并不侵犯其他个人或组织的著作权。译作者应保证译本未侵犯原作者或出版者的任何可能的权利，并在可能的损害产生时自行承担损害赔偿责任。

　　作者投稿时请发送电子稿件，投稿邮箱为 xczhxpl@126.com。

　　《乡村振兴研究》鼓励学术创新、探讨和争鸣，所刊文章不代表编辑立场，未经授权，不得转载、翻译。

来稿体例

一、各栏目内容和字数要求：

　　"乡村振兴专稿"栏目发表乡村振兴领域的原创性研究，字数不少于10000字。

　　"案例研究"栏目刊登对乡村振兴案例的研究报告，字数以10000字左右为宜。案例须包括以下内容：事实介绍，理论框架，运用理论框架对事实的分析。有关事实内容，要求准确具体。

"他山之石"栏目刊发乡村发展的国际比较研究，或介绍国外乡村建设的研究成果，字数不多于 10000 字。

"书评"栏目评介重要的乡村振兴研究著作，以 5000 字左右为宜。

二、稿件第一页应包括如下信息：文章标题，作者姓名、单位、通信地址、邮编、电话与电子邮箱。

三、稿件第二页应提供以下信息：文章中、英文标题，150~400 字的中英文摘要，3~5 个中英文关键词。书评和随笔无须提供摘要和关键词。

四、稿件正文内各级标题按"一""（一）""1.""（1）"的层次设置，其中"1."以下（不包括"1."）层次标题不单占行，与正文连排。

五、各类表、图等，均分别用阿拉伯数字连续编号，并注明图、表名称；图编号及名称置于图下端，表编号及名称置于表上端。

六、注释体例

（一）本集刊提倡引用正式出版物，根据被引资料性质，作者原创作品格式为作者姓名+冒号+篇名或书名；非原创作品在作者姓名后加"主编""译""编著"等字样。

（二）凡采他人成说，务必加注说明。文中注释一律采用脚注，每页单独注码，注码样式为①②③等。如确有对文章观点有重要启发的著述，未及在脚注中说明的，可在文后以"参考文献"方式列出。请将参考文献中外文分列，中文文献在前，外文文献在后。中文参考文献按照作者姓氏汉语拼音音序排列，外文参考文献按照作者姓氏首字母排序。

（三）具体注释举例

1. 著作类

周雪光：《组织社会学十讲》，社会科学文献出版社，2003 年。

2. 文集类

陆学艺主编：《中国社会建设与社会管理：对话·争鸣》，社会科学文献出版社，2010 年。

3. 论文类

乔启明：《中国农民生活程度之研究》，载《乔启明文选》，社会科学文献出版社，2012 年。

马长山：《智能互联网时代的法律变革》，《法学研究》2018 年第 4 期。

4. 数字出版物或网页文章

王巍：《夏鼐先生与中国考古学》，《考古》2010 年第 2 期，2012 年 6

月 3 日，http：//mall. cnki. net/magazine/Article/KAGU201002007 htm。

5. 外文文献

Geoffrey C. Ward and Ken Burns，The War：An Intimate History，1941 -
1945，New York：Knopf，2007.

Walter Blair，"Americanized Comic Braggarts"，*Citical Inquiry* 4，No. 2，
1977.